Wolfram Siebeck

OHNE REUE UND REZEPT

Mein Leben für den guten Geschmack

Mit Nachworten
von Barbara Siebeck und
Vincent Klink

Schöffling & Co.

Erste Auflage 2024

Abbildungen: Nachlass Wolfram Siebeck /
Privatarchiv Barbara Siebeck
Satz: Fotosatz Amann, Memmingen
Druck & Bindung: Pustet, Regensburg
ISBN 978-3-89561-229-9

www.schoeffling.de

Inhalt

Vorwort

Wer will denn in dieser Zeit schon wissen, wie eine Gänseleber schmeckt?, fragte Barbara, als ich ihr den Beginn dieses Buches ankündigte.

Dabei hatte ich gar nicht vor, diesen spezifischen Geschmack aufs Neue zu beschreiben. Aber erstens erwarten viele Leser von mir nichts anderes, und zweitens ist die Beschreibung einer Terrine von der gestopften Gänseleber in Deutschland immer noch ein Thema, das Frau M. aus Berlin wütend an ihren Laptop treibt. Sie und ihre ebenfalls wütenden Freundinnen in Empörung zu versetzen, war Zeit meines Lebens ein Ansporn für mich.

Darüber hinaus geht es mir in diesem Buch aber nicht um Erregung privater Ärgernisse, sondern lediglich um die Lücken, die ich in meinen Erinnerungen entdeckt habe. Und die stören keinen so sehr wie mich selbst.

Deshalb habe ich dieses Buch zu meinem Amüsement geschrieben. Wie überhaupt die meisten Ereignisse meines Lebens Produkte meiner Lebenslust waren.

Man kann auch von Genusssucht sprechen und es oberflächlich nennen. Aber wer da leugnet, dass die interessantesten Dinge auf der Oberfläche unseres Lebens zu entdecken sind, soll sich dorthin verziehen, wo der Morast am tiefsten und die Gedanken am dunkelsten sind. Er wird sich nicht in schlechter Gesellschaft befinden.

Beide Lokalitäten habe ich stets zu vermeiden gesucht. So entging ich der Suche deutscher Feuilletons nach dem Tiefsinn und der Bedeutungsschwere.

Auch die bisweilen nicht chronologische Form dieses Textes

hat keine andere Bedeutung als die, jene pedantische Reihenfolge zu verhindern, wie sie bei Kochrezepten notwendig ist.

Mahlberg, im Sommer 2009

Provence 1

Gegen Ende des zwanzigsten Jahrhunderts machte der geniale Robert Gernhardt die Entdeckung, dass Gott die Deutschen auf die Erde geschickt hat, damit sie mediterrane Trockenmauern restaurieren.

Wer würde dieser klugen Einsicht widersprechen? Lobbyisten der Betonindustrie könnten anderer Meinung sein, okay. Ich jedenfalls folge dem aktuellen Trend zu Spätbekenntnissen und gestehe: Ja, ich habe es auch getan. Meterlange Trockenmauern gehen auf mein Konto, beziehungsweise sie gingen davon ab.

Man kann sie in der Provence besichtigen – also nicht in der Toskana, wo Gernhardt trocken mauerte –, sondern im Land der sonnenbeschienenen Lavendelfelder, wo Franzosen wohnen und irgendwo hinterm südlichen Horizont das blaue Mittelmeer schlapp an die Küste rollt.

Wie es dazu kam, dass ich ein Maurer wurde, soll hier zur Warnung für folgende Generationen erzählt werden. Übrigens darf man diese Berufsbezeichnung nicht wörtlich nehmen. Ich bin ebenso wenig ein Maurer, wie Gernhardt einer war. Wenn wir die uns von Gott aufgetragene Pflicht erfüllt haben, dann eher indirekt: Wir haben mauern lassen. In meinem Fall bin ich vom göttlichen Auftrag sogar so weit abgewichen, dass ich Trockenmauern nicht restauriert habe; es waren gar keine Mauern da, die hätten restauriert werden können. Ich habe nagelneue Trockenmauern in die alte Landschaft bauen lassen. Und das kam so:

Als ich eines Tages in Spendierlaune war, habe ich diese Immobilie gekauft. Ein Grundstück in einer Sackgasse am Dorfrand von knapp über 3500 Quadratmetern, auf dem sich

zwei Gebäude befanden. Alte Steinhäuser natürlich. Welcher kultivierte Deutsche hätte in der Provence etwas anderes gekauft als alte, reparaturbedürftige Mas, wie Bauernhäuser hier genannt werden? Mas, mit dem verheißungsvollen Adjektiv »provenzalisches« Mas versehen, löst im germanischen Großstädter das ebenso klare wie falsche Bild von Arkadien aus. Hat man je einen stolzen Zweithausbesitzer sagen hören: »Ich besitze ein Mas auf Rügen?« War je eine Immobilienanzeige erfolgreich, die ein »Mas am Atlantik« anbot? Auch bei uns im Elsass ist das Wort Mas völlig ungebräuchlich.

Eigentlich sollten die Wörter ›bei uns‹, wie im vorigen Satz verwendet, ebenfalls ungebräuchlich sein. Denn das Elsass gehört uns gar nicht; wir wohnen nicht einmal dort. Aber wir können es sehen, wenn wir aus den westlichen Fenstern unserer Burg nach dem Verkehr auf der A5 Ausschau halten: Die Hügelkette am Horizont sind die Vogesen. Vor den Vogesen liegen die bekannten elsässischen Weindörfer mit den bekannten elsässischen Restaurants und Weinstuben, welche wir oft besucht und Flammkuchen gegessen haben, sodass die sprachliche Besitzergreifung entschuldbar sein müsste. Uns schien es jedenfalls logisch, nach der elsässischen auch die provenzalische Küche zu erforschen.

Deshalb kaufte ich diese Klitsche nördlich von Orange und östlich von Montélimar. Verglichen mit dem Elsass, hat diese Region den Nachteil, dass es dort keine bemerkenswerten Restaurants und keine interessanten Weingüter gibt.

Als routinierter Trinker habe ich immer behauptet, dass es sich nur dort gut leben lässt, wo Wein angebaut wird. Wenn ich jedoch den höchsten Punkt meiner Immobilie erklimme und hinunter in die Ebene schaue, sehe ich keinen einzigen Rebstock. Weil hier kein Wein wächst, sondern nur Knoblauch (nicht schlecht), Tomaten (na ja) und vor allem Mais (entsetzlich).

Warum Deutsche und andere Nordeuropäer unbedingt kaputte, alte Bauernhäuser kaufen und restaurieren müssen, hat, abgesehen von der göttlichen Bestimmung, seinen Grund in den Religionskriegen des 17. Jahrhunderts. Damals zogen des Königs stolze Reiter durchs Land und legten alles in Trümmer, was einen protestantischen Geruch hatte. Das waren vor allem Burgen und Schlösser des ungehorsamen Adels. Wie sich der protestantische Geruch – abgesehen vom fehlenden Weihrauch – von den damals üblichen Gerüchen unterschied, lässt sich nur vermuten. Die lieben Haus- und Nutztiere haben jedenfalls zu allen Zeiten auf den Bettvorlegern der Landbevölkerung ihre Duftmarken hinterlassen, egal ob die Betten nun hinter meterdicken Mauern oder dünnem Fachwerk standen.

Die viehischen Duftmarken sind es allerdings nicht, die ein provenzalisches Mas in den Augen der Nordeuropäer so begehrlich machen. Sondern der Umstand, dass die zerstörten Burgen und Schlösser das Baumaterial für die Schaf- und Schweineställe der Bauern lieferten. Es war nämlich keine Seltenheit, dass sie in den feudalen Trümmern, die sie für ihren Neubau durchwühlten, manchen schönen Kaminaufsatz fanden oder eine gotische Wendeltreppe aus edlem Stein. Kunstvoll behauene Fenstereinfassungen liegen sogar noch heute unter freiem Himmel auf den Lagerplätzen der Händler herum. Dort haben wir Bauherren nach alten Fliesen gesucht, nach ovalen Fenstern, Ochsenaugen genannt, oder anderen dekorativen Trümmern, für die wir, im Gegensatz zu den Bauern vor einem halben Jahrtausend, Wucherpreise zahlen mussten.

Wenn es so weit ist, hat jeder Ausländer das französische Handwerk auf die eine oder andere Weise schon so stark subventionieren müssen, dass er vor den geforderten Preisen kaum noch zurückschreckt.

Manches Mas, das der Reisende zwischen Olivenhainen und Lavendelfeldern entdeckt, entlockt ihm Neidgefühle und Bewunderung. Sie sind dermaßen aufwendig und geschmackvoll restauriert, dass kein Zweifel aufkommt: hier verbringen schweizerische oder deutsche Freiberufler ihre Ferien.

So etwas hatte ich natürlich auch im Hinterkopf, als ich den ersten Spatenstich tun ließ (wobei zu berücksichtigen ist, dass Spaten heute durch brutale Bagger ersetzt werden).

Mein Vater war kein Architekt

Das Bauhandwerk hatte in meinem Leben eine nur marginale Bedeutung. Mein Vater wollte als junger Mensch Architekt werden. Dazu glaubte er sich berufen, weil er eine Begabung für akkurates Zeichnen hatte.

Unter seiner Stilrichtung muss man sich das vorstellen, was als Hitlers Aquarelle auf den Kunstmärkten des ausgehenden 20. Jahrhunderts eine kleine Rolle spielte, welche nur wegen des berüchtigten Namens überhaupt ins Rollen kam. Neben dem oft gehörten Seufzer meiner Zeitgenossen, »Hätten sie ihm doch nur die Aufnahme in die Wiener Kunstakademie nicht verweigert!«, konzentrierten sich um den Namen des verkrachten Kunstmalers nur Verwünschungen und Erinnerungen der übelsten Art. Den schlechten Ruf hat er sich fleißig verdient (um das fällige Wort ›redlich‹ zu vermeiden).

Bei meinem Vater bin ich nicht sicher, ob ihm das Studium der Architektur besser bekommen wäre als die Berufung zum Erben des Borbecker Pressezentrums.

Der Vater meines Vaters besaß vor dem Ersten Weltkrieg eine Druckerei und war Herausgeber einer Zeitung. Die Druckerei stand in Essen-Borbeck (wo mein Vater geboren wurde), und die Zeitung, die er druckte, hieß *Borbecker Anzeiger* oder so ähnlich. Ich habe meinen Großvater und meine Großmutter väterlicherseits nie kennengelernt, beide waren längst tot, als ich geboren wurde. Vom Druckereibesitzer wusste ich nichts Wesentliches, außer der von meinem Vater stolz kolportierten Tatsache, dass mein Großvater seiner Frau jeden Tag ein Goldstück für den Haushalt gab, sowie der Anekdote, dass Opa sich mit seinem Bruder zerstritten hatte, weil der, ein

Kommerzienrat, den Drucker durch einen Diener empfangen ließ.

Dass ich nicht der Konzernchef eines Druckereiimperiums mit Privatjet bin und ein paar tausend Angestellte entlassen kann, geht auf das Konto meines Vaters. Als mein Großvater sich nach dem Ersten Weltkrieg nach Bad Ems zurückzog und den Betrieb meinem Vater und dessen Bruder Robert übergab, dauerte es nicht lange, und die Firma Siebeck war pleite.

Wie die beiden Brüder ihre Karriere und meine Zukunft so schnell ruinieren konnten, ist ein Geheimnis geblieben. Gewisse Indizien wie vergilbte Fotos im Familienalbum und der Frack im Kleiderschrank lassen auf ein sorgloses Leben der angehenden Industriellen schließen.

Grundsätzlich aber ist von meiner Familiengeschichte jener Jahre verdächtig wenig bekannt. Onkel Robert wurde Verkäufer bei Mercedes in Leipzig, wo er sich bald auf vereister Landstraße den Hals brach. Wieso Autoverkäufer? Wieso in Leipzig?

Seine Witwe, Tante Gusti, tauchte sogar häufig bei meiner Mutter auf. Trotzdem wusste ich von ihr und meinem Onkel nichts, außer dass sie zum zweiten Mal Witwe geworden war, nachdem sie einen Mühlheimer Stadtrat der Zentrumspartei geheiratet hatte. Mir kam es vor, als trüge sie immer einen Silberfuchs um den Hals. Jedoch gab sie auch durch andere Details sowie durch eine rücksichtslos laute Sprechweise zu erkennen, dass sie sich einer vornehmen Gesellschaftsklasse zugehörig fühlte. Sie war wahrscheinlich die einzige Hitlergegnerin, die unsere Wohnung je betreten hat. Sie konnte den Nazis nicht vergeben, dass sie ihren konservativen Gatten vorzeitig in Rente geschickt hatten, und besuchte uns immer nur, wenn mein Vater nicht im Haus war, und ihr der Anblick seines Parteiabzeichens erspart blieb, das er am Revers trug.

Solche Erinnerungen werfen nur einzelne Schlaglichter in

eine Dunkelheit, welche ansonsten wichtige Einzelheiten im Leben meiner Eltern verbirgt. Wann und wo haben sie sich kennengelernt? Womit verdiente mein Vater das Geld für die gutbürgerlich eingerichteten Wohnungen meiner frühen Kindheit? Und warum wurden die Wohnungen so oft gewechselt?

Bis zu meinem zehnten Lebensjahr habe ich in mindestens sechs Wohnungen in vier Städten des Ruhrgebiets gewohnt. Die schönste Erinnerung habe ich an Bochum-Langendreer, wo mein Vater auf einer Zeche ein Büro der Firma Raab Karcher leitete. Wir bewohnten eine bescheidene Villa im Schatten der Kühltürme, in der sich das Büro befand, von wo aus mein Vater mit Kohle beladene Lastwagen zu Händlern in die umliegende Region schickte. Meine größte Freude war es, diese Transporte zu begleiten. Und zwar saß ich links neben dem Fahrer an der Tür, weil der Beifahrersitz von dessen Bruder besetzt war.

Die beiden transportierten außerdem mit einem kleinen Opel Blitz Kohle zur Kundschaft, aber in dem war für den Sohn des Chefs kein Platz. So lernte ich meine damalige Heimat auf der verschlissenen Lederbank eines 3,5-Tonners kennen. Auf meine spätere Liebe zu schnellen Autos hatte das jedoch keinen Einfluss. Es existierte noch ein einachsiger Pferdekarren für den Transport von Kohle, dessen Gaul ich jedes Mal bedauerte, wenn ich mit ansehen musste, wie er ausrutschte und in die Knie ging, wenn er den vollbeladenen Karren in Bewegung setzen sollte. Dadurch entwickelte ich, als ich, meinem Alter gemäß, den Fliegen noch die Flügel ausriss, bereits jenes Mitgefühl für die größeren Geschöpfe unseres Erdballs, das wir Empathie nennen.

In Langendreer gehörte zum Wohnhaus auch ein großer Gemüsegarten mit einem Hühnerstall. Ich war damals sechs Jahre alt und fand es schauerlich und faszinierend zugleich, wenn ein Huhn geschlachtet wurde. Und zwar war es nicht der Moment, wenn mein Vater dem Huhn mit der Axt den Kopf abschlug, vor dem ich mich gruselte, sondern vor dem kopflosen Huhn, das manchmal, Blut verspritzend und Flügel schlagend, über den Boden torkelte.

Die meisten meiner Schulfreunde waren Kinder von Bergleuten. Sie nahmen mich oft mit zu sich nach Hause, wo ich zum Mittagessen bleiben musste. Es gab fast immer eingelegte grüne Bohnen mit Speck und Birnen, die ich verabscheute. Man roch diese Armenspeise schon beim Betreten ihrer Häuser. Aber diese Kinder konnten Zinnsoldaten gießen und hatten auch sonst so ganz andere Interessen als ich. Vor allem aber hatten sie auch Schweine.

An jedes Haus der Bergarbeitersiedlung war ein Stall angebaut, in dem die Familien ein Schwein hielten. War es dick und fett, wurde geschlachtet. Das war ein Fest für die ganze Nachbarschaft, die sich dazu versammelte. Wir genossen es sehr, wenn die Sau am Strick in den Hof geführt wurde, und warteten atemlos auf das Quieken, den dumpfen Schlag mit dem Holzhammer und dann das Ausbluten. Dann wurde das Schwein auf eine Leiter gebunden und sein Bauch aufgeschlitzt, während ein Waschkessel mit kochendem Wasser bereitstand, in dem die ersten Teile des guten Tieres landeten. Wie alle Kinder beobachtete ich das Gemetzel mit großem Interesse, aber geschmeckt hat mir das Kesselfleisch nie.

Das alles spielte sich in einer kleinbürgerlichen Atmosphäre ab, in der die Erwachsenen die Qualität der Rügenwalder Teewurst diskutierten, während ich versuchte, zu meinen Zigarettenbildern zurückzukehren, die Karl Mays spannende Geschichten aus dem Wilden Westen oder dem Land der Skipetaren illustrierten. Es existierten auch Serien wie »Bilder deutscher Geschichte« oder Standarten und Fahnen aus einer Zeit, als die Landsknechte noch mit dem zweihändigen Langschwert aufeinander losgingen.

Diese Bilder waren sogar lehrreich. Wenn ich heute in Berliner Museen zwischen großformatigen Ölschinken mit Szenen aus den Freiheitskriegen herumwandere oder Prinz Louis Ferdinand im Galopp bei der für ihn tödlichen Attacke bewundere, sage ich mir »Kenne ich schon« und erinnere mich an das Bildchen und seine Legende, die mir die Lieblingszigaretten meines Vaters vermittelt hatten.

Nicht anders bei Menzels Gemälde mit der Ansprache Friedrichs des Großen vor der Schlacht von Leuthen, die außerdem den Schauspieler Otto Gebühr in seiner Rolle als Friedericus Rex wieder vor meinen Augen auferstehen lässt. Für ein Kind mit Fantasie kann eine Ansicht, und sei sie noch so beiläufig, wie ein Samenkorn im Wüstensand sein, das vielleicht erst nach einem halben Jahrhundert zu keimen beginnt. Citizen Kane und sein Rosebud-Schlitten sind eine treffende Metapher dafür.

Die Episode als Kohlehändler in Langendreer war die letzte bürgerliche Station meines Vaters, bevor er Angestellter bei der NSDAP in Bochum wurde. Womit er seine Familie ganz früher ernährte, weiß ich nicht. Sein Werdegang vom bankrotten Verleger zum Bankkaufmann liegt völlig im Dunkeln, weil das alles vor meiner Geburt geschah. Ich weiß überhaupt wenig über die Vergangenheit meines Vaters. Er ist mit meiner Mutter und mir im Raum Essen-Bochum immer wieder umgezogen, bis ich elf Jahre alt war und er am Horizont des »Tausendjährigen Reiches« verschwand. Über diese mangelnde Sesshaftigkeit wurde kein Wort verloren. Meine Großmutter, die oft kam, um ihre Tochter zu besuchen und aus ihrem Missfallen gegenüber ihrem Schwiegersohn keinen Hehl machte, deutete an, dass er sich hatte etwas zuschulden kommen lassen. Doch hätte das bei einem Bankangestellten nicht nur den Wohnungswechsel zur Folge gehabt, sondern gewiss auch andere, folgenreiche Konsequenzen. Davon konnte jedoch keine Rede sein.

Ich bin erst viel später dahintergekommen, warum er so häufig die Tapeten wechselte. Er besaß einfach nicht die für einen Angestellten notwendige Biegsamkeit. Er war ein Dickkopf, ein Besserwisser, der sich von seinen Vorgesetzten nichts sagen ließ, weshalb sie sich bemühten, ihn bei Gelegenheit wieder loszuwerden.

Gewisse Allüren werden ihn auch nicht zusätzlich beliebt gemacht haben. So steckte in seiner Westentasche ein randloses Monokel, das er sich manchmal ins Auge klemmte. Überdies trug er Maßanzüge, die im Angestelltenmilieu damals zwar nicht so ungewöhnlich sein mochten wie heute, aber auch nicht als Geste der Anpassung verstanden werden konnten.

Eine Zeit lang war er Bankbeamter und verspürte antisemitische Aufwallungen, wenn er aus Galizien zugewanderten Juden Geld auszahlen oder gutschreiben musste. Das bekannte er freimütig aber erst, als er bereits Angestellter bei der NSDAP war. Womit er dort den Tag verbrachte, danach habe ich nie gefragt. Fragen Kinder überhaupt, was ihre Eltern treiben, wenn sie ins Büro gehen? Offenbar ahnen Kinder, dass es keine Heldentaten sind, mit denen sie die Arbeitszeit totschlagen. Allenfalls erfahren sie durch häusliche Unterhaltungen, dass es da jemanden gibt, der dem Vater im Büro Böses will, der ihn schikaniert und alles ablehnt, was der Vater (oder die Mutter) an Verbesserungsvorschlägen zum Nutzen der Firma gemacht hat.

Doch grundsätzlich interessieren sich Kinder nicht für den Ärger, den ihre Eltern mit anderen Erwachsenen haben, und für Niederlagen schon gar nicht. Deshalb interessierte ich mich auch nicht für das, was mein Vater in seinem Büro, dem Gauheimstättenamt, tat.

Auch was sonst alles in den Jahren vor und nach meiner Geburt geschah, weiß ich kaum. Ich weiß überhaupt wenig über die Frühzeit der Ehe von Walter und Alma Siebeck.

Merkwürdigerweise weiß ich auch über meine Mutter kaum mehr, obwohl ich doch bis zu ihrem Tod bei ihr wohnte. Ehemalige Schulfreunde versichern mir, sie sei eine sehr vornehme Frau gewesen. Zweifellos hatte sie keine Ähnlichkeit mit dem kleinbürgerlichen Typ Mutter, dem die Nachbarskinder ihre glücklichen Kindheiten verdankten. Ihre Lebensweise war die einer privilegierten Dame, die zu krank war, um normale häusliche Arbeiten zu erledigen. Selbstverständlich kochte sie für meinen Vater (so lange der zur Familie gehörte) und für mich.

Zum Putzen hatten wir immer ein Dienstmädchen. Aber wer die Einkäufe erledigte, weiß ich nicht. Später, als die Wohnung meiner Großmutter in Essen bei einem Fliegerangriff zerstört wurde, zog Oma in unsere Bochumer Wohnung und übernahm schließlich alle Arbeiten, zu denen meine Mutter immer weniger imstande war. Sie lag meistens auf der Chaiselongue und las, was man damals schöngeistige Literatur nannte (Jakob Wassermann, Hermann Hesse, John Knittel, Dostojewskij, Mirko Jelusich, Bruno Brehm); sie legte Patiencen und studierte die Ephemeriden. Sie schrieb auch viele Briefe an andere »Mottenbrüder«, die sie in den Sanatorien kennengelernt hatte, wo sie immer wieder einen oder mehrere Monate verbrachte.

Die Mutter meiner Mutter war eine sehr einfache Frau, die wahrscheinlich nie ein Buch gelesen hatte. Sie stammte aus Ostpreußen, aus Pillupönen, Kreis Stallupönen (an diese kuriosen Ortsnamen erinnere ich mich noch heute), wo weitere Verwandte lebten, die wir, es war noch vor Kriegsbeginn, gemeinsam besuchten. Dort gab es viel Landwirtschaft und große Pferde, vor denen ich mich fürchtete. Es existierte auch eine Tante Elfi, die kaum älter war als ich und später, direkt nach

Kriegsende, einen englischen Soldaten heiratete, der dann als Reuters-Korrespondent in allen Gegenden der Welt arbeitete. Ihn umgab nichts von dem Glamour, der den Fleet-Street-Typen anhaftete, wie sie Evelyn Waugh beschrieb. Erst als alter Pensionär verhielt er sich leicht exzentrisch: Er hatte seine Erlebnisse in Afrika, Moskau und Berlin in zwei selbstverlegten Autobiografien drucken lassen. Davon hatte er ständig einige Exemplare im Reisegepäck und bot sie allen Menschen zum Kauf an, die er traf. Ob das in England an Tankstellen war, auf Bahnhöfen in Deutschland oder wo sonst er auftauchte. Vor seinem Angebot, die aufgezeichneten Berufsjahre eines Reuters-Korrespondenten zu kaufen, war kein Reisender sicher, der das Glück hatte, mit diesem freundlichen Engländer ein unverbindliches Gespräch zu beginnen.

Dass meine Mutter mit ihrer ostpreußischen Verwandtschaft irgendeine Ähnlichkeit hatte, halte ich für ausgeschlossen. Zu Beginn der zwanziger Jahre muss sie ein flotter Teenager gewesen sein. Später, als moribunde Hausfrau, legte sie großen Wert auf Maniküre, vielleicht, um die Aufmerksamkeit auf ihre schönen Hände zu lenken oder weil ihre Fingernägel unerbittlich danach verlangten. Umso rätselhafter ist mir ihre Abstammung von diesen bäuerischen Menschen. Von ihrem Vater weiß ich nur, dass er Gutzeit hieß und kurz nach ihrer Geburt an einem Darmverschluss starb. Ich glaube, er war ein Tischler, aber nicht einmal da bin ich mir sicher. Schließlich wohnten einige Ableger dieser Familie in Berlin und wanderten bei Kriegsende sofort nach Texas aus.

Die Mutter meiner Mutter, Oma Köller, brachte sich und ihre Tochter über ein Jahrzehnt mit Schneiderarbeiten durch die Turbulenzen der Zeit. Wie es aussieht, verfügten junge Mütter damals über wenig Illusionen, dafür aber über praktische Fähigkeiten, mit denen sich BAföG und andere Staatsknete ersetzen ließen.

Meine eklatante Unkenntnis der eigenen Familie hat ihre Ursache vermutlich in dem Hochmut meines Vaters gegenüber seiner Umgebung. Er hatte noch zwei Schwestern, die es aber nicht wagten, uns zu besuchen. Seine Abneigung gegen alle, die zur Verwandtschaft gehörten, war ebenso notorisch wie einzigartig. Sie verhinderte auch die in anderen Familien üblichen Zusammenkünfte an größeren Festtagen. Unnatürlich ist sie offenbar nicht. Ich habe oft bei Haustieren beobachtet, wie sie ihre eigenen Kinder und Geschwister mit hartnäckiger Wut aus dem Haus trieben und erst Ruhe gaben, als diese für immer verschwunden waren.

Was also meine großartige Herkunft angeht, so bin ich auf Indizien angewiesen.

Als hauptberuflicher Parteigenosse durfte sich mein Vater nicht mit Vermutungen begnügen. Er war verpflichtet, seine arische Herkunft nachzuweisen. Dafür opferte er einen großen Teil seiner freien Zeit, indem er mit Kirchenämtern und städtischen Archiven korrespondierte, von denen er den Nachweis erbat, dass irgendein Thüringer Musikant des frühen 19. Jahrhunderts, in dem er einen Verwandten vermutete, arischer Herkunft gewesen sei.

Diese absurde »Ahnenforschung« war letztlich eine einzige Portoverschwendung. Denn der Parteigenosse Siebeck beendete sie abrupt, als er auf eine Urgroßtante traf, welche den undeutschen Namen Jely trug. Er zeigte mir eine Galerie von Porträts die er gezeichnet hatte. Davon ist mir ein Mann in Erinnerung geblieben, den er »Radek Zobelsohn« nannte. Wahrscheinlich war der damals bereits von Stalin liquidiert worden.

Die »Tante Jely« sorgte eine Zeit lang noch für einige scheinbar riskante Witze in der Familie; ich hatte aber nie den Eindruck, dass ihre unerwünschte Entdeckung meinen Vater beunruhigt hätte.

Da war noch dieser Frack im Kleiderschrank.

Das elegante Kleidungsstück, über dessen soziale Bedeutung ich mir so wenig Gedanken machte wie über die daneben hängende, nur selten getragene NS-Uniform, benutzte meine Mutter zu einer Mythenbildung. An einem Silvesterabend – ich war damals nicht älter als neun Jahre – zog ich den Frack an, der mir natürlich viel zu groß war. Meine Mutter fotografierte mich in dieser Verkleidung, während ich ein Sektglas in der Hand hielt und mir der Zylinder meines Vaters auf den Ohren saß. Es war jedoch nicht das lächerliche Foto eines Knaben in einer viel zu großen Festkleidung, welches zum Familienmythos wurde, sondern meine nicht unintelligente Antwort auf die Frage meiner Mutter, was ich mir denn für mein späteres Leben wünschte: »Spitze Gläser, schöne Mädchen«, gestand ich.

Das genügte meiner entzückten Mutter, um in der Nachbarschaft stolz zu erzählen, wie sich ihr einziger Sohn seine Zukunft vorstellte. Damals stand der Zweite Weltkrieg kurz bevor, und mein Vater war auf dem Sprung, seine Fähigkeiten als Architekt in den Dienst der großdeutschen Raubzüge zu stellen.

Er war natürlich kein Architekt, und schon lange kein Bankbeamter mehr, sondern Angestellter in der Naziverwaltung, wo er im sogenannten Gauheimstättenamt tatsächlich mit so etwas wie sozialem Wohnungsbau zu tun hatte. Im Familienkreis brüstete er sich damit, die Volksbadewanne erfunden zu haben. Das war, wenn ich mich richtig erinnere, eine Sitzbadewanne, zweifellos raumsparend; aber warum durfte das Volk in einer Badewanne nur sitzen, nicht liegen?

Es ist zu vermuten, dass weitere Erfindungen meines Vaters von ähnlicher Nützlichkeit zum Ruhm des »Tausendjährigen Reiches« beigetragen haben. Seine letzte konnte ich bewundern, als ich ihn nach dem Krieg in seinem neuen Leben besuchte. Es handelte sich um eine geschickt zurechtgebogene

Büroklammer, welche in eine Streichholzschachtel passte und mit der sich, wenn man die Dose öffnete, eine Zigarette festklemmen ließ. »Klein, aber oho!«, kommentierte er sein Werk. Wahrscheinlich wollte er die lächerliche Konstruktion unter diesem Namen vermarkten und hatte im selben Moment das Plakat mit dem Markennamen vor Augen wie ich: auf gelbem Grund fett in Sütterlin geschrieben, schwungvoll unterstrichen und mit Ausrufezeichen versehen. Für ihn mochte es eine vielversprechende Vision sein; ich fand es grässlich. Jedenfalls enthüllte sie einen weiteren Charakterzug meines Vaters: seinen leichtfertigen Optimismus.

Wie weit der für die Aktivitäten des Parteigenossen Siebeck verantwortlich war, kann ich nicht abschätzen. Ich weiß auch kaum, in welcher Weise er den Nazis nützlich war. Er nahm am Reichsparteitag in Nürnberg teil, an jenem Massenspektakel, das durch Leni Riefenstahl weltberühmt wurde. Von dort schickte er eine Ansichtskarte, die mich sehr befremdete. Nicht wegen der vielen Unterschriften von seinen NS-Kameraden, die lediglich von bierseliger Geselligkeit kündeten, sondern weil er die an mich adressierte Ansicht von Nürnberger Fachwerkhäusern (»An Pimpf Wölfi Siebeck«) mit dem ungewohnten Gruß »Heil Hitler, Dein Papa« beendete.

Sein vergleichsweise idyllisches Arbeitsverhältnis änderte sich sofort nach der Besetzung Polens durch deutsches Militär. Mein Vater wurde als ziviler Angestellter nach Posen versetzt.

Persönliche Erinnerung haben wir alle. Nicht nur unsere bekennenden Großautoren, die nicht müde werden, sich beim Zwiebelschälen an ihre Jugend zu erinnern. Auch wir Jüngeren, die wir vom Zweiten Weltkrieg nicht loskommen, weil unsere Alten darin mehr oder weniger unangenehm verwickelt waren, kauen auf dieser Epoche herum wie Hunde auf alten Knochen.

Wer je seine Mutter ratlos durchs Haus hat laufen sehen, die nicht wusste, wohin mit *Mein Kampf* und *Der Mythus des 20. Jahrhunderts* und sich mit nervösen Fingern bemühte, die silbernen und goldenen Aufnäher von Vaters Uniform abzutrennen – von der Hakenkreuzfahne ganz zu schweigen –, während auf der Straße die demokratische Gesinnung versuchte, mit den amerikanischen Panzern Schritt zu halten; wer diese Sternstunde deutscher Geschichte erlebt hat und darüber nicht in seinen Erinnerungen berichtet, der verweigert sich dem Unterhaltungsbedürfnis unserer Zeit.

So hat sich meines Wissens niemand Gedanken darüber gemacht, was mit den Abermillionen von Fahnenhaltern geschehen ist, die praktisch unter jedem Fenster Deutschlands angebracht waren. Irgendeine Fabrik muss darauf spezialisiert gewesen sein und mit den kurzen Rohren viel Geld verdient haben. Doch kaum war der Krieg vorbei, verschwanden diese Halter spurlos von den Hauswänden.

Zur Besetzungsliste der Mitläufer, Teilschuldigen, Wegseher und Helfershelfer gesellen sich neuerdings die Widerständler. Da darf auch die Familie Siebeck nicht fehlen, unter deren brauner Oberfläche (mein Vater) die Bereitschaft zum Widerstand glomm, wie ein Schwelbrand unterm Teufelsmoor. Er entzündete sich schließlich an dem von Hitler verordneten Eintopfsonntag.

Zur Einsparung von Devisen und überhaupt zu Verhinderung undeutscher Schlemmerei hatte der Vegetarier auf dem Obersalzberg seine Volksgenossen aufgerufen, dem aufwendigen Sonntagsbraten abzuschwören und sich stattdessen mit einem Eintopf zufriedenzugeben. Dieser Eintopfsonntag spielte eine nur kurze Rolle in den letzten Jahren vor dem Beginn des Krieges.

Man darf die Identifikation der Deutschen mit ihrem geliebten Führer nicht überschätzen. Wer es sich leisten konnte, finanziell oder weil er Bezugsquellen für die knapp gewordenen Lebensmittel hatte, folgte dem Aufruf zur Askese keineswegs.

Auch nicht die Bewohner des Hauses Freigrafendamm 11, wo die Familie Siebeck im zweiten Stock eines Häuserblocks der Neuen Heimat zur Miete wohnte. Kann sein, dass meine Mutter ein- oder zweimal eine Erbsensuppe mit Speck gekocht hat, diese völkische Alternative zur Rindsroulade. Aber da ich ein schlecht essendes Kind war (nichts von dem, was meine Mutter kochte, hat mir geschmeckt), lebte sie in ständiger Sorge, ich könnte nicht groß und stark werden, und nahm Rücksicht auf meine Idiosynkrasien, wo es nur möglich war. Also wurde die Erbsensuppe mit Speck gestrichen. Zwangsernährt wurde ich nur mit Lebertran, von dem ich täglich einen Löffel bei zugehaltener Nase schlucken musste.

Leider wusste ich damals noch nicht, was ich heute weiß, sonst hätte ich meine Mutter belehren können, dass halb rohe Zwiebelstücke im durchgedrehten Spinat von einer sensiblen Zunge als ekelhaft empfunden werden. Jedenfalls war eine Familie, die mit einem derart anspruchsvollen Kind gesegnet war, in Zeiten des Eintopfsonntags ungenügend angepasst, mochte auch der Familienvater das Parteiabzeichen am Revers tragen.

Zum Repertoire der Eintopfsonntage gehörte neben der Erbsensuppe auch das Gulasch. Ein anständiges Gulasch, sollte man meinen, wäre auch einem verwöhnten Bengel zuzumuten, solange es kein Pferdegulasch ist. Natürlich war es damals kein Pferdegulasch, weil der deutsche Mensch keine Pferde aß. Diese Angewohnheit hatten nur rassisch minderwertige Völker. Dabei gab es damals noch viele Pferde im Straßenbild der deutschen Städte, sogar über den Freigrafendamm zogen Milchbauern, Lumpensammler und Kartoffelhändler mit ihren Karren. Und vor diese Karren waren Pferde gespannt. Aber im Eintopf der Familie Siebeck landeten sie nie. Viel später erfuhr ich, dass man aus Pferdefleisch ein sehr gutes Gulasch und auch erstklassige Schmorbraten zubereiten kann. Aber damals delektierten sich die Volksgenossen lieber an der arischen Steckrübe, als dass sie ein delikates Fohlenfilet auftischten. Daran hat sich seitdem wenig geändert, was verwunderlich ist angesichts der Aufgeschlossenheit der Deutschen gegenüber fremden Küchen. Aber eher essen sie mit Stäbchen ein höllisch scharfes Stück Tiefseetang, als einzusehen, dass ein Stück vom Pferd nicht weiter vom Schweinebraten entfernt ist als die Lammkeule, welche erstaunlich widerstandslos Eingang gefunden hat in unsere Sonntagsküchen.

Übrigens war es mit dem nur gelegentlich an Sonntagen gekochten Eintopf seit dem Ausbruch des Krieges sofort vorbei. Wenn sie uns das tägliche Leben schon durch Verdunkelung, rationierte Lebensmittel und nächtliche Fliegeralarme erschwerten, so mochte meine Mutter gedacht haben, dann werden wir nicht auch noch freiwillig auf unsere bescheidenen Freuden verzichten. Zu denen eben auch der Sonntagsbraten gehörte. Und, wie es sich für die Nachfahren Wotans und Thors gehört, die Buttercremetorte. Da diese, wie jeder Anhänger der alten Schreibweise weiß, vor allem aus »guter Butter« bestand, wie es damals im Unterschied zur Margarine hieß, waren die Zutaten für diesen kulinarischen Gipfel der deutschen Bürgerküche nur schwer zu finden. Denn die pro Kopf der braunen Bevölkerung zugeteilte Menge an »guter Butter« betrug gegen Ende des Krieges nicht mehr als 62,5 Gramm pro Woche. Ein skandalöser Zustand, wie meine Mutter fand, der die Ernährungslage in den großdeutschen Gefangenenlagern und KZs nicht bekannt war.

Meinem Vater dürften dagegen aufgrund seiner parteipolitischen Stellung auf dem Außenposten in Posen viele diesbezügliche Details vertraut gewesen sein. Obwohl ja sogar höchste

NS-Chargen vom millionenfachen Morden rings um sie herum nichts wussten, wie sich nach dem Krieg herausstellte.

Sein Büro in Posen war ein kleiner, villenähnlicher Neubau, weder herrschaftlich noch sonst wie eindrucksvoll. Außer meinem Vater schien dort niemand zu wohnen. Von dort aus half er seiner Partei bei deren Raubzügen in der polnischen Industrie. Im Titel seines Büros wurde deutlich, worauf er es abgesehen hatte. Es ähnelte der fünfzig Jahre später gegründeten Treuhand der Bundesrepublik. Mit »Steine und Erden« hatte seine Arbeit zu tun, was, so viel begriff ich immerhin, bedeutete, dass er Torfwerke und Ziegeleien verwaltete, die bisher polnische Besitzer hatten.

Ich habe meinen Vater in Posen zwei- oder dreimal in den Schulferien besucht, entdeckte an ihm aber bestenfalls eine Veränderung zum Wohlleben, das im Gegensatz zu seinen früher geäußerten NS-Parolen stand. Er ging mit mir in gute Restaurants, wo ich mich jedes mal derart mit Pfifferlingen vollstopfte, dass ich auf der Stelle Durchfall bekam.

Er verkehrte damals in einer volksdeutschen Familie, die ein Kaufhaus mit einer Maßschneiderei besaß, wo mir mehrere Anzüge mit kurzen Hosen angefertigt wurden. Mit einer der flotten Töchter – stark geschminkt, extravagante Kleider, Raucherinnen – hatte er ein Verhältnis, was mir nicht verborgen blieb. Diese Familie besaß auch ein größeres Gut auf dem Lande mit einem eigenen See, von dem mir nur die eindrucksvolle Mückenpopulation in Erinnerung geblieben ist. Ein dort ständig wohnendes Familienmitglied betätigte sich als Maler, was zur Folge hatte, dass seine Bilder in dichten Reihen an den Wänden der langen Flure hingen. Ich erinnere mich nur an eines, das einen blonden Trommler in meinem Alter darstellte. Er trug eine HJ-Uniform und symbolisierte für mich alles, was mir an dieser heroischen Zeit missfiel.

Nun gehörte ich keineswegs zu jenen Jugendlichen, die schon

als Zehnjährige den mörderischen Kern des Nationalsozialismus erkannt hatten. Mein Missfallen an der Nazidiktatur beruhte auf dem schlechten Gewissen, zu dem mir meine kindliche Dusseligkeit verhalf; ethische Motive kann ich nicht geltend machen.

Mein Vater hatte mich unnötigerweise ein Jahr zu früh beim Jungvolk angemeldet. Das war die Kinderabteilung der Hitlerjugend, der jeder deutsche Junge ab zehn Jahren angehören musste. Um uns den Abschied vom Indianerspielen leicht zu machen, bekamen wir eine Uniform: braunes Hemd, schwarzes Halstuch, Schulterriemen, Koppel und das später auf dem Schwarzmarkt hoch gehandelte Fahrtenmesser.

Schon als Zehnjähriger missfiel mir an der Naziideologie die Tendenz, aus mir, dem Individuum, eine Volksgemeinschaft zu machen. Als Hitlerjunge, wie wir genannt wurden, sträubte ich mich gegen den befohlenen Gleichschritt der Kolonne (»Siebeck, du stolperst ja daher, als wenn eine Ziege auf die Trommel kackt!«), ich fand das gemeinschaftliche Singen lächerlich, zumal ich viele der Liedertexte nicht verstand. Was, zum Beispiel, waren »engelatsche Reiter«? Bei den »Heimabenden«, die wir auf Anordnung der HJ-Führung regelmäßig abhielten, ödeten mich die ideologisch interpretierten Mythen nicht zuletzt deshalb an, weil ich zu Hause bereits alles gelesen hatte, was mit den Germanen, den Nibelungen und Beowulf zu tun hatte. Darauf aufbauende Paramythen langweilten mich ebenso wie die zum wiederholten Male erzählten Balladen vom Heldentod Horst Wessels oder Leo Schlageters. Meine zeitgenössischen Helden waren Old Shatterhand und Kara Ben Nemsi. Schon bei Winnetous Tod hatte ich mich gefragt, warum der edle Apache unbedingt noch Christ werden musste, bevor er seine rote Seele aushauchte. Diese Skepsis verdankte ich dem Parteigenossen Walter Siebeck, der mir durch einen Kirchenaustritt den Religionsunterricht erspart hatte. Er ersparte mir überhaupt vieles, indem er durch seine Abberufung ins besetzte Polen als mein Erzieher ausfiel.

Nach kurzer Mitgliedschaft wurde ich Hordenführer. Mein Vater, der seine Nase gern in alles steckte, sprach eines Tages mit dem Bochumer Jungbannführer über mich.

Ich nehme an, er wollte sich wichtig tun und fragte nach meinem Verhalten in der braunen Gemeinschaft, ob ich mich bei den Geländespielen auch brav prügelte und beim Singen nicht unangenehm auffiel. Der Bannführer, wahrscheinlich mehr mit seiner Pubertät beschäftigt als sich für die anonymen Pimpfe zu interessieren, wusste natürlich nichts von mir. Da ich aber einen eifrigen Parteigenossen zum Vater hatte, ließ er mich kurz danach in seine Dienststelle kommen und fragte mich leutselig nach meinem Befinden.

Ich sei bereits Hordenführer, berichtete ich ihm stolz. Darauf stellte er mir die so folgenschwere Frage: »Ernannt oder bestätigt?«

Hätte ich die Hände nicht an die Hosennaht gepresst, wie sich das gehörte, wenn man einem Führer gegenüberstand, ich hätte verzweifelt auf meinen Fingernägeln gekaut. Denn ich hatte keine Ahnung, dass es da einen Unterschied gab. Also antwortete ich blindlings: »Bestätigt!«

»Und warum trägst du dann keinen Winkel an der Uniform?«

Ich stotterte etwas wie: »Weiß nicht, wo man ihn kaufen kann«, und das Blut schoss mir ins Gesicht.

Da griff der Jungbannführer triumphierend in eine Schublade seines Schreibtisches und förderte einen Hordenführer-Winkel zutage, ein rundes, schwarzes Stück Stoff mit einem silbernen Winkel. Er überreichte ihn mir, als wäre es das Eiserne Kreuz, und ich verließ hackenschlagend sein Büro.

Ich hatte nichts eiliger zu tun, als meine Mutter zu bitten, mir den Winkel aufs Braunhemd zu nähen. Als ich beim nächsten Pimpfentreff mit dem Winkel auftauchte, staunte die Bande sehr. Woher ich den denn habe, wollten alle wissen. Meine Antwort »Vom Jungbannführer persönlich!« genügte jedoch, um weitere Fragen der ungläubigen Kameraden zu verhindern.

Erst im Laufe der Zeit ging mir auf, dass ich mich in meiner Ahnungslosigkeit mit einem falschen Dienstgrad schmückte. Ich war innerhalb der NS-Jugendorganisation ein Hochstapler. Das daraus erwachende schlechte Gewissen verwandelte sich in ein permanentes Unbehagen gegenüber dem NS-Staat.

Einmal nahm mein Vater mich in seinem Dienstmercedes mit auf eine Rundreise durch das besetzte Polen. Er besuchte mehrere Ziegeleien, deren Überführung in deutschen Besitz zu seinen Aufgaben gehörte. Die Reise führte unter anderem nach Lodz, wo er auf eine entfernte Häuseransammlung deutete und sie als Getto bezeichnete. Dann machte er noch einige hämische Bemerkungen über die Juden, und damit endete seine Einführung in den Mythos des Dritten Reichs. Es ist anzunehmen, dass ihn das feudale Leben als Besatzer vom spartanischen Stil der Nationalsozialisten weit genug entfernt hatte, um die Kanonen-statt-Butter-Parolen nicht mehr sehr ernst zu nehmen.

Leider folgte eine Zeit, in der ich den Wahrheitsgehalt solcher Parolen am eigenen Leib erfuhr. Ich wurde als Flakhelfer auf einen Bochumer Acker ausgesiedelt und lernte, angefrorene Kartoffeln zu schälen und zu pellen und machte gleichzeitig die Feststellung, dass dort, wo Kanonen abgefeuert werden, die Butter tatsächlich als überflüssig betrachtet wird. Hier bot sich mir erneut eine Gelegenheit, Widerstand zu leisten. Wenn ich schon den Wehrdienst nicht verweigern konnte (was mir nie in den Sinn gekommen wäre), so doch die Margarine und den Kunsthonig. Da ich dies in wohlgesetzten Worten vor den Ohren des Batterieführers tat, landete ich für zwei Tage in der Arrestzelle. Damit war mir die Karriere eines Feldmarschalls verschlossen, und ich wurde Berufsesser.

In den Wohnungen meiner Eltern stand immer ein Klavier. Nicht im Salon, der bei uns Wohnzimmer hieß, sondern auf dem Korridor. Ich kann mich nicht erinnern, dass es nur ein einziges Mal von meiner Mutter bespielt wurde. Sie soll als junges Mädchen sehr musikalisch gewesen sein, berichtete meine Großmutter, wollte eigentlich Konzertpianistin werden. Was ihr diese Idee ausgetrieben hat, wird nie geklärt werden. Wahrscheinlich war es mein Vater, dessen Musikalität sich darin erschöpfte, dass er den »Badenweiler Marsch« erkannte, wenn der im Radio ertönte: Dieses Stück Militärmusik wurde ausschließlich bei Auftritten seines Führers gespielt.

Verkauft hat sie das Piano, als sie, wie ich heute vermute, sich darüber im Klaren war, dass von meinem Vater keinerlei finanzielle Unterstützung seiner Familie zu erwarten war.

Das Klavier stand also unbenutzt im Flur. Ich habe manchmal den schwarz lackierten Deckel geöffnet, den grünen Filzstreifen von den Tasten genommen und den Flohwalzer gespielt. Weiß der Teufel, wer mir diese penetrante Fingerübung beigebracht hatte. Ich war jedenfalls ein Meister des Flohwalzers.

Trotzdem hielt ich mich nicht für musikalisch, und meine Mutter offenbar auch nicht. Also verkaufte sie das schöne Möbel während der Kriegsjahre. Zwei Wochen nach dem Verkauf nahm sie mich bei der Hand und sagte:

»Wölfi, stell dir vor, was passiert ist!«

Ich sah sie erwartungsvoll an.

»Dieser schreckliche Krieg!«

»Ist Papa …?«

Sie wischte diese Möglichkeit beiseite und fuhr fort: »Es ist verbrannt, beim Angriff letzten Freitag.«

An jenem Freitag war Bochum wieder angegriffen worden. Wir verbrachten die Nacht im Keller und fürchteten uns, aber es war gut gegangen. Gebrannt hatte es in anderen Stadtteilen.

»Sie hatten es erst vier Tage. Da wurde ihr Haus getroffen und ist ausgebrannt.«

»Wer hatte was, und wessen Haus ist ausgebrannt?«

»Doktor Schreiner! Du kennst ihn doch, Schreiners waren damals mit uns in Laasphe.«

»Wo du im Sanatorium warst?«

»Nein, das war Bad Lippspringe. Sie wollten es für ihre Tochter haben, die Gisela mit den blonden Schnecken, du weißt doch, ihr habt einmal Blaubeeren gesammelt.«

»Nein, Blaubeeren habe ich nur im Harz gesammelt, mit Helga und Egon. Die Gisela wollte immer Blockflöte mit mir spielen.«

»Siehst du, sie ist sehr musikalisch. Deshalb wollten sie auch das Klavier für sie haben. Nun ist es verbrannt.«

Man sollte meinen, mit dem Brandbombenopfer hätte ich die Götter der Musik ein für alle Male von mir abgelenkt. Dem war leider nicht so.

Ohne von dem verbrannten Klavier zu erfahren, hatte mein Vater mir bei einem Besuch in Posen ein Akkordeon geschenkt. Hohner, natürlich, mit vierundzwanzig Bässen. Akkordeons stufte man damals nach der Anzahl ihrer Bassknöpfe ein, wie heute ein Auto nach den Pferdestärken. Vierundzwanzig Bässe, das war nichts Besonderes. Kompaktklasse, würden wir heute sagen.

Die Möglichkeit, dass ich auf diesem Instrumente eines Tages auch Tonfilmschlager spielen würde, jene beliebten Melodien, die Marika Rökk und Johannes Heesters sangen, war verführerisch. Also schleppte ich den schweren Kasten zweimal in der Woche zu einem buckeligen Akkordeonlehrer, der mir das Notenlesen und ein paar Griffe beibrachte. An seiner Ungeduld, mit der er meine Fehler korrigierte, erkannte ich mein geringes Talent.

Das muss unvermeidlich auch von den Nachbarn erkannt worden sein, die über uns wohnten. Es handelte sich nämlich um ein hochmusikalisches Ehepaar: Sie gab Gesangstunden, und er war Mitglied des Häusler Quartetts, wo er die Bratsche spielte. Sie mochten mich wirklich sehr gerne, versorgten mich mit Büchern, wenn ich im elterlichen Bücherschrank nichts Interessantes mehr fand und ließen mich später von ihrem Telefon meine Freundin anrufen.

Direkt nach dem Krieg, als ich Trümmer räumen sollte, um Lebensmittelkarten zu erhalten, waren sie entsetzt. Das käme ja überhaupt nicht infrage, meinten sie im Hinblick auf mein künstlerisches Potenzial. Schauspieler müsse ich werden, und dazu würden sie mir gerne verhelfen. Sie hätten zum Bochumer Theater beste Beziehungen.

Die Vorstellung, zum Theatervolk zu gehören, hatte in unserer Nachbarschaft nichts Abwegiges. Man sah sie täglich auf der Straße, die Ewald Balser, Hannes Messemer, Rosel Schäfer, ein großer Teil der Schauspieler wohnte in den umliegenden Häusern in möblierten Zimmern. Und Hans Korte, mein Klassenfreund, spielte bereits unter Saladin Schmitt seine erste Rolle.

Doch dann drückten mir die geplagten Ohrenzeugen meiner Akkordeonübungen ein Textbuch in die Hand und beschworen mich, die Rolle des Hans in Max Halbes »Jugend« zu lernen, einen Termin zum Vorsprechen würden sie mit Hans Schalla, dem damaligen Intendanten, ausmachen. Ich las das Jugenddrama und wusste, dass auch diese Karriere nicht meinen Neigungen entsprach.

Diese braven Nachbarn waren die Einzigen, die sich in jenen Jahren über meine Zukunft den Kopf zerbrachen. Meine Mutter flüchtete vor der Misere der Nachkriegsjahre in diverse

Sanatorien, wo man ihren baldigen Tod fachmännisch vorbereitete. Ich tauschte das Akkordeon gegen einen kratzigen Anzugstoff ein, aus dem ich mir einen Zweireiher schneidern ließ, wie ihn die Komiker in amerikanischen Musikfilmen trugen. Wahrscheinlich war ich damals der eleganteste Arbeitslose Bochums.

Um meine Verbindung zur Musik nicht vollständig abreißen zu lassen, besorgte ich mir, wiederum auf dem in jenen Tagen üblichen Tauschwege, eine Klarinette. Es gelang mir auch nach mehreren Versuchen nicht, ihr drei wohlklingende Töne zu entlocken, geschweige denn, den Sound von Artie Shaw zu kopieren. Da gab ich auf und suchte meine Zuflucht bei anderen Musen.

Aus einer militärischen Karriere wäre mit Sicherheit nie etwas geworden. Falls mir noch eine Erfahrung fehlte, die meinen Widerwillen gegen Drill plus Volksgemeinschaft festigen würde, so machte ich sie als Flakhelfer. Man muss sich das vorstellen: Ich war gerade fünfzehn Jahre alt und kinderlandverschickt, wie das damals genannt wurde, was bedeutete, dass Schulkinder aus dem Ruhrgebiet ins kriegsferne Pommern umgesiedelt wurden, wo es keine Bombennächte und also keinen gestörten Schulunterricht gab. Wir wohnten bei Pflegeeltern, genossen die Ländlichkeit unserer neuen Umgebung, verliebten uns, sahen im Dorfkino UFA-Filme, die wir wegen unserer Jugendlichkeit noch gar nicht hätten sehen dürfen, und fühlten zum ersten Mal in unserem Leben so etwas wie Freiheit. Dem Unterricht der mitgereisten Studienräte folgten wir nur mit halber Aufmerksamkeit, weil wir wussten: Im Januar 1944 würden wir zur Flak eingezogen.

Ich kann nicht sagen, dass mich diese Aussicht beunruhigt hätte. Es war das von Erich Kästner als »Blödsinn« bezeichnete Schicksal, das in mein Leben eingriff und bei mir jenen

Stoizismus hervorrief, den Kinder entwickeln, wenn sie Erwachsene zum Wahnsinn treiben wollen. Ich genoss das schöne Landleben, die Freundlichkeit der Dorfbewohner, die Aufregung einer ersten Liebe und dachte nicht ans Morgen.

Der Übergang geschah mit der gleichen Schicksalhaftigkeit, wie alles, was unser ideologiegesteuertes Leben betraf. Es war unangenehm, aber unausweichlich. Keine politische Erkenntnis befähigte uns Gymnasiasten, unseren geplanten Beitrag zum Kriegsgeschehen als völlig absurd und wirkungslos zu erkennen. Jedenfalls war davon in meinem familiären Umkreis keine Rede. Sollte es bei einigen Klassenkameraden anders gewesen sein, so behielten sie ihre Ansichten für sich.

Wir wurden in feldgraue Uniformen gekleidet, wozu wir HJ-Hakenkreuzbinden zur Unterscheidung von ›richtigen‹ Soldaten trugen und lebten nördlich von Bochum auf einem Acker in Holzhütten. Sechs Schüler und die dreifache Menge Mäuse pro Hütte. Diese bildeten eine Einheit mit anderen Erdbunkern und vier 8,8 Kanonen zur Abwehr der feindlichen Flugzeuge, was alles zusammen unter dem Begriff Flak-Batterie für ein Jahr zum Mittelpunkt unseres Lebens wurde. Geist- und trostloser kann man die Jahre der Entwicklung nicht verbringen. Wie zäh und unempfindlich Jugendliche sein können, zeigte sich dadurch, dass die, welche diesen Stumpfsinn überlebt haben, größtenteils ganz erfolgreiche Bürger wurden.

Nachdem wir in zwölf Monaten viele Generationen Mäuse ausgerottet, aber kein einziges Flugzeug abgeschossen hatten, wurden wir in den ersten Wochen des Jahres 1945 einzeln gefragt, ob wir mit der Batterie an die (damalige) Ostfront gehen würden. Damit war die Oder gemeint, wo unsere Kanonen die russische Offensive aufhalten sollten.

Tatsächlich wurden wir vom Batteriechef gefragt, nicht gedrängt. Und ich sagte zu.

An diese Situation erinnerte ich mich, als fünfzig Jahre später eine Diskussion entbrannte, ob nicht einige Prominente meiner Generation vielleicht eine Beitrittserklärung zur SS unterschrieben haben könnten, gegen ihren Willen womöglich, woran sie sich nicht mehr erinnern konnten oder wollten.

Ich kann nur sagen, dass ich damals alles unterschrieben hätte, wenn mir mein Batteriechef, der ein sehr zivilisierter, nämlich völlig unmilitärischer Jurastudent war (er hieß Siebert), irgendeine unsinnige Verpflichtung zugemutet hätte. Dennoch ist mir diese Freiwilligkeit, mit der ich mich in Lebensgefahr begab, immer noch unerklärlich. Alle Flakhelfer der Batterie wurden gefragt (wir waren ca. 24 Jungen), aber außer mir war nur einer bereit, mit an die Ostfront zu gehen.

Was war da mit mir los? Pubertäre Abenteuerlust? War ich der Gesellschaft der furzenden Mitschüler so überdrüssig, dass ich lieber mit den erwachsenen Soldaten in die Schlacht ziehen wollte? Dabei waren mir Ernst Jünger und seine Stahlgewitter-Romantik so fremd wie der Mond.

Alles war mir fremd. Vor allem das Militärische, das mich von nun an so vollkommen beherrschte. Vom Bochumer Acker waren es immerhin nur wenige Kilometer Luftlinie bis zu dem Haus, in dem ich die letzten zivilen Jahre als Schüler verbracht und Schillers Balladen auswendig gelernt hatte. Aber das gab mir keinen Halt mehr. Meine Mutter war in irgendwelchen Sanatorien verschwunden, mein Vater hatte sich unlängst von einem griechischen U-Boot-Stützpunkt per Postkarte gemeldet, »von Soldat zu Soldat«, wie er es in dem von mir verabscheuten Pathos formulierte, und ob und wie Oma mit unserer bürgerlichen Wohnung die nächtlichen Luftangriffe überstand, gehörte auch nicht zu meinen Alltagssorgen. Ich glaube, ich hatte in diesen Wochen überhaupt keine Sorgen. Ich war fremdbestimmt bis zur Entpersönlichung, wie es wohl alle Soldaten sind; ob im Friedenseinsatz oder im Krieg.

An die Art und Weise, wie sich unsere Flakbatterie auflöste

und den Umzug an die Ostfront bewältigte, habe ich keine Erinnerung. Ich sehe mich nur in Eberswalde im Postamt stehen und meinen Sold, den man mir ausgezahlt hatte, in ein Postscheckbuch einzahlen. Eine naive und folgenlose Aktion. Die 3/301 war zu einem Güterzug geworden, der wegen der täglichen Luftangriffe sich nur in der Nacht bewegte. Langsam wie eine Raupe kroch der Zug nach Osten. Wie die Kanonen und die anderen sperrigen Dinge verladen worden waren, habe ich nicht mitbekommen. Wir Soldaten bewohnten ehemalige Viehwaggons, in deren Mitte ein kleiner Ofen stand. Es war schließlich kalt, in diesem Januar 1945. Ich trug nun eine gewöhnliche Uniform ohne Hakenkreuzbinde und keine Holzschuhe mehr, in denen wir das Jahr 1944 auf dem Bochumer Acker ganz gut überstanden hatten. Als vollwertiger Soldat stand ich jetzt in engen Stiefeln Wache, bekam auch ein Soldbuch und somit ein Salär. Wie hoch die Dienste eines jugendlichen Mörders vom obersten Feldherrn und Reichskanzler eingeschätzt wurden, weiß ich nicht mehr. Viel wird es nicht gewesen sein. Als Flakhelfer mussten wir, wenn ich nicht irre, ohne Entgelt auf andere Menschen schießen.

Eberswalde war die Endstation für den Umzug. Hier profitierte ich zum ersten Mal von meiner Jugendlichkeit. Während die mit mir gereiste Soldateska auf einen Acker in Odernähe transportiert wurde, wo sie alles für die Ankunft der Geschütze und der Munition vorbereitete und für sich selbst Unterkünfte in die deutsche Erde grub, blieb ich im Viehwaggon auf einem Abstellgleis in Eberswalde zurück, um die kostbaren Geräte zu bewachen. Die Wachmannschaft muss sehr klein gewesen sein, denn mir kommt es vor, als ob es dort ständig Nacht gewesen sei, wenn ich mit umgehängtem Karabiner an den Waggons entlang schnürte. Was ich zu bewachen hatte, wusste ich wohl, nicht aber vor wem. Partisanen gab es in Brandenburg keine. Überhaupt lag in jenen Wochen eine merkwürdige Ruhe über den künftigen Schlachtfeldern. Die Rote Armee hatte das Ostufer der Oder erreicht und ruhte sich dort für die letzte Offensive aus. Das Gleiche taten diesseits des Flusses die Restbestände der deutschen Armee. Unsere Batterie wechselte mehrmals die Stellung, wovon ich wenig mitbekam, weil ich ein weiteres Privileg meiner Jugend auskostete. Anstatt wie die anderen Löcher in den Acker zu buddeln, wurde ich als vorgeschobener Beobachter an den Fluss geschickt. Dort hauste ich im Oderdamm mit zwei anderen in einem Erdbunker und beobachtete, was auf der anderen Flussseite los war. Dort war wenig los. Ab und zu bewegten sich russische Soldaten von links nach rechts oder von rechts nach links, auf die wir aber nicht schießen durften, weil es unseren Standort verraten hätte. Nach achtundvierzig Stunden wurde ich abgelöst und durfte pausieren, bevor ich wieder in den Damm kroch.

Ich war wohl das, was man heute Kindersoldaten nennt. Meine Art von Romantik zeigte sich, als die russische Offensive am Oderbruch begann. Sobald die Rote Armee am Horizont erschien, lief ich im Kugelhagel zum Munitionsbunker und holte mir einen Vorrat an Leuchtspurmunition für meinen Karabiner. Die Spur meiner Schießerei zu verfolgen war mir wichtig wie auf dem Rummelplatz, wo die Knallerei ja auch mit Gebimmel und bunten Lichtern akzentuiert wird.

Jedenfalls habe ich großen Dusel gehabt und bin dem Schlamassel mit heiler Haut entkommen. Das verdanke ich in erster Linie meiner körperlichen Verfassung. Ich hatte die ruhigen Wochen vor der russischen Offensive relativ angenehm verbracht. Zwar half ich beim Ausheben von Gräben und dem Verlegen der Geschütze von einem Acker zum nächsten, aber der Winter war sehr milde, und meine Aufgabe als Beobachtungsposten im Oderdamm geradezu erholsam. In der Etappe, wo ich mich von der Erholung am Fluss erholen durfte, schlief ich einige Tage oder Wochen sogar in einem dicken Federbett auf einem Bauernhof und wurde verwöhnt, wie ein elternloser Knabe von einer Bauersfrau nur verwöhnt werden kann. Manchmal brachte ich ihr eine Rehleber, die mir meine erwachsenen Kollegen von ihrer Jagdbeute abgaben und die mir dann von der Bäuerin gebraten wurde. Bevor ich Gefahr lief, dick und fett zu werden, kurz nach dem Geburtstag unseres unseligen Führers, der uns all dies eingebrockt hatte (20. April 1945), stürmten die Russen los. Der Batteriechef war so vernünftig, nur bei Tageslicht Widerstand zu leisten. Als es dunkel wurde, ließ er unsere Kanonen und alles andere in die Luft sprengen, und die Flakbatterie 3/301 begann in der Abenddämmerung einen Rückzug, der in den ersten Stunden noch planmäßig genannt werden konnte. Im Morgengrauen jedoch, als russische Panzer uns eingeholt hatten und die Scheune in Brand schossen, in der wir erschöpft schliefen, verwandelte sich der Rückzug in eine Hals-über-Kopf-Flucht in Richtung Westen. Sie führte mich nördlich um Berlin herum und dauerte genau bis zum 8. Mai. Alles zu Fuß. Ohne Organisation. Von der Hand in den Mund lebend. Die ehemaligen Mitkämpfer waren in alle Himmelrichtungen zerstreut, vorzugsweise in westlicher. Auch ich hatte kein anderes Ziel und bewegte mich inmitten der Zigtausend Flüchtlinge dorthin, wo wir uns in Sicherheit wähnten. Jeden Morgen wurde ich von russischem Kampfgetöse geweckt, ohne darüber nachzudenken, dass sie ja noch vor mir geweckt worden waren. Manchmal waren sie gefährlich nahe, dann ließ ich alles liegen und stehen, was ich am Vortage aus leerstehenden Häusern geplündert hatte, und rannte um mein Leben.

Diesen Marathon hielt ich durch, bis ich bei Boizenburg die Elbe erreichte. Dort sah ich die ersten Amerikaner. Sie saßen ungezwungen in einem Jeep, trugen beneidenswerte beige Stiefeletten und unterstrichen mit einer lässigen Handbewegung die Botschaft, die sie uns brachten: »Pistols down, pistols down!«

Dann spannten sie ein weißes Band um eine nahe Wiese und gaben uns zu verstehen, dass wir Kriegsgefangene seien und den eingezäunten Bezirk nicht verlassen dürften.

Auch hier war ich wieder einer der Jüngsten. Das machte aber auf die Bewacher wenig Eindruck. Als ich sie aufforderte, mich nach Hause zu schicken, da ich erst 16 Jahre alt sei, musste ich stattdessen mehrere Wochen auf dieser Wiese ausharren, zusammen mit schätzungsweise ein- oder zweitausend ehemaligen Soldaten, welche sofort bewiesen, dass sie tüchtige Deutsche waren. Sie bauten Blockhäuser, legten Wege an und brachten sogar ein Musical zustande mit sehr schönen Ohrwürmern. Die waren alle aus Gershwins *Rhapsody in Blue* geklaut, wie ich Monate später erkannte. Es war ein wunderbares Frühjahr mit viel Sonne und ohne Regen, sodass ich unter der winzigen Zeltbahn, die mein einziger Schutz gegen die Witterung darstellte, ganz gut überlebte. Leider wäre ich fast verhungert. Aber den anderen ging es nicht besser, und sogar schlechter, wenn es Häuslebauer in ihren Blockhütten waren, weil sie ihre Kräfte sinnlos für eine Unterkunft verausgabt hatten, die sie bald wieder zurücklassen mussten. Denn das Lager wurde aufgelöst.

Wir wurden in Güterwaggons nach Fehmarn transportiert, was noch einmal kollektive Angst hervorrief. Es ging nämlich das Gerücht um, wir, die wir alle an der Ostfront eingesetzt gewesen waren, würden an die Russen ausgeliefert. Erst als sich herausstellte, dass unser Transportzug tatsächlich nach Norden rollte und nicht nach Osten, beruhigten wir uns.

Unser neues Lager auf Fehmarn war unendlich komfortabler in einer alten Kaserne installiert und stand unter englischer Bewachung. Zu Essen gab es nach wie vor sehr, sehr wenig.

Aber es existierte eine Lagerbibliothek, mit der ich mich über den Mangel an Spiegeleiern hinwegtröstete. Anhand von Dorothy L. Sayers' gepflegten Detektivgeschichten und Bertie Woosters charmanter Blödheit erkannte ich, dass mein abgebrochener Englischunterricht nicht vergebens gewesen war.

Nachdem ich die ersten vier Monate nach Kriegsende ein Gefangener war, wurde ich entlassen und nach Stuttgart transportiert. Ich hatte den Kurort im Schwarzwald, wo meine Mutter in einem Sanatorium lag, als Heimziel angegeben. Ich wanderte bei schönstem Sommerwetter von Vaihingen bis in den Hochschwarzwald. Doch das Pflücken der reifen Äpfel ersparten mir die Bäuerinnen, die sich um mich rissen, wenn sie mich auf der Landstraße sahen (»Was, so a jungs Bübele und scho Soldat?«), und sie fütterten mich wie Ornithologen ein aus dem Nest gefallenes Rotkehlchen. Was sie gehortet haben mochten für die Rückkehr ihrer nächsten Verwandten, wurde mir vorgesetzt und zugesteckt. Ich bekam aber auch Warnungen mit auf den Weg. Die Franzosen, erfuhr ich immer wieder, kassierten entlassene Kriegsgefangene wieder ein und schickten sie nach Frankreich zur Zwangsarbeit. Also vermied ich Hauptstraßen und schlug mich durch die Büsche meinem Ziel entgegen, eine Taktik, die mir erst vor wenigen Monaten geholfen hatte, zu überleben. Diese Wanderung gehört zu den schönsten Erinnerungen meiner Jugend.

Leider fand ich meine Mutter nicht. Sie habe das Sanatorium vor einiger Zeit verlassen, wurde mir gesagt. Also schlug ich eine neue Richtung ein. Jetzt war Bochum mein Ziel.

Dusel habe ich auch gehabt, weil mein Vater nach dem Krieg als Familienvorstand und Ernährer der Familie ausfiel, was ich allerdings erst nach und nach am zunehmenden Kummer meiner Mutter bemerkte. Sie litt an Tuberkulose, solange ich denken konnte, und verbrachte auch später viele Wochen und

Monate in Sanatorien. Von den Medizinern wurde sie stückweise gesund operiert, woran sie schließlich starb.

Sie war eine sehr sensible Frau, die überhaupt nicht zu ihrem seltsamen Mann passte. Er schien sehr korrekt zu sein. Seine Erscheinung und seine Verhaltensweisen machten jedenfalls diesen Eindruck. Ob ihr bewusst war, was sich hinter seiner glatten Oberfläche verbarg (und ob sich dahinter überhaupt etwas verbarg), kann ich nicht sagen. Ich nehme an, sie interessierte sich nicht sehr für ihren Ehemann.

Bei ihren Aufenthalten in den Sanatorien hatte sie die Astrologie für sich entdeckt. Ich schätze, dass sie mir alle drei Wochen »das Horoskop gestellt« hat. Natürlich sah sie für mich eine glänzende Zukunft in den Sternen, prophezeite mir allerdings einen frühen Tod mit zweiundfünfzig Jahren. So weit wagte sie sich aber nicht ins Universum hinaus, ihren einzigen Sohn, dem Hitlerjungen und späteren Flakhelfer, eine Zukunft mit eigenem Mas in der Provence vorauszusagen. Von den Trockenmauern gar nicht zu reden.

Provence 2

Als ich fünfzig Jahre später die Trockenmauern in meinem Garten in der Provence errichten ließ, zahlte es sich aus, dass ich von meinem Vater gelernt hatte, Baupläne zu lesen. So konnte ich beim Einbau eines Badezimmers und anderer Details die Maurer und Schreiner korrigieren, ohne mich lächerlich zu machen. Für Letzteres brauchte ich nur meine sprachlichen Verständigungsversuche zu Hilfe zu nehmen, und mein Publikum jauchzte vor Vergnügen. Hitler, der ja ebenfalls Architekt werden wollte, hatte es durch seine Kriegspläne verhindert, dass mir in der Schule Französisch beigebracht wurde. Und an englischen Wörtern versteht ein Franzose nur *weekend*, während er seine Lateinkenntnisse mit dem Namen Asterix für weitgehend abgeschlossen hält.

Also sorgte ich in den Familien der braven Blaumänner für manchen spaßigen Heimabend:

Madame hat die Kinder gewaschen und den Tisch gedeckt. In einer Porzellanschüssel dampft die Potage du Jour. Die Flasche mit dem Côte du Rhône steht daneben. Man hört, wie der Vater das Haus betritt und sich die Hände wäscht. Dann erscheint er, Monsieur, im Esszimmer:

»Bon soir, tout le monde!« Küsschen für Madame. Man setzt sich. An die Kinder gewandt: »Na, wie war es in der Schule?«

Unwilliges Murmeln. Jean-Pierre sagt: »Ooch, wie immer.«

»Was ist wie immer?«

»Mathe und so'n Scheiß.«

»Hab ich dir nicht verboten, so zu reden? Und sonst?«

»Wir haben Basketball gespielt.«

Monsieur, zwischen zwei Löffeln Suppe: »Und wer hat gewonnen?«

Erneutes Murmeln. Dann platzt Jacques mit der Frage heraus, auf die seine Geschwister ungeduldig warten: »Papa, warst du heute wieder bei dem Deutschen?«

Monsieur bestätigt, dass er heute wieder bei dem Deutschen gearbeitet habe.

Nun rufen sie alle durcheinander, und was sie sagen ist dies: »Oh, Papa, lieber Papa! Was hat er gesagt? Bitte mach mal, wie der Deutsche spricht!« Worauf sie verstummen und erwartungsvoll auf Papas Mund blicken.

Für Monsieur ist diese Szene nicht neu. Er weiß, was sein Publikum von ihm erwartet. Madame füllt sein Glas, und er beginnt ein Solo, mit dem er als Stand-up-Comedian in Las Vegas ein Vermögen verdienen würde.

Er öffnet den Mund und knarzt und bellt eine Kaskade von harten Konsonanten in den Raum, unter der die Kinder sich zunächst verschreckt ducken, dann aber in brüllendes Gelächter ausbrechen, als sie einzelne Silben und sogar Wörter in ihrer grotesken Verstümmelung erkennen. Beim ersten, halbwegs verstandenen Satz fallen sie lachend und nach Luft schnappend vom Stuhl, hämmern mit den Fäusten auf den Boden, und als der Vater innehält, weil der Älteste, der sich vor Lachen in die Hose macht, aufspringt und zum Klo rennt, betteln die anderen sofort, das Programm fortzusetzen.

Dieser Bitte hat noch nie ein umjubelter Vortragskünstler widerstehen können, und deshalb folgt eine Zugabe nach der anderen, bis die Mutter um die Gesundheit ihrer atemlos kreischenden Kinder fürchtet und die Vorstellung für beendet erklärt.

Die wird am nächsten Morgen fortgesetzt, als die Kinder in der Schule erscheinen und sofort von ihren Klassenkameraden umringt werden: »Maurice, war dein Vater wieder bei dem Deutschen? Hat er wieder vorgemacht, wie er spricht?«

Und als die Frage bejaht wird, haben die Kinder meines Schreiners das größte Erfolgserlebnis des Tages, indem sie vor der Klasse eine Wiederholung des gestrigen Abendprogramms ablaufen lassen, bis die Lehrerin kommt.

Früher war diese Region der Provence einmal für ihr Obst und ihre wunderbaren Gemüse berühmt. Madame de Sévigné darf nicht unerwähnt bleiben, weil sie hier in der Nähe, in Grignan, oft zu Besuch war, wo ihre geliebte Tochter als Schlossherrin lebte, der sie ununterbrochen Briefe schrieb, mit denen sich französische Schulkinder noch heute im Unterricht herumschlagen müssen (die adelige Dame lebte zu Zeiten Ludwigs XIV.). Diese Marathonschreiberin also lobte, wenn sie in Grignan zu Besuch war, in den Briefen an ihre Pariser Freunde die Leckereien der Umgebung in höchsten Tönen. Unvermeidlich hatte ihre Lobhudelei, mit denen sie die Produkte der Drôme bedachte (Drôme heißt das hiesige Departement), einen großen Anteil an meinem Entschluss, hier und nicht woanders, das Unternehmen Trockenmauern zu starten. Lebte sie noch, würde ich Madame de Sévigné auf Schadensersatz verklagen.

Aber ich habe nun einmal eine Schwäche für saftige Wachteln, süße Melonen und reifes Obst, deshalb glaubte ich in den ersten Monaten in der Drôme, mein Glück gefunden zu haben. (Manche Männer beschreiben mit diesen Worten ihre Ehe, wenn sie die Zuhörer auf ihr baldiges Ende vorbereiten wollen.)

Die Zusammenarbeit mit den Herren im Blaumann ist oft genug das Thema der Bücher von Neusiedlern in der Provence gewesen, dass ich nicht auch noch von Gletscherspalten-Serge, Pascal, dem Kettenraucher, und Pierre, dem Mann mit der Ukulele, berichten muss. Sie alle haben die Bruchbude bewohnbar gemacht, mehr schlecht als recht. Manchmal hatten sie Einfälle, für die ich sie bewunderte, viel öfter ließen sie mich den Nachteil erkennen, der in einer unvollkommenen Kenntnis der Landessprache besteht. Natürlich kenne ich die hundert Vokabeln, welche der Reisende braucht, wenn er von Hotel zu Hotel und von Restaurant zu Restaurant wandert bzw. fährt. Im Laufe der Restaurierung eignete ich mir darüber hinaus Kenntnisse an, mit denen ich von jeder Handwerkskammer für eine Meisterprüfung zugelassen worden wäre. Eine Verwechselung von *la fille* (das Mädchen) mit *le fil* (der Draht), die schon James Thurber um den Verstand brachte, wäre mir nicht passiert. Da war ich aber bereits im fortgeschrittenen Stadium meiner Spezialkenntnisse. Bis heute verzweifele ich dagegen wegen meiner Unfähigkeit, einen speziellen Gemütszustand nuanciert auszudrücken, nämlich die latente Unzufriedenheit über schlecht oder gar nicht ausgeführte Dienstleistungen, die sich in schweren Fällen, also fast täglich, zur Wut steigert.

»Auf Ihre Dienste werde ich künftig verzichten müssen« ist die Redensart, die man am häufigsten benötigt und nie anwendet. Weil man nicht weiß, wer denn künftig das Haus lüften soll, wenn man nicht da ist. Das Einzige, was man weiß, ist, dass sie alle unersetzlich sind, die das Haus nicht lüften, die Fenster nicht putzen, die Kellertür nicht richten und die Dachziegel nicht ersetzen, obwohl sie hoch und heilig versprechen, genau das zu tun, wofür man sie fürstlich entlohnen muss.

Im Streitfall versteht es sich von selbst, dass man gegen das Wissen eines Fachmanns nicht ankommt. Da haben wir Pascal den Gärtner. Er und seine Gehilfen haben Barbara dabei geholfen, den großen Garten in ein Schmuckstück zu verwandeln, von dem die Fotografin Sigi Hengstenberg dermaßen entzückt war, dass sie ihn von allen Seiten fotografierte. Daraus wurde ein stattliches Buch, ebenso ansehnlich wie neiderweckend, das sich in der Konkurrenz mit zweitausend anderen Gartenbüchern gut behauptete.

Dieser Pascal, ein ungemein freundlicher Bursche, der den shakespearehaften Nachnamen Prospero trägt, erkennt Barbaras kreativen Einfluss bei der Gärtnerei durchaus an. Nur beim Olivenbaum im Innenhof bleibt er stur. Jedes Jahr mahnt er eine Beschneidung an, denn, wie er als Fachmann weiß: Durch die Krone eines Olivenbaums muss ein Vogel hindurchfliegen können, ohne sich den Kopf zu zerbrechen.

Diese Olive dient uns als Schattenspender, wenn wir mittags unter ihr sitzen und Barbaras Kochkünste genießen. Lücken im Blätterdach mögen zwar für den Olivenertrag förderlich sein. »Aber wir wollen«, wie Barbara jedes Jahr aufs Neue unserem Gärtner zu erklären versucht, »keine Oliven ernten, sondern unsere Sardinen im Schatten essen können.«

Scheinbar einsichtig, wendet er sich brummend den Rosen zu. Aber für den folgenden Winter ist wieder eine Baumbeschneidungsaktion vorgesehen. Dazu braucht Pascal nur einen schwindelfreien Kollegen mit einer passend großen Leiter. Dummerweise sind wir im Winter nie in der Provence. Also entdecken wir im nächsten Sommer wieder große Lücken im Schatten spendenden Olivenbaum.

Als wir unser Mas instandsetzen ließen, stellten wir uns gemütliche Wintertage in der Provence vor. Jeder Nordländer hat solche Illusionen. Aber hier ist der Winter nicht gemütlich. Unten, an der Côte d'Azur, ja da sitzen die Menschen beim Weihnachtsessen in der Sonne auf der Straße. Doch der sonnige Küstenstreifen reicht nur drei Kilometer tief ins Land hinein. Dahinter beginnt die Provence. Und die ist kalt.

Sie ist so kalt, dass die Einheimischen nur in Filzpantoffeln und Wattejacken durch den Winter laufen. Ab und zu friert es auch, und es schneit. Dann platzen Wasserleitungen, und den

Zypressen brechen die Äste vom Stamm. Was dem Frost entkommt, wird vom Mistral niedergemacht. Das ist ein eisiger Fallwind, der das Rhônetal hinunter rast. Seinetwegen gibt es Hecken aus Büschen und Bäumen; seinetwegen haben alte Bauernhäuser auf der Nordseite keine Fenster. Und schon gar nicht besitzen sie, was man eine Heizung nennen könnte.

Das ist einer der Gründe, warum die malerischen Dörfer der Provence ziemlich unbewohnt sind, jedenfalls der innere, alte Teil. Kamine haben sie alle, aber wer je versucht hat, sich und die Seinen im Winter durch Kaminfeuer vor dem Erfrieren zu bewahren, mag einen realistischen Eindruck vom Leben im Mittelalter gewonnen haben. Dem romantischen Bild vom lauschigen Abend in der Bibliothek bei einer Flasche Châteauneuf du Pape ist er jedoch nicht näher gekommen. Denn der Wein ist zu kalt, die Buchseiten klamm und den Platz am qualmenden Kaminfeuer machen ihm alle streitig, die vier und mehr Beine haben. Auch die Vorstellung, ins feucht-kalte Bett zu kriechen, nährt nicht seine Begeisterung für einen im Süden verbrachten Winter.

Ich hatte mal wieder den Rat eines unserer Schwarzarbeiter in den Wind geschlagen. »Fußbodenheizung ist das Beste. Dann haben Sie immer warme Füße!«, schwärmte Edmont, der die Voltstärken der freiliegenden Mädchen, pardon, *les fils*, Drähte mit den Fingern bestimmen konnte. Er war ein erfahrener Handwerker, was er durch die perfekt geknotete Schlinge bewies, mit der er sich einige Jahre später erhängte, weil ihn die Gattin wegen eines Transportunternehmers verlassen hatte. Sie war eine attraktive Blondine, die mit High Heels zum Einkaufen auf den Markt ging, wo ich beobachtete, wie sie mit dem drahtigen Fischhändler kokettierte, dass die Doraden nach Luft schnappten.

Der Fischhändler ist einer der Hauptgründe, warum wir überhaupt nach Montelimar auf den Markt fahren. Einen erstklassigen Metzger gibt es im Nachbarort und alle anderen Viktualien sind – sogar mit Bio-Siegel – in unserem Dorf zu haben. Aber ein zuverlässiger Fischhändler ist so wichtig wie eine Autowerkstatt, die sich, wenn es sein muss, um den alten Kleinwagen kümmert, der ganzjährig unter einer Pinie steht und den deutschen TÜV nur vom Hörensagen kennt.

Einmal begleitete mich ein Fernsehteam der ARD beim Einkaufen auf dem Markt. Das erregte die Neugier des Fischhändlers, der vom Kameramann darüber aufgeklärt wurde, dass ich ein schrecklich berühmter Gourmet sei. Seitdem werde ich mit besonderer Aufmerksamkeit bedient, was darauf hinausläuft, dass er mir manchmal noch zusätzlich zwei Quenelles de brochet aufschwatzt, von denen seine Firma gerade eine begrenzte Zahl hergestellt hat. Seine Firma besteht nach meiner Schätzung aus seiner jungen Frau und den Eltern, die früher an seiner Stelle auf den Markt gingen.

Als ich einmal eine Languste brauchte, um ein neues Rezept auszuprobieren, fragte ich ihn, ob er mir eine besorgen könne. (Normalerweise hat er keine so extravagante Ware im Angebot.)

»Aber gewiss, Monsieur«, sagte er. »Sie müssen sich nur etwas gedulden.«

Mehrere Wochen vergingen, ohne dass in meiner Küche eine Languste mit der Katze zusammentraf. Ich erinnerte ihn etwas ungeduldig an meine Bestellung. »Aber Monsieur, Sie wollen doch sicher eine frische Languste haben, nicht wahr? Keine aus dem Vivier, oder? Sie werden leider nur noch selten hier gefangen.« Ich nickte zustimmend und drängte nicht mehr.

Eines Tages war es dann so weit. Er winkte mich heran, griff triumphierend unter die Theke und hatte eine Languste in der Hand. Er setzte sie auf irgendwelche toten Fische, und dann raste die Languste über die gesamte Auslage mit der Geschwindigkeit einer Ratte hinweg, als wollte sie beweisen, wie frisch und vital sie war. Einige Kundinnen schrien erschreckt auf. Auch ich war verblüfft und hätte beinahe geschrien, aber erst dann, als mir der junge Mann den Preis nannte.

Heute erschreckt schon die bloße Erwähnung einer Languste oder eines Hummers viele Menschen, nämlich militante Tierschützer. Da genügt oft ein Hinweis im Internet, und sie versammeln sich protestierend vor einem Gourmet-Restaurant, weil der Koch Hummer auf der Karte hat. Und Hummer werden, wie es in Kochbüchern empfohlen wird, in kochendes Wasser getaucht, damit sie krepieren. Ihre Panzer, heißt es jedoch, seien so dick, dass sie noch minutenlang lebten. Tatsächlich wären auch dreißig Sekunden schon zu lange. Deshalb folge ich beim Hummerkochen dem Beispiel französischer Küchenchefs: Ich lege das Tier auf ein Schneidebrett, setze ein großes, schweres Kochmesser am Ende des Brustpanzers an, drücke durch und schneide den Hummer zum Kopf hin in zwei Teile. Das dauert keine Sekunde und erinnert an die Anekdote vom chinesischen Meister-Henker, der sein Schwert abwischt und auf den fragenden Blick des Deliquenten nur sagt: »Wackeln Sie mal mit dem Kopf, Verehrtester!«

Hummer und Jazz

Man sollte meinen, ein Jugendlicher, der seine alleinerziehende, todkranke Mutter verlassen muss, um die in seine Heimat eindringenden Feinde aufzuhalten, wozu ihm tödliche Waffen in die Hand gegeben werden, die er zu benutzen versteht, dass dieser sich in Todesgefahr begebende Heranwachsende, der die heile Haut nur mit Mühe und Not retten kann, für sein späteres Leben entsetzlich gezeichnet sein müsste – wo doch allein schon das Zerbrechen der elterlichen Ehe von Kinderpsychologen als folgenreiches Trauma eingestuft wird, welches die Betroffenen in die Kategorie der Problemkinder einreiht, wo Neurosen, Frühkriminalität, Stottern, Alkoholismus und Bettnässen die zwangsläufigen Folgen sind.

Ich habe, als ich nach neunzehn Monate andauernden Turbulenzen endlich wieder in meinem eigenen Bett in Bochum lag, nicht ein einziges Mal vom Krieg geträumt. Ich bin im Schlaf nicht bedroht, verfolgt und erschossen worden, die Erlebnisse des Krieges haben mir nie wie ein Alb auf der Brust gelegen. Als einzige Spätfolge habe ich noch wenige Wochen nach meiner ruhmlosen Heimkehr die Läuse in meiner Wäsche gespürt, die es dank der Engländer, die mich, wie alle anderen, bei der Entlassung aus dem Lager dick mit DDT eingepudert hatten, natürlich nicht gab. Es waren Phantomläuse, welche ich krabbeln spürte. Vielleicht stellte das Ungeziefer für mich das höchste Grauen dar, das der Krieg für mich bereithielt. Es wäre eine sehr oberflächliche Art und Weise, auf das zu reagieren, wovon viele Menschen sich ihr Leben lang nicht befreien konnten. Wenn man mir bescheinigte, dass diese Unempfindlichkeit gegenüber den Erfahrungen meiner Jugend ein Selbstschutz war, so will ich damit zufrieden sein.

In meinem Elternhaus gab es nur zwei Sorten Fisch. Hering und Schellfisch. Letzteren kochte meine Mutter mit Senfsauce; es war eines der wenigen Gerichte, die ich gerne aß.

Nach dem Krieg gab es zunächst überhaupt keinen Fisch außer Bratheringe in Dosen, die Freund Wiwi mit englischem »th« aussprach. Es war die Zeit, als wir alle BFN hörten, also amerikanische Swingmusik und geistreiche Serien wie *My Word* mit Denis Norden und Frank Muir.

Man darf sie nicht unterschätzen, die »Radio Days« der alliierten Soldatensender. Sie haben mehr für die Umerziehung der Deutschen getan als die Care-Pakete der Amerikaner. Diese waren zweifellos eine unerwartete humane Geste gegenüber einem Volk, mit dem man gerade noch Krieg geführt hatte. Sicherlich haben viele Menschen durch diese Spenden zum ersten Mal erfahren, was Nescafé ist und sonst zum alltäglichen Konsum westlicher Prägung gehört. Das Radiohören war von ganz anderer Art und wurde verständlicherweise nicht von jedermann praktiziert, wie ja auch nicht jeder ein Care-Paket empfangen hat. Aber in den ersten Jahren nach dem Krieg war das Radio unsere einzige Informationsquelle. Es mag sein, dass viel deutscher Unterhaltungskitsch gesendet wurde, aber so spießig und so penetrant wie es heute die regionalen Dudelsender auf uns loslassen, kann es nicht gewesen sein. Hinzu kam, dass die Popmusik jener Jahre der Swing war. Uns Siebzehn- und Achtzehnjährigen brachte Glenn Millers *Moonlight Serenade* das Horst-Wessel-Lied ein für alle Male aus dem Takt, während Sinatra und Nat Cole unsere Kaffee-und-Kuchen-Sänger wie Hans Albers und Heinz Rühmann als Provinzheroen deklassierten. Als dann der »Progressive Jazz« des Stan Kenton sogar Wagner-Anhänger den Volume-Knopf nach links drehen ließ, bedurfte es nur noch des kurz darauf auf VOA vorgestellten Bebop, um zu begreifen, dass die USA eine zwar laute, aber seriöse Musik eigenen Ursprungs besaßen.

Der weltweit zu empfangende Kurz- und Mittelwellensender *Voice of America* war das Füllhorn, für die immer größer werdende Schar der Jazzfans, das sie mit den neuesten Aufnahmen der großen Solisten und Orchester überschüttete. Und der Überschütter hieß Willis Conover. Er hatte täglich eine zweistündige Sendung, in der er die Botschaft des Jazz in einer betont deutlichen und betont langsamen Sprechweise verkündigte, sodass jeder die Namen der Großen Jazzer verstehen konnte. Wenn er seine Sendung mit »Jazz hour; I'm Willis Conover« in seinem unverwechselbaren Bariton ankündigte, lief Millionen Zuhörern ein Schauder über den Rücken. Er besaß einen weltweiten Kultstatus, wie kaum jemand vor ihm. Seine Sendung lief vierzig Jahre. Während des Kalten Krieges war er für die USA wertvoller als ein Bombengeschwader, hieß es in einem Nachruf. Er hatte 30 Millionen Hörer im Ostblock und weltweit 100 Millionen. In den USA, wo *Voice of Amerika* nicht empfangen werden konnte, kannte kein Mensch seinen Namen. Aber als er Warschau besuchte, um lokale Jazzmusiker zu interviewen, erwarteten ihn seine Fans auf dem Flugplatz wie heute die Superstars Hollywoods (berichteten mir polnische Freunde, die dabei waren).

Ich kann wirklich nicht behaupten, dass eine Schallplatte mein Leben verändert habe. Nicht einmal die Aufnahme, welche die Gruppe Foyer des Arts unter dem Titel *Wolfram Siebeck hat recht* vor vielen Jahren veröffentlicht hat, wurde in meinem Haus mit einem Fest gefeiert. Da hätte schon der Autor, Sänger und Komponist Max Goldt zu Gast sein müssen; seinetwegen hätte ich eine gute Flasche Wein aufgemacht.

Die Zeit, in der ich Musik, vor allem wenn sie neu und aufregend war, einen Einfluss auf mein Leben eingeräumt hätte, liegt ohnedies viel länger zurück als die Epoche des Pop, in der Max Goldt meines Wissens eine leider nur kurze Rolle spielte. Bei mir waren es die »Radio Days«, denen Woody Allen einen seiner nostalgischen Filme gewidmet hat. Ich saß damals, soeben dem Krieg entronnen, nachts am Radio, hörte kluge Nachtprogramme und die Swing-Musik amerikanischer Bands. Zugegeben wippe ich heute noch mit dem Fuß, wenn ich die Musik von Woody Herman, Glenn Miller, Count Basie und anderer Swing-Heroen höre. Aber es war wohl eher der Progressive Jazz des Stan Kenton, der mir die Ohren öffnete für das, was danach kommen sollte, vom Bebop bis Dave Brubeck.

Aber wie so mancher Genussesser sich durchgefressen hat bei den Vorzeigemenüs der großen Köche, um schließlich bei der Bistroküche zu landen, wo er die Bodenhaftung wiederfindet, die ihm bei seinen Höhenflügen zeitweilig abhandengekommen ist, so entdeckte ich eine ähnlich krude und scheinbar simple Musik, die sich durch ein Merkmal vor allem anderen auszeichnete: Sie hatte eine burleske Komik. Ausgelöst wurde diese Liebe zum witzigen Jazz durch Slim Gaillards *Avocado Seed Soup Symphony*. Auf dieser Platte, die er mit Bam Brown (Bass) und Leo Watson (Drums) 1945 in einem Club in Los Angeles aufnahm, begeisterte mich die gnadenlose Komik der Musiker. Um in den Besitz der Platte zu kommen, die ich nur einmal im Radio gehört hatte, stöberte ich tagelang an den Plattenständen des Quartier Latin in Paris.

Als ich sie Jahre später zu Hause einem amerikanischen Künstler vorspielte, vergoss er Freudentränen: »Als diese Jungs in L. A. spielten, haben wir vor der Tür der Kneipen gehockt, in denen sie auftraten. Uns fehlte das Geld, um drinnen ein Bier zu bezahlen.«

Es war Ed Kienholz, der sich da erinnerte. Er stellte damals seine »Art Show« in Barbaras Galerie aus, Gesamtpreis eine Million D-Mark.

Ich sollte erwähnen, dass in den Texten Slim Gaillards ungewöhnlich oft kulinarische Begriffe vorkommen. Sie reichen von Matzoh Balls über Tutti frutti, Fried Chicken o Routee, Carne, Dunkin' Bagel, Gefillte Fish bis zu Potato Chips und was sonst alles bei einem Jazzer im Kühlschrank lauert. Doch sie hatten eine rein rhythmische Bedeutung in den Stücken des virtuosen Musikers.

Für seine Combos hatte er fast immer ebenbürtige Partner, und man muss sich ihre Auftritte ungefähr so vorstellen, als hätten die Marx Brothers während der Bayreuther Festspiele die Bühne des Festspielhauses besetzt.

Das alles entzückte mich damals nicht weniger als heute ein zweistündiges Essen in einem Pariser Bistro. Zwar lege ich dort keinen Wert auf ein überwürztes Chaos, aber wo die Feierlichkeit erkennbar ausgesperrt ist, dort fühle ich mich wohl. Ein surrealistischer Virtuose ist mir allemal lieber als eine allzu empfindsame und pathetische Künstlerseele. In der Musik wie in der Küche.

Für mich bestand das Radio nicht nur aus Jazz von der VOA. Auch deutsche Sender gaben sich Mühe, ihre Hörer in westliche Problemlagen einzuführen: Es gab auf allen großen Sendern intellektuelle Nachtprogramme von erstaunlich hohem Niveau. Einem Zeichner fällt es nicht schwer, bei der Arbeit stundenlang Radio zu hören (heute, im Zeitalter des iPod, ist es Musik), und so entstanden meine ersten Zeichnungen für die *WAZ* unter dem Einfluss tiefgründiger Vorträge über den Existenzialismus, Gertrude Stein und Brechts Dualismus als Dichter und Marxist.

Ich war noch ein Teenager und teilte mit Altersgenossen die oberflächliche Vorliebe für Provokationen. Also trug ich Ringelsocken und holte mir in den Bierkneipen von Altenbochum manche Portion Prügel von Altersgenossen, die zwar auch Bier tranken, aber Ringelsocken verabscheuten.

Von dort zu den eleganten Etablissements der europäischen Topgastronomie schien es ein weiter Weg zu sein. Dennoch ging alles relativ schnell.

Vom Schildermaler
zum Kunststudenten
zum Pressezeichner
zum Trickfilm-Experten
zum Filmjournalisten
zum Esskritiker
zum Kolumnisten.

Ich war damals beim Arbeitsamt als arbeitsloser Zeichner registriert. Dabei war ich ein Nichtstuer, wie so viele andere auch. Arbeitslos waren wir, weil es keine Arbeit gab, außer dem Beseitigen der Trümmer. Wir trieben uns herum, versuchten unser Glück auf dem Schwarzmarkt, wo man alles kaufen und verkaufen konnte, wenn man Zigaretten hatte. Die wurden mit fünf bis sieben Mark gehandelt. Reichsmark, wohlgemerkt! Also dieselbe Währung, mit der vordem fürs Winterhilfswerk gesammelt wurde (auch der Sold, mit dem Soldaten und SS-Angehörige entlohnt wurden, wurde in Reichsmark ausgezahlt). Beim Schwarzhandel stellte sich heraus, dass ich ein schlechter Geschäftsmann bin. Während einige Zeitgenossen auf dem Schwarzmarkt ein Vermögen (in Reichsmark) verdienten, und ganz wenige dieses Vermögen sogar in die Zeit des Wirtschaftswunders hinüberretten konnten, begann ich mich ans Rauchen zu gewöhnen und vernichtete dadurch zum ersten Mal eine Möglichkeit zur Kapitalbildung.

Erstaunlich am Beginn des Wirtschaftswunders im Jahr 1948 war lediglich, dass sehr viele Menschen sofort sehr viel Geld besaßen. Für einen angehenden Zeichner wie mich war das unerklärlich.

Jeder Bundesbürger hatte doch bei der Währungsumstellung

den gleichen Betrag der neuen Währung, der D-Mark, bekommen, nämlich 40,- DM und nicht mehr. Trotzdem verging gerade mal ein Jahr, und die ersten Deutschen reisten ins Tessin und kauften sich dort Villen. Es waren Menschen, die niemand je auf einem Schwarzmarkt gesehen hat.

Das Volk der Dichter und Denker brachte eine neue Spezies hervor, die Neureichen. Sie waren zu allen Zeiten ein Schandfleck im Buch der Kulturgeschichte und zogen deshalb Verachtung und Spott auf sich. Aber wie schon die Römer – Musterbeispiele für protzige, reich gewordene Parvenüs – uns eine bemerkenswerte Hochkultur hinterließen, so waren auch die neureichen Deutschen jener Humus, auf dem damals wie auch früher die Kultur der Zukunft keimte. Es gibt keine Avantgarde, die durch eine konservative Bürgerlichkeit gefördert worden wäre. Es bedurfte immer der Unterstützung von leichtfertigen und geltungssüchtigen Enthusiasten, die Geld und Ruf riskierten, wenn sie die Revolutionäre einer kommenden Epoche bejubelten. In der Bildenden Kunst war das eine Handvoll Berliner und Pariser Kunsthändler, in der Literatur oft nur ein avantgardistischer Buchhändler und sein Kreis von gleichgesinnten Freunden, in der Mode eitle Ästheten, in der Architektur verschrobene Wichtigtuer, die überall dabei sein wollten, wo sich die Formen und Moden ein neues Kleid zulegten. Auch die Nouvelle Cuisine wäre nicht die Revolution geworden, die sie war, ohne die Snobs und Parvenüs, die diesem Kochstil ein Gesicht gaben.

Die nächsten Jahre, als muffige Epoche im reaktionären Dunst gescholten, waren für mich, was man als *the formative years* bezeichnet. Also ein Ersatz für das Hochschulstudium, das ich mir nicht leisten konnte. Es waren jene Jahre, als die unbekannte, nie vermisste, aber mit größtem Enthusiasmus begrüßte Kultur des Westens über Deutschland hereinbrach. Alles, was man uns verboten hatte zu lesen und zu sehen, stand plötzlich in Überfülle zur Verfügung. Und ich las und schaute und hörte, und staunte über die moderne Welt der Literatur, der Musik, der Poesie und des Kinos, und ich war hingerissen.

Für uns im besiegten Deutschland war das alles Frischkost, nicht zu vergleichen mit dem eingetrockneten Erbe der Klassik (das erst Jahrzehnte später wieder an Wert gewann), und gleichzeitig ein Schlüssel für die Pforten, hinter denen sich die künftige Moderne verbarg – mochte die auch seit Jahrzehnten auf mich und meinesgleichen gewartet haben.

Die Avantgarde, die sich so kurz nach Kriegsende bildete beziehungsweise sich als Avantgarde fühlte, fand kein konkretes Ziel, sie musste erst einmal aufarbeiten, was sie in den dreizehn Jahren der Barbarei alles verpasst hatte. Ihr antibürgerlicher Impetus brach sich erst 1968 Bahn.

Was ich aufzuarbeiten hatte, wusste ich zunächst nicht. Zwischen den Trümmern glitzerte und funkelte es überall. Da waren Schätze zu heben und zu identifizieren, dass es einem wissbegierigen Jüngling schwindelte. Ich fraß alles in mich hinein, was ich vorfand. Surrealismus, Expressionismus, Dada, Joyce und Kafka, Hemingway, Jazz, Eisenstein und Cocteau – es war eine scheinbar unbekömmliche Mahlzeit für einen, der in seinem bisherigen Leben zu magerster Diät gezwungen worden war. Den leiblichen Hunger, der die Deutschen heimsuchte wie während des gesamten Krieges nicht, schien ich nicht zu spüren. Bei aller äußerlichen Not hinterließen diese Jahre in mir den Eindruck einer großen Bereicherung. Dass in jener Zeit die Bundesrepublik gegründet wurde und der Adenauer-Staat begann, registrierte ich nur nebenbei. Ich wurde Mitglied in einem Filmclub und zwei Leihbibliotheken und stand auf der Bühne eines Vorstadtvarietés als Assistent eines Illusionisten, von dem ich mich scheinbar hypnotisieren ließ. Noch dreißig Jahre später habe ich mich in lustiger Runde steif über zwei Stuhllehnen gelegt und auf meinem Bauch das Gewicht eines Erwachsenen ertragen.

Adenauer schien mir im ersten Jahrzehnt nach Kriegsende nicht so wichtig wie Saul Steinberg. Erst der Frankfurter Auschwitzprozess politisierte mich. Die Enthüllungen der Monstrositäten, die, wie es später ausweichend formuliert wurde, in deutschem Namen geschehen waren, wo es doch Millionen Namen einzelner Bürger waren, die dafür verantwortlich waren, ließen mich erkennen, welchem Volk ich angehörte, in welcher Atmosphäre ich groß und, viel zu schnell, erwachsen geworden war. Figuren wie Hans Globke, Theodor Oberländer, Alfred Dregger, Erich Mende hatte ich verachtet. Jetzt fürchtete ich sie. Sie und ihresgleichen waren immer noch oder schon wieder aktiv. War es wirklich unmöglich, dass der germanische Wahnsinn noch einmal ausbrechen könnte? Je gründlicher ich mich informierte, umso öfter entdeckte ich verdächtige Zeichen. Wiederbewaffnung, Notstandsgesetze, NATO, der Antikommunismus – vor diesem Panorama regten sich furchterregend die alten deutschen Malaisen: die bis zum Hass gesteigerte Fremdenfeindlichkeit, der Antisemitismus, die Verdammung westlicher Zivilisation, der rücksichtslose Egoismus im Umgang mit der Natur, brutales Imponiergehabe, gönnerhaftes Schulterklopfen, chauvinistische Überheblichkeit.

All dies natürlich nur grammweise, sodass der Zeitzeuge kaum gewahr wurde, was sich da entwickelte. Aber wer sich – wie meine Generation – an einer übergroßen Portion dieser Zutaten einmal den Magen verdorben hatte, war allergisch gegenüber den kleinsten Anzeichen des nationalistischen Fiebers.

Meine ausschließliche Hingabe an die moderne Kunst und die Literatur teilte ich fortan mit einem wachsenden politischen Bewusstsein.

Als Bewunderer des großen Saul Steinberg, dessen *All in line* ich schon Ende der vierziger Jahre als Paperback in die Finger bekam, maß ich die politisch-gesellschaftliche Ausrichtung der deutschen Gesellschaft an der Größe der Nasen und der Bösartigkeit, mit der die bundesrepublikanische Gesellschaft von meinen Kollegen dargestellt wurde. Böse waren sie schon, die Karikaturisten damals. Was aber die Nasen und andere stilistische Kennzeichen der modernen Grafik anging, so erkannte ich schnell, dass wir uns immer noch im Biedermeier befanden. Wenn nicht gleich im Dritten Reich. Denn mit meinem für Karikaturen geschulten Blick erkannte ich sie alle wieder, die im *Schwarzen Corps*, dem *Stürmer*, in der *Berliner Illustrierten* und sonstwo zu den Rundfunkfanfaren der NS-Siegesmeldungen ihre lustigen Kommentare gezeichnet hatten. Vor allem in Springers *Welt* schienen sie sich niedergelassen zu haben wie ein Krähenschwarm und bedienten den Antikommunismus ihres Auftraggebers mit unveränderter Überzeugung und unverändertem Stil.

Der Antikommunismus jener Jahre hatte das gleiche lächerliche Misstrauen hervorgebracht wie 2001 die Terroristenfurcht. Schon im Mittelalter hatten die Mächtigen ihre Untergebenen durch Angst und Schrecken diszipliniert. Für unsere Regierungen hat diese Methode nichts von ihrer Attraktivität verloren. Heute beschwört man gesundheitliche Schäden, um die Verbraucher zu einem bestimmten Konsumverhalten zu indoktrinieren. Nur sind es nicht Kirche, Militär oder ein Diktator, die uns einheitlich manipulierte Lebensmittel aufzwingen wollen, sondern die Lobbyisten der Nahrungsmittelindustrie und die Hersteller von Medikamenten, welche vor den angeblich schädlichen Lebensmitteln schützen sollen.

Eines Tages erschien Mecki auf der Bildfläche und lehrte mich das Gruseln. Diese spießige, im Disney-Stil kopierte Comicfigur eines niedlichen Igels, war für mich genau das Erbe von Ludwig Richter und Olav Gulbransson, deren arische Figuren mir speziell erfunden schienen, um patriotischen Kitsch mit der Butzenscheiben-Gemütlichkeit reaktionärer Nazinester zu vereinen.

Der Zeichner des Igels hieß Reinhold Escher und begründete eine neue Epoche des deutschen Comics. Neu daran war weder der Stil noch die Spießigkeit, und schon gar nicht der unsägliche deutsche Humor, der sich in lähmender Biederkeit und versöhnlichen Pointen äußerte.

Dieser ästhetische Niedergang einer als neue, progressive Kultur eingeschätzten Entwicklung, beunruhigte mich in den beginnenden fünfziger Jahren mindestens so sehr wie die Wiederaufrüstung der Bundesrepublik. Fürchtete ich doch, noch einmal zum Militärdienst gezwungen zu werden. Die CDU-Regierung jener Jahre unter Adenauer versuchte ja nichts anderes, als wieder einmal junge Menschen als Kanonenfutter zu präparieren. Da hielt ich mich für besonders gefährdet. Ich war jung, hatte militärische Erfahrung und war genau die Art von harmlosem Idioten, die ein Staat braucht, um seine Identität durch eine waffenstarrende Militärmacht zu beweisen.

Eine oppositionelle Haltung gegenüber solchen Aussichten bezog ich nicht durch die Lektüre von Karl Marx, sondern durch Kafka. Die Lächerlichkeit der involvierten Ideologien ging mir auf durch Filme der Marx Brothers, und immer wieder durch die Karikaturen von Saul Steinberg, Siné, Ronald Searle, Albert Dubout und den vielen anderen, die einem beibrachten, dass Anarchie der Form ein Weg sein kann zur gesellschaftlichen Revolte, und à la longue auch zu Revolutionen.

Natürlich war ich mit fünfundzwanzig Jahren noch längst nicht so weit. Wenn ich aus Paris zurückkam mit einigen Heften des Satiremagazins *Hara-Kiri* im Auto, kam ich mir zwar bereits sehr progressiv vor. Aber am deutschen Gemüt empörte mich mehr der niedliche Igel aus dem Comic einer Spießerzeitschrift wie *Hörzu* als die »Aktion Saubere Leinwand«, welche von Reaktionären der rechten Parteien ins Leben gerufen wurde. Dabei ist der Drang nach Sauberkeit und Sitte und Anstand, wenn er deutschen Gemütern eingepflanzt wird, viel gefährlicher als der schlechte Geschmack von Comiclesern je sein könnte. (Obwohl die kritiklose Begeisterung für den Disney-Stil in zeitgenössischen Trickfilmen ebenso provinziell wie mir unbegreiflich ist.)

Diese Epoche meines Lebens wurde jedenfalls durch formale Eindeutigkeiten bestimmt. Damals hätte das Ruhrgebiet den Ehrentitel Kulturhauptstadt eher verdient als heute. Wie Krokusse nach einem langen Winter als Vorboten des Frühlings gewertet werden, so brach in allen Städten entlang der Ruhr die Kultur aus. Galerien schossen aus dem Boden, Museen sorgten für eine ästhetische Wiedergutmachung – wohin man blickte und hörte, meldete sich moderne Kunst zu Wort. Die Spielpläne der Theater in Bochum und Düsseldorf waren für junge Menschen unwiderstehliche Verführungen. So erwiesen sich die Weltausstellung in Brüssel oder die erste Documenta, aber auch der Surrealismus (ohne seine psychologischen Interpretationen) als erste Wegscheiden im Leben des angehenden Zeichners.

Nach den Erfahrungen meiner militärischen Phase waren die Entbehrungen in der zerstörten Stadt für mich kein Problem.

Als berufsloser, ehemaliger Tertianer meldete ich mich also beim Arbeitsamt. Als Berufswunsch hatte ich Zeichner angegeben, weil es die einzige Begabung war, auf die ich mich bei der Jobsuche berufen konnte. Außer Englisch, ein paar lateinischen Vokabeln und der Fähigkeit, einen Karabiner fachgerecht auseinanderzunehmen und wieder zusammenzusetzen, hatte ich nichts gelernt. Die sich daraus ergebenden Berufswege kamen nicht mehr infrage. Der Krieg war zu Ende, und studieren hätte ich nicht gekonnt, da meine Mutter und meine Großmutter, mit denen ich nun zusammen wohnte, von der Sozialhilfe lebten. Mein Vater war in den Wirren des Krieges abgetaucht und dachte nicht daran, seine Familie wiederzusehen oder gar für sie zu sorgen. Das Engagement fürs »Tausendjährige Reich« war dem Erhalt ethischer Werte nicht gerade förderlich.

Eines Tages, als ich meine Arbeitslosenunterstützung durch eine Woche Gärtnerarbeit auf dem Bochumer Friedhof verdient hatte, fixierte mich der Verwaltungsbeamte und sprach wie folgt: »Du bist Zeichner, hast du gesagt?«

»Gewiß, ich kann ganz gut zeichnen …«

»Dann habe ich hier etwas für dich. Wie wäre es mit einer Lehre als Schildermaler?«

»Was kann ich dabei lernen?«

»Nun, das Schildermalen.«

Eine überraschende Aussicht. Wo gemalt wurde, war die Kunst nicht fern. Und ich hatte mich immer schon mehr als Künstler gefühlt denn als Bauarbeiter oder – ein abschreckendes Beispiel saß vor mir – als Beamter der Stadtverwaltung. Also sagte ich mit der zögernden Bereitwilligkeit, mit der Jugendliche einer alten Frau die Kohlen in den dritten Stock schleppen: »Kann ich mir ja mal ansehen.« Worauf mir der Typ hinter dem Schreibtisch eine Adresse in die Hand drückte.

So geriet ich in eine Kellerwerkstatt unter einer ausgebombten Villa in einem bürgerlichen Wohnviertel. Damals bestanden die Städte überwiegend aus ausgebombten Häusern. Das waren Trümmerreste, die der Krieg zur Mahnung der Menschen in Deutschland zurückgelassen hatte, damit sie sich nicht noch einmal der Barbarei in die Arme werfen würden. Bis jetzt hat diese Mahnung gewirkt, was historisch gesehen eine ungewöhnlich lange zivile Epoche darstellt. Heute gibt es ausgebombte Häuser nur noch in Bagdad und anderen Plätzen dieser Erde, wobei sich nicht immer feststellen lässt, ob auch sie zur Mahnung kaputt gebombt wurden oder nur zufällig entstandene Schäden bei der hilfreichen Installation von Demokratie darstellen.

In dieser Kellerwerkstatt wurden von drei Angestellten in weißen Kitteln Reklameschilder gemalt; ihr Chef war ein gutgenährter Herr mit unbürgerlich langen Haaren. Er hatte ursprünglich Kunstmaler werden wollen, hielt das aber bei den derzeitigen Verhältnissen für einen wenig aussichtsreichen Beruf und passte sich der neuen Zeit an, die eine Wettbewerbsgesellschaft entstehen lassen würde, wie Herr Schemann richtig voraussagte. Bei Gelegenheit zeigte er mir seine Aquarelle. Sie waren in der gleichen akkuraten Manier gemalt wie die meines Vaters.

In weiser Selbsteinschätzung gründete er einen Betrieb zur Herstellung von beschrifteten Blechschildern, die jeder neue Ladenbesitzer dringend brauchen würde. Rudolf Schemann hatte eine gute Nase für den Zeitgeist.

Wie ich in seine Pläne passte, wurde mir nie klar. Als Lehrling hätte ich weiß lackierte Blechtafeln mit Nitrofarben zu beschriften gehabt, was ich auch eine gewisse Zeit versuchte. Aber der Gestank der Farben nahm mir bald die Lust an diesem braven Handwerk, zumal mir das Malen von akkuraten Schriften nicht lag. Mein zeichnerisches Talent äußerte sich mehr in der Darstellung komischer Männchen, was Herrn Schemann und den Betriebsangehörigen (deren Zahl zeitweise auf sechs anstieg) nicht verborgen blieb. Anstatt mich aber zurück zum Arbeitsamt zu schicken, hatte er eine Idee: »Du warst doch auf der Oberschule, nicht wahr?«

»Ja. Und Flakhelfer.« Meinen Zusatz wischte er vom Tisch. »Du kannst also korrekt Deutsch schreiben, nicht wahr?«

»Ich hatte in Deutsch immer gute Noten. Fast so gute wie im Zeichnen.«

Er lachte etwas mitleidig. »Also gut. Dann übernimmst du jetzt die Arbeit von Renate. Die verlässt uns. Traust du dir das zu?«

Renate war ein dickes Mädchen, das an der Schreibmaschine die schriftlichen Arbeiten erledigte, ohne welche auch ein Schildermalerbetrieb nicht existieren kann.

Ich war fast achtzehn Jahre alt, hatte die Oberschule abgebrochen, war als Flakhelfer an der Oder in unangenehme Aktivitäten verwickelt gewesen, hatte amerikanische und englische Kriegsgefangenenlager überstanden, den lebensnotwendigen Schwarzhandel dilettantisch betrieben und keine Ahnung, wie meine Zukunft aussehen würde. Da kam es nicht darauf an, was ich mir zutraute, sondern welche Gelegenheiten sich mir boten. Also wusch ich mir die stinkende Farbe von den Fingern und setzte mich an die Schreibmaschine.

Fünfzehn Jahre später wiederholte sich dieser Wechsel noch einmal. Da beendete ich eine nicht erfolglose Karriere als Zeichner und begann zu schreiben. Und wieder war es kein geplanter Wechsel, keine wohlüberlegte Änderung meines Lebensweges, sondern wieder einmal ereignete sich der Kurswechsel eher zufällig. Wenn ein Leben durch Zufälle bestimmt wird und nicht planmäßig verläuft, weil kein Plan vorhanden ist, dann sagt das einiges über die Person aus, die sich da ohne großen Widerstand vom Schicksal treiben lässt. Nur was sagt es aus? Ich habe nie darüber nachgedacht.

Widdersberg, andere Wohnorte und Frau Hoffmann

Auch das provenzalische Mas war nicht das Resultat einer langen Planung. Mir lag nichts an einem eigenen Haus. Ich hatte bis dahin in fünf Häusern gewohnt, immer zur Miete, und es waren schöne, große Häuser gewesen, die ich mir als Eigentümer nie hätte leisten können.

Da war diese Villa im preußisch-italienischen Stil am Waldrand oberhalb von Herrsching in einem Kuhdorf namens Widdersberg. Als ich mich von Erika trennte – mit der ich in einer ebenfalls hübschen Villa in Riederau am Ammersee lebte – suchte ich dringend ein größeres Haus für mich, Barbara und ihre drei Buben. Und fand es bald.

Der Makler, auf dessen Zeitungsannonce ich geantwortet hatte, gab zu verstehen, dass er meine journalistischen Arbeiten für *Die Zeit* und den *Stern* kannte. So einem, wird er gedacht haben, kann ich nur imponieren, wenn ich bekenne, wer ich bin.

»Sagt Ihnen der Name Pohlmann nichts?«, fragte er beiläufig.

Er kam mir bekannt vor. Ich grübelte einige Sekunden, dann fiel es mir ein: »Ja, das war der Mörder der Nitribitt!«

Er schüttelte tadelnd den Kopf: »Irrtum, mein Lieber: freigesprochen. Ich war's nicht.«

Vielleicht war er es doch. Die Beweise reichten nur nicht aus. Ein Ganove schien er jedenfalls zu sein. Denn bei der Abwickelung des Mietvertrages steckte er die Garantiesumme in die eigene Tasche, aus der sie der Vermieter mit juristischem Beistand herausprozessierte.

Das Haus war im Jahr 1921 von Fritz Helmuth Ehmcke gebaut worden. Er war vor dem Ersten Weltkrieg ein berühmter Grafiker gewesen, dem der Insel-Verlag viele Titelblätter seiner Bücher verdankte und die Zunft der Buchdrucker die Ehmke-Antiqua.

Dieser famose Mann hatte ein Kaminzimmer mit einer Bibliothek in seine Villa einbauen lassen, einen wunderschönen Raum, der mir fortan als Arbeitszimmer diente. Im Gegensatz zum Professor kletterte ich nie die Leiter hoch, mit der er die oberste Buchreihe erreichen konnte. Von dort fiel er eines Tages herunter und war tot. So vermietete die Witwe das Haus und begnügte sich mit einer ebenerdigen Einliegerwohnung.

Für uns war es ein Glücksfall, für die Kinder ein Paradies. Das zum Haus gehörende Grundstück war ein Hektar groß und von einem Wald und Äckern begrenzt. Im Garten wohnten Rehe, die nicht zu vertreiben waren, weil sie wussten, dass am Haus genügend Rosenstöcke standen, um ihnen im Mai, wenn die Knospen dick und saftig waren, ein überaus delikates Frühstück zu bieten. Was übrigens die Igelfamilie nicht störte, die in der Dämmerung gerne in den Blechtellern herumtrampelte, welche wir für die Hauskatze aufgestellt hatten. Die hieß Kathinka und begründete eine lange Reihe von Hauskatzen, die uns von da an begleiteten. Über die bisher letzte, Frau Hoffmann, schrieb ich sogar zwei Bücher. Sie war Französin und in der Nähe der Trockenmauern aufgewachsen. Klein und zierlich, wie sie in ihrer Jugend war, gelang es ihr dennoch, den dicken Henry, einen mächtigen Maine-Coon-Kater, den Brian aus Amerika mitgebracht hatte, so zu terrorisieren, dass er Reißaus nahm, wenn sie sich ihm nur näherte.

Frau Hoffmann war der Grund, dass ich zehn Jahre einen großen Mercedes-Kombi der E-Klasse fuhr. Es hätten nicht gerade acht Zylinder sein müssen, das weiß ich wohl. Aber ich war älter geworden, fuhr trotzdem immer noch gerne mit

230 km/h über die Autobahn, weshalb das immerhin komfortabel zugehen sollte. In erster Linie brauchten wir den riesigen Gepäckraum hinter uns für das Mobiliar und die Weinkisten, die wir jedes Mal zwischen der Burg und dem Mas hin und her transportierten. Aber natürlich nahmen wir auch die Katze mit, die nach einem bequemen Schlafplatz zwischen all dem Gerümpel verlangte. Das Problem war nur, dass sie nicht schlief. Ganz offensichtlich hasste sie das Autofahren. Also miaute sie klagend, sobald ihr klar wurde, dass es wieder auf die große Reise ging. Und von dem Moment an, da wir die Autobahn erreichten, brüllte sie so laut, dass es mir peinlich war, wenn ich andere Autos überholte. Manchmal brauchte sie mehr als eine Stunde, um sich in ihr Schicksal zu ergeben.

Wenn wir beobachteten, wie eifrig Hunde ins Auto springen, wenn ein Ortswechsel bevorsteht, und ihre Schnauzen unternehmungslustig aus dem Fenster halten, erweckte das in uns zwar nicht den Wunsch nach einem Hund, machte aber klar, dass wir die Verantwortung für eine sehr kapriziöse Dame übernommen hatten.

Allein schon die Aufgabe, ihr vor der Reise die Beruhigungspille zu geben, mit der uns der Veterinär versorgt hatte, erwies sich als abenteuerliche Zirkusnummer, die sich mal unter Betten und mal auf Schränken abspielte. Es lässt sich nicht leugnen, dass Frau Hoffmann uns in der Umgebung der Trockenmauern größere Probleme machte als alle unzuverlässigen Halunken, welche wir für deren Instandhaltung bezahlten.

Dazu kam ein weiteres Problem: Egal, wo wir wohnten, mein Beruf brachte es mit sich, dass ich von Zeit zu Zeit verreisen musste. Und länger als drei Tage wollten wir die Katze nicht der Putzfrau anvertrauen.

Da entsann sich Barbara ihrer Halbschwester Litta (Tochter von Lale Andersen), mit der wir in München einen losen Kontakt gehabt hatten. Sie war eine unbehauste Einzelgängerin und vermutlich als Katzen-Sitterin geeignet. Natürlich wohnte sie längst nicht mehr in München, aber Barbara gelang es, sie in Kanada ausfindig zu machen, wo zwei ihrer erwachsenen Töchter lebten. Offenbar hatte sie nur auf einen Anlass gewartet, um das Land zu verlassen, dessen Staatsangehörigkeit sie inzwischen besaß. Denn kurz darauf erschien sie in der Provence. Zwar litt sie an einer Katzenallergie, wie sie behauptete, aber nach einem kurzen Rundblick über die Trockenmauern und die Lavendelfelder, glaubte sie, ihrer Aufgabe gewachsen zu sein. Mich bestärkte das in meinem Verdacht, dass Menschen mit einer Allergie gegenüber irgendeinem Produkt, nur eingebildete Kranke sind. Wie oft habe ich mit Menschen am Tisch gesessen, die bei der Erwähnung von Austern oder Hummer entsetzt aufschrien: »Nein, bitte nicht! Darauf bin ich allergisch.« Dabei ist es meistens der Preis der Schalentiere, der ihnen Furcht einjagt.

Litta entledigte sich jedenfalls ihrer Katzenallergie in kürzester Zeit. Sie verbrachte viele Sommer in der Provence und, da sie ohne festen Wohnsitz war, später auch auf der Burg. Zwischendurch war sie immer wieder mal in Kanada, wo sie sich im hohen Alter eine Hüfte operieren ließ, wovon sie sich nie richtig erholte, sodass sie die kalten Winter in Winnipeg ertragen musste, was sie sehr erbitterte. Dort starb sie auch.

In der Burg haben wir heute eine sehr zuverlässige Person, der wir Hoffmann ohne Weiteres eine Woche anvertrauen können. Ohnehin bewahrheitet sich an ihr die unter Katzenfreunden verbreitete Erkenntnis, dass es auf der ganzen Welt keine Katze gibt, die unter Schlaflosigkeit leidet. Frau Hoffman schläft Tag und Nacht.

Meistens am äußersten, unteren Eck meines Bettes. So auch vor nicht langer Zeit. Ich war etwas malade, die Franzosen nennen das eine Crise de Foie, womit eine Überstrapazierung des Organismus durch Fett und Alkohol gemeint ist. Nach zwei Tagen Bettruhe und Nulldiät ist meistens alles vorüber.

Wenn nicht gerade eine Katze auf dem Bett liegt und sich wundert: »Was ist denn heute mit ihm los? Will er denn gar nicht aufstehen? Sonst frisst und säuft er um diese Zeit schon wieder eine Stunde. Dann kann ich wenigstens rübergehen ins Esszimmer und zusehen, wie sie sich ihre ungenießbaren Dinge ins Maul schieben. Oder ihn hinterher an seinem Tisch beobachten, wo er diese schwarze Box bearbeitet. Das ist zwar auch langweilig. Aber dies hier ist schlimmer. Zwecklos, im Haus herumzuschleichen. Hier passiert einfach nix. Keine einzige Maus im Haus. Ja, im Sommer, als die Tauben sich unterm Dach versteckt hatten, das war noch was! Ich habe die ganze Zeit gedacht: Na, wenn das mal gut geht! Und tatsächlich, nach vier Tagen kam der Mördermarder und brachte sie alle um. O Ratz, war das ein Getobe da oben! Ein richtiges Massaker. In wenigen Minuten war alles vorbei. Ich bin hinterher mal rauf auf den Dachboden. War aber schon wieder aufgeräumt und sauber. Hach, als ich noch jung war, bin ich auch manchmal im Garten zwischen die Mäuse gefahren! Wie der Blitz auf den alten Mäuserich, nämlich so!!!«

Und Frau Hoffmann, im Rausch der Erinnerung, springt. Umklammert ihr Opfer und beißt zu. Ich schreie auf; es tut höllisch weh. Auch wenn sie nur einen dieser nadelspitzen Zähne einsetzt und sofort zurückspringt, weil sie gemerkt hat, dass meine Hand auf der Bettdecke keine Maus ist. Dafür schwoll der Handrücken an und wurde rot. Der Arzt wiegt bedenklich den Kopf. Tetanus, Antibiotikum, Salbe, Verband – das volle Programm, drei Tage arbeitsunfähig. Wie ich schon sagte, haben wir uns mit Frau Hoffmann eine sehr kapriziöse Dame zugelegt.

In Widdersberg gab es nur wenige Bauernhäuser. Die uns am nächsten stehenden waren von angenehmen Stadtmenschen bewohnt: Ein Psychiater, ein Programmierer, die Enkelin von Mies van der Rohe mit ihrem Mann, einem Architekten, dessen Kennzeichen eine ewig qualmende Pfeife und Anzüge waren, von denen ich vermutete, sie seien aus Pferdedecken zusammengenäht. Alle hatten Kinder im Alter unserer Kinder, für deren Seelenheil es keine Fernseher gab, keine Coca Cola und, als sie größer wurden, auch keine Mofas. Jeden Abend ging abwechselnd einer unserer Jungs mit zwei Blechkannen zum nächsten Bauern und holte die noch warme Frischmilch aus dem Kuhstall. Für die Kinder war dieses Widdersberg die heile Welt, an die sie sich alle drei auch heute noch, dreißig Jahre später, sehnsüchtig erinnern.

Es spielte für ihr Seelenheil auch keine Rolle, dass wir sie oft allein ließen, wenn Barbara und ich zu einer der vielen Reisen zur internationalen Gastronomie aufbrachen. Wenn die alte Resi nicht auf sie aufpassen konnte, engagierten wir irgendwelche weiblichen Personen, die uns empfohlen wurden.

Die Resi gehörte zum Haus, sie hatte schon seit Jahrzehnten für den Herrn Professor Ehmcke gearbeitet, wobei ihr Stundenlohn nur wenige Pfennige betrug, wie sie uns berichtete. Da sie ein uneheliches Kind war, was in den katholischen Dörfern Bayerns eine fatale Ausgangsposition ist, hatte sie nie Ansprüche zu äußern gewagt und lebte in einer kleinen Kate unkomfortabel und in großer Primitivität mit einem Spitz. Sie kochte schauderhaft und lästerte gern über die extreme Sparsamkeit ihres langjährigen Arbeitgebers. Als Beispiel zitierte sie immer wieder den Fall des verschwundenen Bleistiftstummels. Es muss sich um den winzigen Rest eines Bleistifts gehandelt haben, den der Professor in eine Hülse steckte, um ihn zu verlängern. (Die Wegwerfgesellschaft war damals noch nicht geboren. Ich erinnere mich an Zigarren verlängernde Spitzen aus Pappe, die gewiss nicht wegen ihrer Schönheit benutzt wurden.) Der Stummel war jedenfalls verschwunden, und da Resi an jenem Tag mit dem Staubsauger gearbeitet hatte, vermutete der Professor, dass er in dessen Beutel sein könnte. Also musste Resi den Staubsauger entleeren und seinen Inhalt durchsuchen, wobei sich der Bleistiftstummel tatsächlich fand. Die Vorwürfe, die ihr Arbeitgeber ihr deswegen machte, müssen sehr nachhaltig gewesen sein.

Im Haus Ehmcke kannte sie jede knarrende Bohle, was sie allerdings nicht ermunterte, die Holzböden öfter zu bohnern.

Dazu war sie zu alt, diese Aufgabe übernahm Ernst. Auch er gehörte zum Haus, war Gärtner und Chauffeur des Professors gewesen und brachte unsere Kinder jeden Tag in die Internationale Schule. Auch Barbara transportierte er zur nächsten S-Bahn-Station, damit sie in ihre Galerie fahren konnte. Er war also geradezu unentbehrlich. Trotzdem wurde er nicht geliebt. Er mochte die Kinder nicht, tat seine Arbeit nur widerwillig oder gar nicht.

Also lernte ich mit fünfzig Jahren das Rasenmähen mit der Sense. Nach meinem Rückzugsmarathon war das die zweite sportliche Betätigung in meinem Leben. Es sieht so leicht und locker aus, wenn man im Juni durch die Alpen fährt und einem Bergbauern begegnet, der an einem steilen Hang das Heu mäht. Versucht man aber im eigenen Garten, der längst nicht so steil ist, das Gras mit der Sense umzulegen, gerät man sofort ins Schwitzen und flucht, dass sich die Gläubigen in der entfernten Kirche bekreuzigen. Man kann auch nicht darauf hoffen, das Sensen in einigen mühsamen Stunden zu lernen. Es dauert Tage. Vielleicht unter Anleitung eines Bergbauern nicht ganz so lange. Aber ich kannte keine Bergbauern und schwitzte und keuchte mich durch die Widdersberger Sommer, dass die Wanderer erschüttert am Gartentor standen und die Kinder fragten, was der Mann mit der Sense denn verbrochen habe, dass er so bestraft werde.

Im Allgemeinen aber genoss ich das Landleben sehr. Tagsüber war ich allein, saß mit meiner Hermes im Garten und schrieb. Nachmittags, wenn Ernst die Kinder brachte, begann die Marmeladenbrot-Olympiade. Schon damals fuhr ich für ein gutes Sauerteigbrot aus dem Holzofen 30 Minuten zu einem bestimmten Bäcker. Davon säbelte ich eine Unmenge Scheiben herunter, beschmierte sie dick mit Butter und krönte die Kreation mit einer leckeren Marmelade. Zuerst war ich fast schockiert, als ich sah, wie viele Brote drei niedliche Bengel zwischen sechs und zehn Jahren davon verdrücken können. Der Höhepunkt des Tages war jedoch, wenn Barbara von ihrer Galerie kam. Sie trug in beiden Händen prall gefüllte Einkaufstaschen mit den feinsten Dingen, die sie auf dem Markt hatte finden können. Die übernahm ich und begann zu kochen.

Ich kochte täglich, zunächst, als die Jünglinge noch in ihrer Nudelphase waren, gab es zwei getrennte Küchen: Pasta für die Gören, Poulet für die Eltern. Kinder sind von Natur neugierig, also probierten sie auch, was wir da auf dem Teller hatten. So gewöhnten sie sich schnell an meine Gourmet-Küche und wurden ohne Umweg über Fast Food zu Feinschmeckern. Jedenfalls solange sie zu Hause waren. Später, auf den rauen Pfaden des Lebens, würde es anders aussehen. Aber immerhin hatten sie das Gute kennengelernt.

Shawn, der Älteste, ging als Erster nach Amerika, wo er ein feines College in Saratoga Springs besuchte, ein ehemals vornehmer Erholungsort für Pferde liebende New Yorker, die auf der örtlichen Rennbahn ihre Gäule ins Rennen schickten. Dass Shawn dann doch nicht in Harvard landete, lag nicht am amerikanischen Essen, sondern an deutschen Mädchen.

Brian, der Jüngste, lernte sein amerikanisches Vaterland besser kennen. Er studierte in Houston an der Hilton University, arbeitete aber auch in Dallas, San Francisco, New York sowohl in Hotels als auch in obskuren Kneipen, als Hausmeister bei jüdischen Geschäftsleuten in Oakland und bei Amerikas größter Ökokette an verschiedenen Orten. Das Heimweh trieb ihn schließlich wieder zurück – nach Berlin. Wo er ein sehr ordentliches Kleinrestaurant eröffnete, das sieben Jahre bestand, bevor es Pleite machte.

Robin, der Musikpädagoge, war nur einmal kurz in New York, was in seiner Psyche keine Spuren hinterließ. Folgerichtig gründete er am Main eine Familie in einem Stadthaus aus dem Jahr 1608.

Keiner der drei hat sich zum praktizierenden Genießer entwickelt, was ich nicht sehr bedauere. Denn die Zeiten haben den Hedonismus nur kurz gestreift. Unsere Freizeitgesellschaft sehnt sich nach Spanien, wo es heiß und billig ist. Bekenntnisse zu wahrer Lebensqualität sind ihr nicht zu entlocken.

In meinem Leben hat sich jeder Wohnungswechsel als wichtige, neue Etappe meines Lebens erwiesen. Nachdem wir dreizehn Jahre im Haus des Professors Ehmcke in Widdersberg verbracht hatten, wurden wir von einer Enkelin vor die Tür gesetzt. Sie war eine linksradikale Feministin, die, wie das Leben so spielt, plötzlich als Erbin des Hauses auf der Bühne erschien. Sie schien nichts zu haben, was einem Lebensgefährten glich, auch keine Freundin. Aber sie machte Eigenbedarf geltend. Ich hielt nichts von ihr und hatte keine Lust, ihretwegen einen juristischen Streit vom Zaun zu brechen. Also verließen wir das Haus mit den schönen Erinnerungen.

In Schondorf am Ammersee hatten wir ein ebenbürtiges Haus gefunden. Es war eine Villa im Bayerischen Jugendstil, der mehr Ähnlichkeit mit dem Wiener Baustil gleichen Namens hat, als mit den Nudelornamenten rheinischer und belgischer Provenienz. Es war ein schönes Haus mit einem Wintergarten und teilweise mit Möbeln der Wiener Werkstätten ausgestattet. Der Hausherr, ein in München bekannter Professor, hatte Geschmack. Aber er hatte auch Angst. Unter einer Garage im Vorgarten hatte er sich einen Atombunker gebaut, in dem er und seine Familie einen russischen Atombombenangriff zu überleben hofften. Irgendwie schien ihm die Gefahr jedoch größer als die Sicherheit seines Kellers; denn er packte Koffer und Kinder und zog mit seiner Frau in die Schweiz. Das Haus vermietete er uns.

Der Bunker war sowieso nur eine Übergangslösung gewesen. Denn unser Vermieter war bereits Besitzer einer Farm in Vermont, wo er sich und seine Mage zwei Jahre vor dem russischen Atomschlag versteckt hatte. Doch die Schneemassen des Winters setzten den Flüchtlingen derart zu, dass sie die Emigration fluchtartig beendeten und zurück an den Ammersee fuhren. Die Angst vor den Russen trieb sie jetzt weiter in den Kanton Sankt Gallen, wo sie von einer komfortablen Villa aus das Jungfrauenmassiv in allen seinen wechselnden Farben beobachteten.

Das Flüchtlingsdrama spielte im Jahr 1982, als die Familie Siebeck die Bühne betrat. Shawn war längst in den USA, Robin bereitete sich auf seinen Auszug vor, und Brian breitete seine Lederjacke auf den Boden des Schutzkellers aus und spritzte sie violett, während ich meine Vertrautheit mit der Sense ein letztes Mal unter Beweis stellte, indem ich im Garten ein rundes Feld mit Brennnesseln niedermähte, das dem naturverbundenen Hausbesitzer sehr am Herzen lag.

Der leitete in München ein Institut, wohin er von seinem Schweizer Exil fuhr, wenn es sein musste. Dann und wann machte er einen Umweg über Schondorf und übernachtete in einem komfortablen, hübschen Gartenhaus ohne Atombunker, wo er die Arbeiten seiner Studenten durchsah. Er las sie nicht nur, er pendelte sie aus. Wir haben ihn oft beobachtet, wie er über den Arbeiten saß und sich über ihnen den Kopf zerbrach. In dieser Situation half ihm das Taschenpendel, eine Entscheidung zwischen noch befriedigend und sehr gut zu finden. Von Zeit zu Zeit erfrischte er sich mit einem Schluck Wasser, das Frau Starzer ihm in Kanistern bereitstellte.

Frau Starzer war in unserem Schondorfer Haus, was Resi in Widdersberg gewesen war. Sie putzte allerdings besser und war nicht so alt. Aber sie hatte etwas Besonderes, das war ein direkter Draht zum Transzendenten. So wusste sie, dass seit unserem Einzug neunundvierzig Dämonen sich des Hauses bemächtigt hatten. Sie hatte einen speziellen Pfarrer, mit dem sie täglich um unsere Befreiung von den höllischen Geistern betete. Unseren Hausherrn hatte sie auch auf diese Art von Dämonen befreit, erfuhren wir von ihm. Zusätzlich schützte sie ihn vor allerlei teuflischer Unbill, indem sie zu einer geweihten Quelle fuhr und dort das gute Wasser in Kanistern abfüllte, das der Professor gerne und gutgläubig trank. Sie war eine fanatische Anhängerin von Erzbischof Lefebvre, dem Gründer der Piusbruderschaft, und fürchtete vor allem den Angriff der gottlosen Russen, gegen den sie mit aller Inbrunst in morgendlich kalter Kirche anbetete. Mit Erfolg, wie wir heute wissen.

Wir wohnten noch keine drei Jahre am Ammersee, als die Schweizer Behörden unserem Professor mitteilten, dass er, der sein Geld in Deutschland verdiente und versteuerte, seine fünf Kinder nicht auf eine (kostenlose) Schweizer Schule schicken dürfe. Für ihn und seinesgleichen gäbe es genügend (teure) Internate. Da wollte er wieder zurück in sein Haus in Schondorf.

Ich nehme an, er hat sein Pendel über unserem Mietvertrag kreisen lassen und so erfahren, dass wir keine Schwierigkeiten machen würden. Also suchten wir per Anzeige etwas Standesgemäßes und fanden die Burg in Mahlberg. Nur Barbara und ich; die Kindern waren jetzt alle auf eigenen Wegen.

Als wir hinter dem vollgeladenen Möbelwagen herfuhren, hatten wir beide die gleiche Empfindung: Wenn der Möbelwagen jetzt mit unserem kompletten Besitz einen Abhang hinunterstürzen würde, wir hätten es als Erleichterung empfunden.

Trotz der relativ kurzen Zeit waren die drei Jahre in Schondorf Jahre der Betriebsamkeit und vieler Begegnungen. Barbara hatte ihre Galerie von Starnberg nach München verlegt und setzte ihre spektakulären Vernissagen nun in unmittelbarer Nähe des Viktualienmarktes fort. Es waren immer kulturelle und gesellschaftliche Ereignisse, die man damals, als das Wort noch nicht gebräuchlich war, eher *events* hätte nennen können als heute, wo es jeder Landrat für sich beansprucht, wenn er eine neue Müllverbrennungsanlage einweiht.

Als sie die erste westdeutsche Ausstellung von Hockneys Grafiken inszenierte, mietete sie ein leerstehendes Kino in Starnberg, engagierte die damals kultige Rockband Amon Düül II und schaffte es, dass Hockney anreiste und den Event in ein Punk-and-Pop-Festival verwandelte. Dafür sorgten allein seine Freunde und Anhänger, die in mehreren Gruppen auftauchten und demonstrierten, warum das Adjektiv »schrill« später so allgemeinverständlich wurde.

Nicht anders war es, als das komplette Ensemble des Musicals *Hair*, das gerade in München gastierte, in eine Vernissage hereinbrach und die Gäste nicht darüber im Unklaren ließ, warum München damals »Deutschlands heimliche Hauptstadt« genannt wurde.

Die Bedeutung der Vernissagen erhöhte sich – wenn auch nicht die jeweiligen Aktivitäten, man kann nun mal auf der

Maximilianstraße keine Raddampfer laufen lassen – durch die Künstler, welche Barbara in ihrer Galerie vorstellte. Da war Ed Kienholz mit einer Inszenierung, welche ein Unikat war und eine Million D-Mark kosten sollte, wofür damals nur ein Museum infrage kam. Da waren die grandiosen Zeichnungen meines Vorbilds Saul Steinberg, und auch Roland Topor wurde durch eine Ausstellung bei Barbara so populär in München, dass er bis zu seinem Tod immer wieder Aufträge für die Kammerspiele bekam.

Danach stellte Lothar-Günther Buchheim seine Kriegsfotos aus, darunter zum ersten Mal die Fotos von seinem U-Boot, als sein Bestseller *Das Boot* noch nicht erschienen war. Er gehörte zu den Siedlern an den Seen, jene kleine Gruppe von Intellektuellen und Künstlern, die sich als Nachbarn kannten, auch wenn die einen am Starnberger See wohnten (wie Loriot und Buchheim) und die anderen sich an den anderen, beliebten Ufern niedergelassen hatten.

Buchheim habe ich schon in den späten fünfziger Jahren kennengelernt. Ich hatte ihm, der nicht nur ein Kuriositätensammler war, sondern auch Maler, Verleger und Autor, die Zeichnungen für mein erstes Buch *Lady Chatterleys Füße u. a.* geschickt, in der Hoffnung, dass er es publizieren würde. (Es erschien später im Dumont Verlag, den damals Ernst Brücher leitete.)

Als ich vor Buchheims Hexenhaus in Feldafing parkte, geriet ich sofort in eine illustre Gartenparty. Buchheim, der Versandhauskataloge ebenso sammelte wie Apfelsinenverpackungspapier, hatte eine bedeutende Sammlung deutscher Expressionisten. Deren Söhne, Töchter oder Nachlassverwalter standen an diesem Sommertag auf seinem Rasen herum, tranken Kalterer See und hießen Klee, Müller, Dix, Pechstein. Die Party fand allerdings ohne die Witwe Kandinskys statt, mit der Buchheim jahrelang prozessierte, weil er ein Bild des Malers in einem seiner Kunstkalender veröffentlicht hatte, die

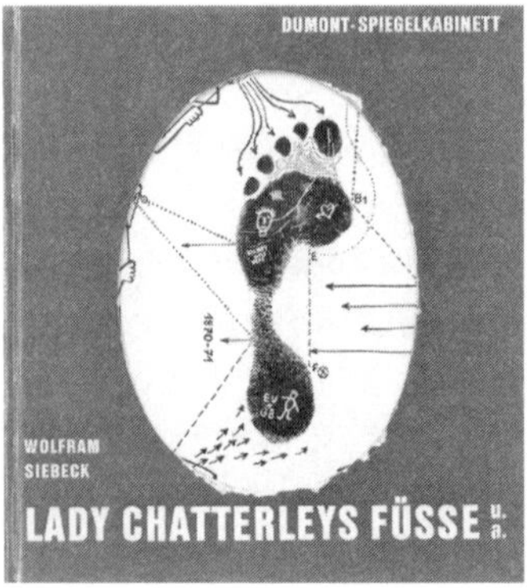

LADY CHATTERLEYS FUSS & DER FUSS VON LADY CHATTERLEYS LOVER

er ebenfalls verlegte. Als er den Prozeß endlich verlor, rächte er sich, indem er bei sich ein Büchlein mit dem Titel *Die Kunst, Witwen zu verbrennen* veröffentlichte.

Beim Südtiroler Billigwein blieb es auch ein Vierteljahrhundert lang. Ebenso wie er die gelben und blauen Drahtsessel nicht erneuerte, die ihm und seinen Gästen als Sitzgelegenheiten dienten. Als Nachbarn haben wir ihn und Ditti oft besucht. Sein Haus füllte sich in dieser Zeit mit Krimskrams an, seine Gastlichkeit blieb dieselbe. Immer gab es Kalterer See, und wenn unser Magenknurren die Zeit für einen Imbiss anmahnte, bat er seine treue Frau Ditti, uns die Hausspezialität zu bringen. Sie erschien dann nach einer Weile mit Schnittlauchbroten. »Aus eigenem Garten!«, annoncierte er das frugale Mahl voller Stolz, und man hörte ihn innerlich überlegen, ob er sich damit nicht zu großzügig gezeigt und finanziell ruiniert habe. Dann griff er zu einem alten Koffergrammophon und legte ein paar 75er-Scheiben auf.

Näher bei uns, nämlich in Dießen am Ammersee, wohnte Barbara König mit ihrem Mann Hansl Mayer. Sie war eine Schriftstellerin, deren Produktion jenem Planeten glich, der die Sonne nur in fünf Jahren einmal umkreist. Nur in lähmend langen Abständen war Barbara in der Lage, eines ihrer wenigen

Bücher zu schreiben. Zwischendurch hatte sie endlose Wochen, in denen sie nicht fähig war, auch nur einen Satz zu Papier zu bringen. Dann klammerte sie sich hilfesuchend an ihren Lektor Michel Krüger, der ihr mit großer Geduld und Rat und Tat zur Seite stand, wenn sie unter Schmerzen einen neuen Text ans Licht der Welt brachte.

Über ihre Schreibarbeit, über das Schreiben überhaupt, sprach sie beständig. Sie gehörte zur Gruppe 47, deren Zusammenkünfte sie alle besucht hat. Mit Hans Werner Richter – wie überhaupt mit den meisten der knorrigen Literaten – war sie eng befreundet. Von vielen schwärmte sie unkritisch. Wenn es darum ging, mit ihnen zusammenzutreffen, war sie plötzlich unternehmenslustig und sehr selbstständig. Alle anderen Probleme des Lebens überließ sie in der Rolle der schwachen Frau ihrem Mann, dem Hansl. Der war ein bayerischer Kohlenhändler. Er hatte Falten im Gesicht wie ein aktiver Alpinist, eine davon war die Tatarenfalte, dieses verräterische Erbstück der Bayern, deren Vorfahren in der Schlacht auf dem Lechfeld dabei waren, wo sie sich mit den Hunnen schlugen und die moderne Kriegsführung praktizierten: umbringen und vergewaltigen. Mit seinem Tankwagen fuhr er täglich durch die Dörfer am Westufer des Ammersees. Manchmal, wenn die Geschäfte gut gingen, beschäftigte er einen Fahrer. Das gab ihm Gelegenheit, mit uns und seiner Dichterin zu verreisen. Oder, was meistens der Fall war, uns an der Côte d'Azur zu treffen.

Hansl fand großen Gefallen daran, mit uns in Feinschmeckerrestaurants zu gehen. Er lernte sehr schnell, was es mit der Grande Cuisine auf sich hatte und schreckte vor den elegantesten Adressen nicht zurück. Wir hatten eine Menge Spaß dabei, und er, der als Normalbürger in dem Dorf am Ammersee so angepasst lebte, schreckte vor keinem hochnäsigen Oberkellner zurück, wenn es darum ging, seine Wünsche unmissverständlich geltend zu machen.

Mit seiner aushäusigen Kühnheit fiel er jedoch auf die Butterseite, als er bei einem Treffen der Literatengruppe in Stockholm – zu der er seine Frau noch nie begleitet hatte – unangemeldet auftauchte. Dabei muss er schrecklich gestört haben, gaben beide zu, als sie uns mit ihren Erinnerungen an die Turbulenzen ihres Lebens amüsierten. Es war aber weniger die intellektuelle Atmophäre des Dichtertreffens, die ihn fehl am Platz erscheinen ließ, als einer der Dichter, der sich durch den bayerischen Ehemann seiner Dichterkollegin gestört fühlte.

Die unwahrscheinliche Kombination von »Dichterin und Bauer« hat mich während unserer Freundschaft gefesselt: Sie, die fast ständig mit Psychosen kämpfte, die ihren Beruf gleichermaßen als Glück und als Fluch empfand; die immer wieder hinter das Geheimnis meiner ununterbrochenen Textproduktion kommen wollte, die das I-Ging befragte, zur Wahrsagerin ging und im Alter die Heimat ihrer Kindheit wiederentdeckte (Barbara König stammte aus Böhmen); sie, deren Bücher letzlich nur von der Gruppe 47 handelten, von den intellektuellen Themen, die dort in Mode waren – und auf der anderen Seite der praktisch veranlagte Hansl Mayer mit seinen harten Händen, der mit uns in Monte Carlo glücklich war und für die Freunde seiner Frau Kohlenfeste veranstaltete. Sie fanden an Sommerabenden in seinem Lager statt, zwischen Haufen der verschiedensten Kohlesorten, kleine, große, staubige und Briketts, und es gab zu essen, was Hansl selber gemacht hatte, und viel Wein, Bier und Schnaps. Auf und zwischen den Kohlen saßen Leute wie Hans-Werner Richter, Rudolf Baring, Rainhard Baumgart, Peter Hamm, Rolf Hochhuth, Michael Krüger, Marianne Koch, Hans A. Neunzig, und sie alle waren nicht nur die Freunde von Barbara König, sondern auch die von Hansl Mayer.

Vom Schildermaler zum Pressezeichner

Den Süden Frankreichs kannte ich sehr gut. Schon 1953 war ich zum ersten Mal an der Côte d'Azur per Autostopp gewesen, mit einem Bochumer Schulfreund, der Jura studierte und sich kaltblütig mit der Mütze seiner Verbindung auf die Straße stellte. Es war August und natürlich viel zu heiß, als dass ein 25-jähriger Student der Werkkunstschule Wuppertal von der Schönheit der Küstenlandschaft mehr als ein paar Skizzen mitbrachte. Wir schliefen in Jugendherbergen, manchmal auch auf nacktem Boden oder in den Gästezimmern amerikanischer Zweithausbesitzer. Weder die damals noch intakten kommunalen Strukturen noch das blaue Meer lösten in mir genügend Begeisterung aus, um mir vorzunehmen, hier einmal sesshaft zu werden. Aber unter der Terrasse des Hotels Château Le Cagnard in Cagnes-sur-Mer, wo ich später oft als Gast logierte, entdeckte ich einen Austin Healey Roadster. Und der bewirkte dann doch einiges: So ein Auto, nahm ich mir vor, wollte ich auch einmal besitzen. (Was mir gelang.)

Den größten Teil meiner Liebe zu Frankreich verdankte ich jedoch der Literatur, besonders den Historienschinken von Alexandre Dumas. Von *Die drei Musketiere* über *Die beiden Dianen* bis zum *Graf von Monte Christo* hatte ich alles gelesen, was in der zwölfbändigen Ausgabe im elterlichen Bücherschrank über die französische Geschichte zu erfahren war. Ich weiß noch, wie enttäuscht ich war, als ich erfuhr, dass mein Vater einen Teil der Bücher einer Bücherspendensammlung für unsere kämpfenden Soldaten an der Ostfront übergeben hatte. Wie gering das Interesse des Militärs an Literatur war, auch wenn es sich um spannende Unterhaltungsromane handelte, konnte ich gegen Ende des Krieges erleben, als ich selber an der Ostfront landete.

Was nun die französische Küche angeht, die in meinem späteren Leben eine so dominierende Rolle spielen sollte, so habe ich sie bei meinen ersten Reisen in den Süden nicht kennengelernt. Zwar wurde auch mir von einem älteren Weltenbummler verraten, dass ich die beste Languste bei der Mère Soundso in Juan-les-Pins oder in Sainte-Maxime essen könnte. Aber »die beste Languste« ist eine Fata Morgana, wie ich später feststellte. Jeder, der zum ersten Mal eine Languste angesichts des Mittelmeers gegessen hat, womöglich noch in einer primitiven Strandbaracke, ist fest davon überzeugt, dass es die beste der ganzen Küste war. Nicht viel anders verhält es sich mit der besten Currywurst, die der Berlinbesucher in einer ganz bestimmten Wurstbude gegessen haben will.

Wer erfahren hat, wie schwierig es ist, allein in der obersten Kategorie der Gourmet-Restaurants das Beste ausfindig zu machen (weil das fast unmöglich ist), der weiß, was er von solchen Bewertungen zu halten hat. Nun, mit diesem Thema sollte ich mich noch oft genug beschäftigen.

Meine Reisen in den französischen Süden (der ersten folgten weitere) unternahm ich jetzt mit Erika, welche in Wuppertal bereits Meisterschülerin war. Wie es sich für angehende Künstler gehört, hatten wir unsere Zeichenblöcke dabei und skizzierten die krummen Gassen und die dekorative Vegetation der mittelalterlichen Dörfer, wie sie seit Jahrzehnten von Malern und Zeichnern vor uns skizziert worden waren. Wir landeten auch in manchem Maleratelier, von denen es in jedem zweiten Haus eins gab. Damals bildeten die vielen Künstlerkolonien noch eine große Attraktion an der Côte d'Azur. Ihrer Produktivität entging keiner, der in den bunten Bars seinen Pastis trank oder in einem Kleinrestaurant einen trocken gegrillten Fisch aß. Inzwischen werden sie in abertausend kleinen Kunstgalerien angeboten, wo sie ein Äquivalent zum Devotionalienhandel in Lourdes bilden.

Wir hatten viele Begegnungen mit Vertretern der einheimischen Künstlerkolonie, mit etablierten Individualisten, darunter nicht wenige Emigranten wie Irma Blank und Jupp Winter, dem Meister der Grauen Kuh, deren Erzählungen aus ihrem abenteuerlichen Leben wir mit großen Ohren lauschten. Wir hatten sogar eine Verabredung mit Picasso in Mougins (sie galt in Wirklichkeit einem zu Fuß gehenden deutschen Journalisten, der sich anheischig machte, uns dem Meister vorzustellen, wenn wir ihn in unserem Auto dorthin brächten), die leider nicht zustande kam, weil an meinem alten VW mal wieder der Keilriemen riss.

Eines Tages landeten wir in einer futuristisch-modern dekorierten Zweitwohnung von Angehörigen jener Gesellschaftsschicht, die entweder zum internationalen Jetset oder zur künstlerischen Hautevolee gehörten. Sie müssen uns eingefangen haben, wie Hobbyzoologen sich unbekannter Mäuserassen bemächtigen, um sie ebenso erstaunt zu betrachten und sie schließlich gelangweilt ihrer Unterwelt zurückzugeben. Jedenfalls fühlten wir uns wie Gulliver in Brobdingnag, erregt durch das absolut Neue; aber ein wenig fürchteten wir uns auch. Denn für uns war diese erste Begegnung (es war Mitte der fünfziger Jahre!) mit ihrem dekadenten Glamour mehr als verwirrend. Diese eleganten Menschen, die sich zwischen Designermöbeln von Eames und Saarinen bewegten, Kleidungsstücke von extravagantem Zuschnitt trugen und durch Kunstwerke der neuesten Mode an den Wänden und auf Podesten einen überaus avantgardistischen Geschmack bewiesen, diese in Wildleder gewandeten Ästheten waren eine völlig neue Welt für uns. Dass ihre Bewohner eines Tages vertraute Nachbarn sein könnten, schien so ausgeschlossen wie der Besitz solcher

Autos, die sie in den Car Parks ihrer Sommerhäuser abgestellt hatten.

Dennoch dauerte es nicht lange, und ich war selber mit dem Auto unterwegs.

Wie kommt ein Schildermalerlehrling so schnell an ein Auto? Nun, damals ging alles sehr schnell. Eines Tages tauchte bei den Schildermalern in der Kellerwerkstatt ein Kunde auf. Er war Redakteur einer Dortmunder Zeitung und brauchte für sein Bochumer Büro ein Schild, das er kurz darauf abholte. Bei dieser Gelegenheit wandte er sich an Herrn Schemann und fragte:

»Habt ihr hier nicht jemanden, der für mich lustige Vignetten zeichnen kann? Kleine Illustrationen zu den Artikeln, die ich schreibe?«

Auf diese schicksalsschwere Frage rief die gesamte Belegschaft wie aus einem Mund: »Ja! Der Wolfram.«

So begann meine Karriere als Pressezeichner.

Es versteht sich von selbst, dass ich meine ›Lehre‹ nicht zu Ende brachte. Ohnehin hatte ich nichts anderes gelernt, als Rechnungen zu schreiben. Mit ihnen machte ich mich fast täglich auf den Weg zu den Kunden und hoffte, auf der Stelle bezahlt zu werden. Denn der Betrieb des Herrn Schemann stand ständig vor der Pleite.

Solange das Wetter schön war, fand ich meine Beschäftigung ganz erträglich. Ich fuhr mit der Straßenbahn bis in Bochums weit entfernte Vororte, meistens vergebens, weil auch die Kunden, trotz ihrer auffälligen, neuen Blechschilder über dem Geschäft, knapp bei Kasse waren. Also besuchte ich sie am folgenden Tag erneut. Die Pausen dazwischen füllte ich mit allerlei privaten Vergnügungen aus, wozu eine Siesta im Stadtpark gehörte, weil ich meine Nächte einem aufreibenden Nachtleben widmete.

Die Drucktechnik der Zeitungen war damals noch altertümlich. Das heißt, Illustrationen durch Fotos waren kompliziert und teuer, was vielen Grafikern die Gelegenheit gab, ihr Geld durch Zeichnungen zu verdienen. An dieser Konjunktur nahm ich nach Kräften teil. Gleichzeitig studierte ich an der Werkkunstschule in Wuppertal das Fach, dem ich meine erste Existenz verdankte.

Tante Gertrud in Hannover, die jedes Jahr ein Weihnachtspaket mit Äpfeln und einem Räucheraal aus dem Maschsee schickte, muss das Schicksal ihres dem Krieg entronnenen Neffen zu Herzen gegangen sein. Sie setzte mir eine Zuwendung von monatlich 50 Mark aus, die ich für den Schulbesuch benutzen musste. Also setzte ich mich jeden Morgen in aller Frühe in einen Zug des Nahschnellverkehrs, wie das tadellos funktionierende Transportsystem damals hieß, und fuhr nach Wuppertal. Ich zeigte den Lehrern einige Karikaturen, die ich fabriziert hatte, und wurde umstandslos in eine Textilklasse gesteckt. Die bestand zu meinem Entzücken ausschließlich aus Schülerinnen. Wenn ich schon auf eine Kunstschule gehe, hatte ich mir gesagt, dann lerne ich bestimmt ein paar hübsche Mädchen kennen. Nun saß ich wie der Hahn im Korb in einer Textilklasse, deren Schülerinnen nur darauf warteten, in der sexuellen Emanzipation Fortschritte machen zu können.

In der Tat verwöhnten mich die Mädchen, wo es möglich war. Sie übernahmen meine Pflichtarbeiten, welche darin bestanden, bunte Farben auf kleine Kärtchen zu malen, was ich langweilig fand. Lieber ging ich zum Aktzeichnen; auch Beile und Kneifzangen zeichnete ich lieber, und ging mit mehreren oder einer Mitschülerin allein in den Wuppertaler Zoo. So verbrachte ich drei Semester an der Werkkunstschule und brach mein Studium ab, als Erika, eine Meisterschülerin, die Schule verließ.

Wie es der Zufall wollte, befanden sich in meinem Freundeskreis mehrere Genies, die in Münster Journalistik studierten. Sie fanden alle eine Anstellung bei den Zeitungen, die im Ruhrgebiet die Presselandschaft beherrschten, die *WAZ* und die *Neue Ruhrzeitung*, der *Vorwärts* und der *Kölner Stadt-Anzeiger*. Es dauerte nicht lange, da besetzten sie die jeweiligen Feuilletonredaktionen und versorgten mich mit Aufträgen, von denen ich fünfzehn Jahre gut leben sollte.

Aus Wuppertal brachte ich Erika mit, die für ihre Abschlussprüfung ein Kochbuch illustriert hatte. Ausgerechnet ein Kochbuch! Doch damals war das noch kein interessantes Thema. Sie bekam ebenfalls Aufträge der Redakteure, und wir zogen zusammen in eine Frühform der WG, wo jeder Mieter darauf achtete, mit den anderen nicht zu kollidieren; man kannte sich kaum beim Namen.

Damit begannen die Jahre der Bohème.

Eine Bohème im Kohlenpott ist ungefähr so spannend wie ein Zoo in Grönland. Jazz, Existenzialismus, neues Kino, Schock und Provokation zwischen Kohlehalden in Wanne-Eickel und Recklinghausen?

In der Düsseldorfer Altstadt aßen wir scharf gewürzte Gulaschsuppen, wozu ein flottes Trio *Honeysuckle Rose* spielte, manchmal mit Günter Grass am Schlagzeug. Der Star der Gruppe war jedoch »Flötchen« Geldmacher, der auf seinen Blechflöten die Keller von Saint-Germain beschwor. Danach fuhren wir mit dem letzten Zug zurück in unsere Schlafstätte.

Später, als jede nur denkbare Lebensform demografisch analysiert und soziologisch beschrieben wurde, wäre unsere Situation mit »Double income, no kids« bezeichnet worden. Da die materiellen Ansprüche längst nicht so hoch waren wie heute, ging es uns gut. Ich weitete den Kreis meiner Auftraggeber aus und fand einen annähernd persönlichen Stil. Formal gesehen war das immer noch nicht der große Durchbruch zum Niveau der Vorbilder wie Saul Steinberg, Alfred Kubin, Fernand Léger, Picasso und die Sadomaso-Sympathisanten der Pariser Subkultur. Meine Stärken waren ganz eindeutig Karikatur und Satire. Wahrscheinlich wäre ich sogar ein Comiczeichner geworden. Dafür war die Zeit jedoch noch nicht gekommen.

Aufgrund meines größer werdenden Bekanntenkreises innerhalb des Journalisten-Milieus und meiner gebrauchsgrafischen Ausbildung an der Werkkunstschule geriet ich an den Auftrag, die Programmhefte des alljährlichen Bonner Presseballs zu gestalten: ein vorläufiger Höhepunkt meiner Karriere. Mir wurde indes klar, dass ich damit meine Grenze erreicht hatte. Ich wurde belohnt, weil ich praktische Dinge produzierte, Gebrauchskunst eben. Dafür gab es einen verlässlichen Markt.

Um jedoch als Künstler Ruhm zu erwerben und Geld zu verdienen, hätte ich Konzessionen ans Formlose, Irrationale machen müssen, was meinem Wesen widerspricht und meinen Lebensstil gefährdet hätte.

Später traf ich Roland Topor, der mein Freund wurde und genau diesen Mut besaß, sein Leben und sein Werk vom Risiko bestimmen zu lassen. Je chaotischer es in seinem Leben zuging, umso wohler fühlte er sich. Er war Frankreichs berühmter Bürgerschreck, ein Asphalt-Monster, der seine Ängste hinter einem gellenden Lachen versteckte und in seinen Bildern und Zeichnungen drastische Formen und ebensolche Inhalte unterbrachte, was ich mich nicht traute.

Jedenfalls blieb ich der schwarz-weißen Strichzeichnung treu, während Erika zu malen begann. Beide litten wir mehr oder weniger unter dem, was von Autoren als *writer's block* gefürchtet ist. Die Angst vor dem weißen Blatt. Als Autor habe ich das bis heute nicht kennengelernt. Weiße Blätter bzw. ein leerer Bildschirm sind dazu da, beschrieben zu werden.

Also schreibe ich, wo auch immer ich bin und welche Störungen auch auftreten mögen, holterdiepolter über eventuelle Hemmungen hinweg.

Deshalb wahrscheinlich habe ich so konsequent auf die Schreiberei gesetzt, weil ich sie für längst nicht so kompliziert halte wie Zeichnen oder Malen. Denn ein angefangener Satz bedingt eine logische und adäquate Fortsetzung, so wie eine Eisenbahn auf eine gleichmäßige Spurbreite der Schienen angewiesen ist, um ihr Ziel zu erreichen, während eine freihändig gezeichnete Linie den Weg in eine beliebige Freiheit weist, in den Himmel der Fantasie oder in die Hölle der Manier.

Diesen Weg habe ich schließlich sogar betreten, indem ich im Dumont Verlag mein erstes Buch veröffentlichte, das aus komischen Zeichnungen bestand und eine absurde Geschichte des Fußes darstellte. Es gab für mich also keinen Grund, das Zeichnen aufzugeben außer einem: Das Schreiben fiel mir leichter.

Außerdem war ich fünfunddreißig Jahre alt. Es war Zeit für eine Veränderung.

Vom Zeichner zum Schreiber

Autos und der Ärger mit ihnen, aber auch die Freude daran, spielen in meinem Leben eine wichtige Rolle. So habe ich nicht vergessen, wie mir ein *WAZ*-Redakteur vorwurfsvoll vorhielt, dass ich einen MGA besaß, während der Chefredakteur noch mit einem VW Käfer unterwegs war. Was Siegfried Maruhn aber nicht beunruhigte. Er verkaufte mir später sogar seinen Sunbeam Alpine.

Es waren nicht immer flotte Zweisitzer. Unvergessen bleibt mir auch eine brave Simca Aronde, von der mir in Zagreb der Tankdeckel geklaut wurde, den wochenlang ein zusammengedrehtes Stück Stoff ersetzen musste, weil ein passender Deckel in Titos Reich nicht aufzutreiben war.

Wieso war ich plötzlich in Zagreb gelandet? Nun, aus dem lächerlichen Grund, den man das Schicksal nennt. In Zagreb verbrachten wir zwei ungewöhnliche Monate. Ich war inzwischen zu einem Spezialisten für Trickfilme geworden, die ich jedes Jahr bei den Oberhausener Kurzfilmtagen bewunderte. Durch deren Leiter, Hilmar Hoffmann und den verstorbenen Will Wehling lernte ich alle Regisseure und Zeichner kennen, die dort ihre Filme vorführten. Es waren jedes Mal inspirierende Begegnungen, da in Oberhausen ein immenser Austausch an Ideen und Einflüssen zwischen West und Ost stattfand. All die eingeladenen Polen, Tschechen, Jugoslawen waren zum ersten Mal im Westen und lernten dort ihre Kollegen aus den USA, Kanada, Frankreich, England und anderen Filmländern kennen. Die Kurzfilmtage waren ein ungeheuer politisches Ereignis, sie durchlöcherten die Eiserner Vorhang genannte Abschottung der nationalen Provinzen in Ost und West.

Um Jan Lenica, einer der besten und prominentesten polnischen Regisseure und Grafiker, der ein Visum für Paris hatte, bei der Durchreise einen Aufenthalt in der Bundesrepublik zu ermöglichen, musste ich bei einer Dienststelle des Handelsministeriums für ihn bürgen!

Auf Lenica folgten Sławomir Mrożek, Erwin Axer, Wojciech Fangor und andere Künstler, für die unser Haus in Kettwig am Baldeneysee (wir wohnten längst nicht mehr in der Essener WG) eine Durchgangsstation war auf dem Weg nach Paris, wo sie sich dem Kreis um die Exilzeitschrift *Kultura* anschlossen. Sie alle verehrten Witold Gombrowicz, den kommenden Nobelpreisträger, wie sie hofften. Lenica gelang es, mit dem Autor von *Ferdydurke* (und den bald ebenfalls übersetzten Tagebüchern) ein Treffen zu vereinbaren. Er lebte damals in Südfrankreich, in Vence, und da ich mich wieder einmal an der Côte d'Azur herumtrieb, lud Lenica uns ein, ihn zu begleiten. Gombrowicz wohnte mit einer Kanadierin hinter einer Jugendstilfassade in einem bürgerlichen Haus und war, als wir eintrafen, beim Zahnarzt. Als er schließlich kam, war er schlecht gelaunt. Schmerzbedingt, wie ich vermute; kann aber auch sein, er fühlte sich durch seinen neugierigen Landsmann und dessen deutsche Begleitung belästigt. Die Unterhaltung geriet nur träge in Gang, ohnehin behindert durch des Dichters Weigerung, irgendeine Fremdsprache zu sprechen. So bemühte sich Lenica, die Geistesblitze unseres Gastgebers zu übersetzen. Als wir auf Gertrude Stein zu sprechen kamen und auf die Rolle der Frauen in der Literatur, verschlechterte sich Gombrowiczs Laune noch mehr und irgendwann sagte er: »Was kann man mit einer Frau schon reden außer: ›Mach Tee, gib Zucker!‹« Lenica fand das Bonmot seines Idols dermaßen komisch, dass er nicht aufhören wollte zu lachen.

Diese Szene ist mir als einzige von unserem Besuch bei dem

großen Polen in Erinnerung geblieben. Den Nobelpreis hat Gombrowicz nicht bekommen.

Durch meine Begeisterung für Kurz- und Trickfilme wurde ich Journalist. Die Besuche in Oberhausen genügten mir nicht mehr. Ich wusste, es gab in Europa Festivals, die ausschließlich dem Animationsfilm gewidmet waren. Zum Beispiel in Annecy. Da wollte ich hin. Aber wie?

Ich wandte mich an Freund Michael Lentz, den bei der *WAZ* für Literatur und Film zuständigen Redakteur. Er hatte mir von Anfang an Illustrationsaufträge verschafft, da er für die Auswahl der Kurzgeschichten verantwortlich war, die damals zum festen Repertoire der Tageszeitungen gehorten. Er besaß das Privileg, dass er jedes Jahr zum Festival nach Cannes fuhr und darüber berichtete. Dort verbrachte er die Tage und Nächte in einer obskuren Bar, dem Petit Carlton, in der Rue d'Antibes, wo er mit Peter und Uli Schamoni und anderen Habitués Dauerskat spielte. Er war ein bei allen beliebter Pfiffikus, der sich das Leben leicht machte, unzählige Affären hatte, die ihn zu den abenteuerlichsten Lügengebäuden zwangen, über die alle Freunde informiert waren, sodass sein Doppel- und Dreifachleben sehr bald ans Licht kam und er ständig Zoff hatte, wie er selbstkritisch anmerkte. Je nach seiner Umgebung war er der Typ des amerikanischen Journalisten, nur dass er keinen Hut trug, den er aus der Stirn schieben konnte, oder ein biederer Kleinbürger mit Kneipenstammplatz.

Ihn also fragte ich, wie ich es anstellen könnte, um als Zeichner in Annecy dabei zu sein.

»Fahr doch als Korrespondent der *WAZ* hin. Einen kleinen Artikel über Trickfilme wirst du für uns ja wohl zustande bringen.«

Da war er wieder, der zufällig aufgezeigte Weg in eine neue Richtung. Ich fuhr hin und wurde Filmkritiker.

Im Laufe eines Jahres hatte ich herausgefunden, wo die interessantesten Festivals stattfanden, wobei sich meine Beurteilung nach der Qualität der lokalen Gastronomie richtete. Denn ausländische Journalisten wurden in Frankreich und in Italien großzügig eingeladen. Die Veranstalter bezahlten nicht nur die Hotels, sie versorgten uns auch mit Gutscheinen für Restaurants, die man sich aussuchen konnte! Jedenfalls war das in Tours, Annecy und Bergamo so, und dort lernte ich das Essen auf einem Niveau kennen, das mir bis dahin unbekannt war.

Mein Interesse an der guten Küche teilten nur wenige Cineasten. Die allerdings nahmen sogar die ziemlich primitiven Zimmer des Hotels Cappello d'Oro in Bergamo in Kauf, weil unten im hauseigenen Restaurant die beste Küche der Stadt zu genießen war. Ich erinnere mich an Familienfeiern, bei denen Lachse und andere Fische von mehr als einem Meter Länge auf großen, silbernen Platten in den Saal getragen wurden. Wir schafften es immer, von den feiernden Familien, denen unsere Neugier nicht entging, eingeladen zu werden, von ihrem Festmahl zu probieren. Einer der Ersten in unserem Klub war Enno Patalas, in dessen Schwabinger Wohnung seine Frau Frieda Grafe aufwendige Abendessen auftischte. Sonst erinnere ich mich vor allem an den genialischen Uwe Nettelbeck und an englische Kollegen, die sich nicht scheuten, in das nächstgelegene Drei-Sterne-Restaurant zu gehen, wo sie für Haute-Cuisine-Mahlzeiten aus eigener Tasche zahlen mussten. Dazu gehörte Derek Hill, der zu Hause in London einen Bus mit behinderten Kindern zur Schule chauffierte. Als er mir die Quelle seines Knoblauchatems nannte, das Charles Barrier in Tours, eines von Frankreichs Spitzenrestaurants, war ich nicht so schockiert wie Jahre später, als mir erzählt wurde, er sei als Pornoproduzent unangenehm aufgefallen.

Überhaupt ist es rückblickend interessant, sich vor Augen zu führen, was aus all diesen hoffnungsvollen jungen Männern und Damen später wurde. Da hüpfte einer vor Lebensfreude auf der Kühlerhaube meines Triumph TR 4 herum und krähte dabei »Baby, baby, baby«, wie er es soeben bei seinem ersten Besuch in London gehört hatte, und der mir eine der kuriosesten Tanzstunden meines Lebens vermitteln sollte: Roman Polański. Da rollte sich in Knokke-le-Zoute in der Eingangshalle des Festspielhauses eine nackte Japanerin in einen Teppich und blieb dort stundenlang liegen. Sie hieß Yoko Ono und bewarb sich am nächsten Tag um den Titel der Miss Busen, den sie gerechterweise nicht errang. Beim selben Experimentalfilm-Festival 1954 sah ich alle Filme, die später als Avantgarde berüchtigt wurden, weil ihnen der Duft von Haschisch vorauswehte, unter dessen Einfluss sie mehr oder weniger gedreht wurden. Manchen wurden staatsgefährdende Intentionen zugeschrieben, andere als moderne Pornografie überschätzt. Hier präsentierten sich zum ersten Mal in Europa Dokumentarfilmer wie D. A. Pennemaker, dessen mit wackeliger Handkamera gedrehte Berichte über die Vietnamproteste auf dem Washington Square die folgenden Studentenunruhen beeinflusst haben. In diesem Trubel pseudorevolutionärer Filmkunst lernte ich über einem Teller Meeresfrüchte Roland Topor kennen. In Oberhausen erklärte eine Gruppe ernsthafter junger Filmemacher den Tod von Papas Kino, auf alten Fotos sind alle zu erkennen, die in späteren Jahren die Plätze ihrer Väter einnehmen würden: Wim Wenders, Alexander Kluge, Edgar Reitz und die üblichen Verdächtigen.

Filmfestspiele waren damals noch nicht so sehr Jahrmärkte der Eitelkeit, sondern Geburtsstätten von Mythen. Ein Mythos betrifft mich selbst. So hat sich bei Beschreibungen meines Lebens eine Episode unter dem Titel »Siebecks Nacht mit Catherine Deneuve« festgesetzt. O là là! Die Wahrheit ist banal: In den sechziger Jahren war ich mit vielen polnischen Künstlern und Regisseuren befreundet, die ich in allen Gegenden Europas traf. Lenica lebte dauernd in Paris. Eines Tages, als Erika und ich uns wieder einmal an der Côte d'Azur aufhielten, kam er nach Cannes und lud uns zu einer Film-Uraufführung während des Festivals ein. Er hatte Freikarten, weil er für seinen Landsmann Roman Polański das Plakat zu dessen Film *Repulsion* gezeichnet hatte. Da Polański aufregende Kurzfilme gemacht hatte, die mich begeisterten, war ich neugierig. An die Vorstellung des Films habe ich keine präzise Erinnerung. Den Film fand ich eher unangenehm, das kranke Mädchen, das da auf der Leinwand langsam verrückt wurde, keineswegs attraktiv.

Nach der Vorstellung standen wir alle etwas ratlos auf der Straße herum, Polański, seine Hauptdarstellerin, Lenica und die Siebecks. Vom Starruhm waren die Französin und ihr Regisseur noch Jahre entfernt, und überhaupt lief das Festival in Cannes noch nicht so festlich und überdreht ab wie heute.

Irgendjemand schlug eine Bar vor, Brasilia oder so ähnlich, und wir zockelten los. Es war eine trostlose Bar, wo vier finstere Musiker mit angeklebten dicken Schnauzbärten, die wie versprengte Revolutionäre von Pancho Villa aussahen, die damaligen Modetänze Cha-Cha-Cha und Rumba spielten. Außer uns waren keine Gäste in der halbdunklen Bude. Die nächste Viertelstunde verstrich damit, dass Lenica und Polański sich angeregt in ihrer Muttersprache unterhielten und sich um ihre Mitläufer nicht kümmerten. Da Mademoiselle kein Englisch sprach (oder keine Lust hatte, Englisch zu sprechen) und unser Französisch noch sehr rudimentär war, wurde die Situation langsam peinlich. Wir nippten gelangweilt an unseren Drinks, während die beiden Polen schnatterten, als hätten sie uns völlig vergessen. Da stupste Erika mich an und meinte, ich solle doch wenigstens einmal mit diesem Mädchen tanzen.

Ich tanzte gerne damals, aber wirklich in Fahrt kam ich nur bei Jazzmusik. Diese Rumbakugeln schwingenden Banditen lähmten mich eher, denn für einen Cha-Cha-Cha gab es, was ich wohl wusste, vorgeschriebene Schritte und Figuren – von denen ich keine Ahnung hatte.

Mir schwante nichts Gutes, als ich mich schließlich erhob und Catherine Deneuve um einen Tanz bat. Ich hatte einen künftigen Weltstar im Arm, eine Frau von überwältigender Schönheit (wie nur wenige Jahre später die Kritiker schwärmen würden), und stolperte über ihre Füße, stolperte über meine Füße und hatte überhaupt das Gefühl, in einen Tausendfüßler verwandelt zu sein.

Ich verfluchte nicht nur die mexikanische Rasselbande, weil die nicht in der Lage waren, einen anständigen Boogie-Woogie zu spielen, sondern nahm es mir selber übel, dass die zweifellos existierenden Reize dieses jungen Filmstars bei mir keine Wirkung zeigten. Heute weiß ich, dass die Beschämung, einen populären Tanz nicht zu beherrschen, mir so sehr zusetzte, dass ich blind war für die Schönheit dieses Mädchens. Wenn ein Jungkoch unter den Augen seines Chefs ein Omelett ruiniert, wird er auf ähnliche Weise von anderen Dingen um ihn herum keine Notiz nehmen können. Männer sind so, wenn sie noch nicht wirklich erwachsen sind.

Es kam noch zu einem weiteren Tanz, der genauso deprimierend verlief wie der erste. Das war es dann.

Viele Geschehnisse, deren Zeuge ich damals war, sind im Haus der Geschichte zu besichtigen, und viele Einzelleistungen landeten in den verschiedenen Museen. So die Trickfilme von Lenica, Borowczyk und den Jugoslawen, denen teilweise die Collagen in Max Ernsts *Une Semaine de Bonté* als Vorbild dienten, und für die ich mich ein ganzes Jahrzehnt brennend interessierte. Sie hatten nicht das Geringste mit den ulkigen und infantilen Animationsfilmen zu tun, die heute fast allein den Stil des zeitgenössischen Trickfilms vorgeben. Es waren Kunstwerke eigener Art, meistens bedeutungsschwer im Inhalt und avantgardistisch in der Form. Ihre Originalität faszinierte mich derart, dass ich auch solche Filme machen wollte.

Dado Kolman versprach, dabei zu helfen. Er war der Direktor von Zagreb Film und Sohn eines exekutierten serbischen Ministers, dessen gute Manieren und Sprachkenntnisse ihn für die Verbindungen des Filmstudios zum westlichen Ausland unentbehrlich machten. Ihn und die anderen wichtigen Vertreter der Filmkunst lernte ich in Oberhausen kennen. Er lud Erika und mich ein, im Zagreber Filmstudio zu arbeiten, wo wir einen Film ganz nach unserem Gusto produzieren könnten. Das ließ ich mir nicht zweimal sagen, und so tauchten wir sehr bald in Zagreb auf. Die abenteuerliche Wohnungssuche in der heißen und lauten Stadt werde ich nie vergessen: die angeketteten Fußmatten vor den Wohnungstüren; die Vermieterin, welche den ganzen Tag Speck und was weiß ich auf dem Herd kochte, um Seife herzustellen; die Lastwagenflotte, die nachts vor unserem Zimmer parkte und deren Motoren im Morgengrauen zum Warmwerden angelassen wurden. In einer Wohnung hatten wir den Eindruck, dass die gesamte Nachbarschaft unsere Toilettenartikel mitbenutzte. Ich kann mich heute nur wundern, welche Widerstände und Unannehmlichkeiten junge Menschen auf sich nehmen, ohne Amok zu laufen, bloß weil sie eine nebulöse Vision haben, welche, so hoffen sie, sich in eine wunderbare Realität verwandeln würde.

Die Realität in Zagreb war dann tatsächlich wunderlich.

Ihre erfreulichen Seiten verdankten wir den dortigen Zeichnern und Regisseuren, die uns gute Freunde wurden, mit denen wir Tag und Nacht zusammen waren, unter anderem auch, um meinen Trickfilm zu produzieren. Der geriet nur zu einem primitiven Entwurf, fand bei einer internen Vorführung allerdings das Lob von Vlado Kristl, der bald nach uns das sozialistische Land verließ und in München sesshaft wurde, wo er bemerkenswerte Filme drehte und uns in Widdersberg oft besuchte, weil er sicher war, bei uns ein anständiges Essen zu bekommen.

Durch Tito von Moskau unabhängig geworden, war in Jugoslawien – vor allem in Kroatien – die graue, sozialistische Tristesse nicht so spürbar. Jedenfalls nicht im Umfeld von Zagreb Film, wo wir uns zwangsläufig ausschließlich bewegten. Wir fuhren mit Fred Zinnemann aufs Land nach Hlebine zu Ivan Generalić, dem damals international berühmten Maler, dessen stilbildende Hinterglasbilder dem amerikanischen Regisseur aber zu teuer waren. Wir bedauerten Orson Welles, der sich vor Ungeziefer fürchtete und sein Hotel fast nie verließ, in der Hotelbar. Das Ambiente des Neubaus war tatsächlich so scheußlich, dass wir uns wunderten, ihn außerhalb seines Bettes angetroffen zu haben. Aber wahrscheinlich wimmelte es auch dort von Flöhen, die in Zagreb die Stadt beherrschten wie die Tauben Venedig.

Immer aber gingen wir mit Dado, Mladen Feman und Saco Marks auf die Suche nach privaten Kleinrestaurants, von denen es nicht wenige gab. Dort aßen wir köstliche Deftigkeiten und tranken Weißweine in Fasskellern. In manchen Nächten zitierten unsere Freunde Goethes *Osterspaziergang* auf Deutsch, wenn wir auf dem Heimweg waren. Ihre literarische Bildung war erstaunlich und bewirkte, dass wir in Deutschland längere Zeit alle jugoslawischen Autoren lasen, derer wir habhaft wurden. Auch die abendlichen Exkursionen zu den besseren Bratspießen hatten nachhaltige Wirkungen. Das Jagdfieber bei der Suche nach guten Küchen begann hier und verließ mich mein Leben lang nicht.

Die Umstände brachten es mit sich, dass das Hauptthema meiner journalistischen Arbeit dem Trick- und Kunstfilm gewidmet war. Es kamen auch andere Themen hinzu. Wenn Rolf Becker, der damalige Literaturredakteur des *Spiegel*, mit dem ich befreundet war, mal keine Lust hatte, für eine Beckett-Aufführung nach Ulm zu fahren, fragte er mich, ob ich diesen Termin für ihn wahrnehmen könne. Für den *Spiegel*, wenn auch anonym, über Becketts *Spiel* zu schreiben, reizte mich genügend, um meine journalistischen Bemühungen auch auf andere Kulturthemen auszuweiten. Bei den Ionesco-Premieren, die Karl-Heinz Stroux in Düsseldorf nacheinander in Szene setzte, war ich stets dabei. Dabei fand ich seine Behringer-Saga nicht sehr überwältigend. Mir haben seine frühen, absurden Stücke wie *Die Stühle*, *Die kahle Sängerin* und *Die Nashörner* mehr bedeutet. Letztere allein aus dem Grund, da ich in der Verfilmung von Jan Lenica einen albernen Auftritt als Realfoto habe (der Film ist ein Zeichentrickfilm und wurde in Deutschland produziert).

Beiläufig machte ich die Erfahrung aller Autodidakten, die ihr Unwissen durch gründliche Recherchen über den Gegenstand ihrer Kritik überwinden, dass sich auf diese Weise Wissen anreichern ließ. Das fiel mir am leichtesten, wenn es um bildende Kunst ging. Also setzte ich mich mit den großen Ausstellungen jener Zeit auseinander, was mir den ersten Besuch eines Fernsehteams einbrachte, nachdem ich über die Darmstädter Ausstellung »Zeugnisse der Angst in der Modernen Kunst« geschrieben und die übliche Bedeutungsvertiefung durch die Kunstkritik beklagt hatte.

Trockene Mauern und trockene Weine

Leser, die mir bis hierher gefolgt sind, möchten vielleicht wissen, was es mit den Trockenmauern überhaupt auf sich hat. Das sind Mauern aus Steinen verschiedener Größe, die zum Abstützen der landwirtschaftlich genutzten Terrassen dienen. Der Charme der Provence besteht – wie jener der Toskana – aus ihrem hügeligen Gelände. Ihr wirtschaftlicher Nachteil darin, dass alle Nutzflächen und Gärten an Abhängen liegen. Diese haben die Bauern in Terrassen verwandelt und zu deren Abstützung die pittoresken Mauern gebaut. Trocken bedeutet, dass sie ohne Zement zusammengefügt sind. Das gibt ihnen das typische, romantische Aussehen. Heutige Maurer, auch jener schwarze Bebopper, der meine Mauern angelegt hat, pfuschen natürlich, indem sie eine erste senkrechte Lage Steine bedenkenlos zementieren. Die davor aufgeschichteten Steine ohne Zement haben dadurch keinen sonderlich starken Druck mehr auszuhalten und wirken dennoch »authentisch trocken«.

Es scheint, als wäre ich mit dieser Bemerkung endgültig beim Wein angekommen. Ein recht langer Weg. In meinem Elternhaus gab es nur einzelne Hinweise auf das deutsche Kulturgetränk, was im Fall meines Vaters verwundern muss, denn ich erinnere mich, dass er lachend davon berichtete, wie er in seiner Zeit als Bankangestellter oft so viel getrunken hatte, dass er für einen Tag farbenblind war. (Eine Folgeerscheinung, von der ich später nie etwas gehört habe.) Meine Mutter trank verständlicherweise nicht. Es existieren Fotos aus der Frühzeit ihrer Ehe, die auf Reisen in deutsche Weinbaugebiete hinweisen. Mein Vater, der als Jungunternehmer das gehobene kulinarische Leben zweifelsfrei genossen hatte, war, von seinen

Parteigenossen verführt, ins Lager der Bierfreunde übergelaufen, wo es in den Augen meiner Mutter ebenso ordinär zugegangen sein muss, wie seine Parteigenossen es waren. Die taten ihr allerdings den Gefallen, unsere bürgerliche Wohnung nie zu betreten. Mein Vater hingegen kam mit ihnen abends in Kneipen zusammen, wo er, wie ich mutmaßte, auch Freundinnen traf, deren Existenz meine Mutter, wie sie Jahre später einmal andeutete, als selbstverständlich annahm.

Der Alkohol, der in meiner Gegenwart konsumiert wurde, als der Herr Vater bereits zur Germanisierung des deutschen Ostens aufgebrochen war, war selbst gemachter Eierlikör, den ich mit Begeisterung aus den flachen Art-déco-Gläsern leckte, in denen er serviert wurde. Ansonsten lebte die Restfamilie Siebeck praktisch abstinent. Da ich auch als Flakhelfer in dieser Hinsicht auf dem Trockenen saß, kam ich erst nach dem Krieg mit Alkohol in Berührung. Dabei handelte es sich dann um schwarz gebrannten Schnaps übelster Sorte, von dem mir auch regelmäßig übel wurde. Es dauerte noch mehrere Jahre, bis ich dem Wein begegnete.

Es war nicht gerade ein würdiger Anlass, sondern eine Reise mit dem Samba-Zug an die Mosel. Das konnte man als eine Fortsetzung der im Nazi-Deutschland beliebten Kraft-durch-Freude-Reisen betrachten oder ein erstes Beispiel der populären Pauschalreisen Ruhrgebiet-Paris. Der Zug fuhr nur bis zur Mosel, besaß eine Lautsprecheranlage und ein Endlosband mit Samba-Melodien, was die Passagiere in die richtige Weinlaune versetzen sollte. Diese hatten mehr Ähnlichkeit mit Fußballfans auf dem Weg zur Straßenschlacht als mit wissbegierigen Weinnovizen. In einem Winzerdorf war Endstation, wo wir uns mit genügend Flaschen billigen Rieslings eindeckten und die Hügel erstürmten, um uns dort sinnlos zu betrinken.

Wie viele Flaschen ich seitdem getrunken habe, weiß ich nicht; kein Buchhalter und kein Internist haben sie gezählt. Die

Freude am Weintrinken hat nie aufgehört, doch ist sie letzten Endes von der Widerstandsfähigkeit des Organismus abhängig. Den Einfluss des Weins auf die Leber schätze ich beispielsweise als viel geringer ein, als er den Warnungen der Gesundheitsapostel entsprechend sein müsste. Ich habe sehr viele Winzer kennengelernt, die alle starke Trinker waren. Natürlich tranken sie nur Wein, nichts anderes. Besaßen sie ein gewisses Renommee, hatten sie in der Saison fast jeden Tag mehrere Besuchergruppen im Keller, mit denen sie Weine degustierten. Sie überstanden solche Torturen mit Würde und ohne merkbare Folgen. »Es ist alles eine Frage der Übung«, erklärte ein badischer Winzer seine gute Verfassung. »Sehen Sie sich meinen Vater an, der ist vierundachtzig und trinkt täglich seine drei Liter. Und wenn wir eine Degustation im Hause hatten, geht er hinterher hin und trinkt die Reste aus den halb vollen Gläsern!«

Meine enge Beziehung zum Wein verrät sich dadurch, dass ich seit Jahrzehnten überwiegend Kombis fahre. Also Autos mit einem übergroßen Laderaum. Denn beim Kauf meiner Autos denke ich immer daran, dass ich zusätzlichen Platz brauche, um Wein zu transportieren.

Tatsächlich war ich einmal sogar Weinhändler. Das war zu Anfang der siebziger Jahre. Auf einer Burgundreise hatte ich in einem Restaurant einen Wein getrunken, der mir besonders gut schmeckte. Es war ein Chablis Premier Cru, und ich machte am nächsten Tag einen Umweg zu den Winzern an der Yonne und besuchte den Produzenten des Weins in seinem Keller. Als ich den freundlichen Graukopf nach zwei Stunden wieder verließ, hatte ich drei Kartons seiner Weine im Auto. Mehr passten nicht hinein, denn es war ein kleines Auto, und mehr hätte ich auch nicht kaufen können: Meine Reisekasse war ebenfalls klein.

Zu Hause angekommen, nahm ich einige Flaschen aus meiner Beute mit zu meinem Freund Günter Holland, der nicht unvermögend war und wie ich den Wein liebte. Wir probierten

einen Premier und einen Grand Cru, und er sprach die schicksalhaften Worte: »Wolfram, wenn du solche Weine öfter ins Land holen würdest, hättest du in mir einen Stammkunden!«

Mit diesem Versprechen im Ohr näherte ich mich bald wieder der Côte de Beaune und der Côte de Nuits. Diesmal fuhr ich ein großes Auto (von Günter geliehen) und hatte ein dickes Portemonnaie (Sparbuch geplündert). Mit der Chuzpe eines Hochstaplers bremste ich vor dem bescheidenen Häuschen eines Winzers in Meursault. Er hieß Jobard. Ich hatte seinen Genevrières und seinen Poruzot notiert, weiß aber nicht mehr, woher ich den Tipp hatte. Jedenfalls erwies er sich als wunderbar. Seine Kinder, die mein Auto bestaunten (nicht weil es so groß war, sondern weil sie in dem Alter waren, das die Welt grundsätzlich als untersuchenswert erscheinen lässt), haben die Domaine zu einer der besten des Ortes entwickelt.

Monsieur Jobard schickte mich zu seinem Kollegen Potel in

Volnay, zur Domaine de La Pousse d'Or, und so kam es, dass ich den Heimweg mit einer Fuhre Wein antrat, auf die jeder Importeur stolz sein konnte.

Danach hatte mich das Weinfieber gepackt. Die Neugier, mit der ich mich den Domains näherte, die Spannung beim ersten Probeschluck im Keller, die Illusion über die Qualität dieses Tropfens und die Unsicherheit bei der Menge der Bestellung – dieser Adrenalin steigernden Prozedur war ich in kurzer Zeit verfallen. Ich nehme an, allen Weinhändlern geht es so: Der Einkauf ist wie eine Droge (wohingegen der Weinverkauf ein Albtraum sein kann). Ich ließ mir Briefbögen drucken, die mich als Weinimporteur auswiesen, hatte einen auf Weintransporte spezialisierten Spediteur gefunden, der auch die Formalitäten am Zoll erledigte, und in meinem Keller stapelten sich die Weinkartons bis zur Decke. Jetzt fehlten mir nur noch die Kunden.

Ich lud alle Freunde im Umkreis von hundert Kilometern zur Weinprobe ein, die gerne kamen und am Ende der Degustation betrunken auf dem Rasen lagen. (Es war Sommer, und ich wohnte auf dem Land bei München.)

Klugerweise betrachtete ich meinen Weinhandel nicht als lukrativen Beruf, der mich und meine Familie ernähren würde, sondern nur als Mittel zu dem Zweck, einen gut gefüllten Keller zu besitzen. In dieser Absicht besuchte ich alle Weinbaugebiete Frankreichs (weil ich in Frankreich sowieso ständig wegen meiner Restauranttests unterwegs war) und lernte alles, was ich über Wein lernen musste, um mich auch bei renommierten Winzern selbstbewusst als *Négociant en vin* vorstellen zu können.

Mein Kundenkreis beschränkte sich weiterhin auf Freunde und Bekannte, sodass die ganze Unternehmung ein fröhliches Hobby blieb. Bis mir mein Steuerberater sagte: »Sie sollten mit dem Handel Schluss machen. Da Sie die Hälfte Ihrer Flaschen offenbar selber trinken, verdienen Sie nichts daran. Bleiben Sie beim Schreiben, das ist sicherer!«

Ich musterte meine Vorräte, unter denen die Ladenhüter immer zahlreicher geworden waren und beendete nach nicht ganz zehn Jahren die kaufmännische Phase meines Lebens. Aber immer noch transportiere ich Weinkisten in einem großen Auto.

Nicht nur im Auto. Auch im Flugzeug.

Als ich zum ersten Mal nach New York flog, hatte ich sechs Flaschen Calon Segur im Koffer, weil ich fürchtete, im puritanischen Amerika nichts Ordentliches zu trinken zu kriegen. Es war eine bemerkenswerte Ankunft. Der Zoll hatte nichts gegen meine Flaschen, aber der Taxifahrer hatte etwas gegen uns. Sehr bald verließ er die Schnellstraße und rumpelte durch finstere, verfallene Vororte, die allen Klischees entsprachen, die man aus Gangsterfilmen von Big Apple hatte. Es waren die berüchtigten siebziger Jahre, als man auf Partys nur ein Thema kannte: wer wann zum letzten Mal überfallen worden war. Unser Taxifahrer beteiligte sich an diesem Spiel, indem er sich umdrehte, als wir an einer einsamen Ampel standen, und mich in barschem Ton fragte: »Was glauben Sie, was diese Fahrt kosten wird, Mister?« Er war ein großer Kerl und so eindrucksvoll, dass er keine Pistole brauchte, um seiner Frage Nachdruck zu verleihen.

Ich reckte mich, um den Taxameter ablesen zu können. Aber siehe da, es war kein Taxameter da. Ich stellte mir vor, wie er uns in dieser gottverlassenen, dunklen Gegend rausschmeißen und mit unseren Koffern auf und davon fahren würde, die unter anderem sechs Flaschen Calon Segur enthielten.

Die Frage beantwortete er selbst: »Fünfundsechzig Dollar!«

Mir war es egal. Ich brüllte ihn an: »Machen Sie das Radio lauter, bitteee!«

Er war verblüfft und gehorchte. Ich hatte mit einem halben Ohr das Wort Mogadischu gehört. Dort stand die von RAF-Terroristen entführte Lufthansamaschine voller Geiseln. Sie war soeben gestürmt worden, die Geiseln befreit. Wir jubelten.

Taxi-Diddy war beeindruckt. »Sind Sie Deutsche?«, murmelte er kopfschüttelnd und fuhr uns nach Manhatten. Fünfzig Meter vor dem Hotel hielt er an, damit ich nicht den Portier holen konnte, kassierte den Wucherpreis und half uns, die Koffer auf den Bordstein zu stellen.

Am nächsten Tag entdecke ich gleich um die Ecke (wir wohnten im Regency) Sherry-Lehmann, den damals besten und grandios ausgestatteten Weinladen New Yorks. Den Calon Segur tranken wir in unserer Suite mit Roland Topor, der zur gleichen Zeit in New York war und sich nicht allein auf die Straße wagte. Deshalb hatte er aus Paris zwei hübsche Mädchen mitgebracht.

Ein anderer Weintransport liegt noch viel länger zurück. Wir waren damals auf dem Weg nach Dubrovnik, wo wir uns mit kroatischen Freunden beim Theaterfestival treffen wollten. Im Auto hatte ich einige Flaschen Marcobrunner Riesling 1958. Wahrscheinlich war es für lange Zeit der letzte Riesling, der noch trocken ausgebaut war. Danach begann die schreckliche Zeit der lieblichen Rieslinge mit Süßreserve. In einem Alpendorf las ich im Vorbeifahrens die Schlagzeile einer aushängenden österreichischen Boulevardzeitung: Hemingway hatte sich erschossen.

Ein Schock in 2000 Meter Höhe. Wir waren Hemingway-Fans der ersten Stunde; doch das waren damals alle, die Kafka von Sherlock Holmes unterscheiden konnten, lange bevor Tequila das Modegetränk der Kuba-Urlauber wurde. Unsere Stimmung im Auto entsprach der Talfahrt von den Alpenpässen an die Adria: Sie fiel auf null.

Am Nachmittag kamen wir in Rijeka an, wo die Fähre lag, die uns bis Dubrovnik bringen würde. Ich parkte das Auto, und wir bezogen unsere Kabine auf dem rostigen Partisanentransporter. Überall hingen wilde Typen herum mit einer Sliwowitzflasche in der Hand.

Es war heiß, die Kabine eng und dreckig, und der Tod Hemingways verdarb uns die Vorfreude auf die prächtige Renaissancestadt. Außerdem waren wir wohl die Einzigen an Bord, die je ein Buch von Hemingway gelesen hatten. Deprimiert entkorkte ich die erste Flasche, die wir eigentlich mit Mladen trinken wollten. Der Wein war warm. Dann öffnete ich die Flasche für Saco. Der Wein war sauer. Die nächste Flasche, die ich in lustiger Gesellschaft mit Dado, Maja und Vlado leeren wollte, konnte unsere Stimmung nicht heben: zu warm und zu sauer. Als wir am nächsten Morgen im schönen, alten Ragusa eintrafen, waren wir verkatert. Das blieben wir auch, bevor und nachdem wir *Hamlet* auf grandioser Freilichtbühne auf Serbokroatisch monologisieren gehört hatten: »biti ili ne biti«. Danach mussten wir uns an Plavac gewöhnen, was das Leben auch nicht erleichterte.

So begleitete mich der Wein von einer Epoche zur anderen, oft als Zuladung im Auto. Aber auch in den Zugabteilungen der Bundesbahn haben wir Flaschen geleert. Oft machten wir mit Freunden Ausflüge zu entfernten Restaurants, auf deren Küche ich neugierig war. Das wurde dann sorgfältig vorbereitet mit den üblichen Zutaten eines Edelpicknicks: Räucherlachs und -aal, Kaviar und Wachteleier, Gänseleber- und Wildterrinen von einem der guten Münchener Köche und, natürlich, der passende Wein. Für dessen Kühlung eignete sich die primitivste Methode am besten: in pitschnasse Zeitungen dick einwickeln und in einer wasserdichten Tasche transportieren. Ich erinnere mich, dass ich bei solcher Gelegenheit den Château Chalon kennenlernte, den einer der Expeditionsteilnehmer zusammen mit einem Blauschimmelkäse beigesteuert hatte. Es stellte sich heraus, dass der Spender und ich die Einzigen waren, die diesen oxidativ ausgebauten Jurawein mochten. Also mussten wir die Flasche auch allein leeren.

Daran hat sich bis heute nichts geändert. Keiner mag diesen

Wein, der erst nach sechs Jahren auf die Flasche kommt und der eine große Ähnlichkeit mit einem Fino hat. Die L'Oasis des Louis Outhier war lange Jahre mein Lieblingsrestaurant unter den Dreisternern, nicht zuletzt deshalb, weil Outhier viele mit Château Chalon verfeinerte Gerichte im Repertoire hatte.

Bei ihm lernte ich dann auch den Ygrec (»Y«), den trockenen Zweitwein von Château Yquem, kennen, den Outhier seinen Gästen gerne empfahl. Der »Y«, auch er eine Cuvée aus Sémillon und Sauvignon blanc, wurde nicht in jedem Jahr abgefüllt, da musste der Zustand der Trauben erst die ideale Kondition erreicht haben, damit Monsieur Mellies, der Kellermeister auf Yquem, sie für würdig erachtete, einen neuen Jahrgang zu repräsentieren.

Wie es aussieht, ist die Produktion dieses großartigen Weißweins eingestellt worden. Ich habe ihn jedenfalls seit Jahren auf keiner Weinkarte mehr gesehen.

Wie es dem Charakter des Weins entspricht, sind Begegnungen mit ihm immer erfreulich. Wobei ich einschränkend hinzufüge: wenn er zum Essen getrunken wird. Daraus habe ich die Konsequenz gezogen, Wein ausschließlich zum Essen zu trinken. Und dort nie zwei gleiche Flaschen hintereinander, es sei denn, ich hätte einen so großartigen Wein im Glas, den kein anderer übertreffen kann.

Dass das trotzdem immer möglich ist, gehört zu den weiteren wunderbaren Eigenschaften des Weins, mit denen er mich immer wieder überrascht und beglückt.

Meine intensive Beschäftigung mit dem Wein verhalf mir zu einem späten Triumph. Es war in der Zeit, die Barbara und ich in Wien verbrachten. Unsere Freunde, die nicht ohne Verblüffung beobachteten, mit welcher Leidenschaft wir uns dem Studium der österreichischen Weine widmeten, arrangierten eine Begegnung mit dem berühmten »Weinpfarrer« Hans Denk. Dieser Gottesmann aus dem Waldviertel war dafür berühmt, dass er jeden Wachauer Wein schon daran erkennen konnte, mit welchem Geräusch er aus der Flasche gluckerte. Er war, wie es sich für einen Pfarrer gehört, sehr dick und, was bei einem Weinkenner nicht wunderte, stets betrunken. Außerdem hatte er eine feste Freundin, eine Akte bei der Polizei wegen Fahrens unter Alkoholeinfluss und landete ab und zu im Straßengraben. Er besuchte Wien häufig mit seiner kettenrauchenden Freundin, um bei einem Heurigen die Weine zu segnen oder sonst wie zu promoten.

Die größte Energie widmete er aber der Gastronomie in seinem Sprengel, wo jedes kleine Gasthaus bald über einen überdurchschnittlich gut sortierten Weinkeller verfügte. Geradezu dafür berühmt war und ist der Gasthof Schwarz in Nöhagen. Dort wollte uns Herbert Völker dem Pfarrer Denk vorstellen.

Als wir in dem schmucken Gasthof ankamen, sah ich, dass dieses Treffen ein Ereignis werden würde. Ein großer, runder Tisch war speziell für uns eingedeckt. Er trug mehr Gläser, als ich zu Hause besitze. Natürlich Riedel-Gläser; weil kein österreichischer Weinfreund den Wein aus anderen Gläsern trinken würde. Es stand auch eine gefüllte Karaffe dort. Sie enthielt Rotwein, was mir angesichts der benachbarten Wachau und der allgemeinen Vorliebe der Niederösterreicher für Weißweine ungewöhnlich vorkam.

Hans Denk erschien bald, verbreitete Bonhomie und fackelte nicht lange. Mehrere Flaschen wurden entkorkt, überwiegend Wachauer Rieslinge, und es begann eine kleine Degustation, die der Pfarrer sachkundig kommentierte.

Doch dann, nachdem wir unsere Zunge bei frischem Backwerk neutralisiert hatten, griff er zur Karaffe, füllte ein Glas und reichte es mir. Mit einem listigen »Na, was glauben Sie, was das ist?« stellte er mich auf die Probe. Blindverkostung nennt man das, ein Ritual, mit dem er sehr vertraut war. Ich weniger, wie mir bewusst war, denn ich hatte mich an derartigen Duellen nur selten beteiligt. Doch als ich das gefüllte Glas hob und es nur in die Nähe meiner Nase brachte, wusste ich sofort, um welchen Wein es sich handelte. Ich war so sicher, dass ich das Glas wieder absetzte und stolz erklärte: »Natürlich weiß ich, was das ist. Es ist ein Bordeaux, ein Saint-Estèphe, 2ème Cru – ein Château Montrose!«

Er war es tatsächlich, vom außergewöhnlichen Jahrgang 1990. Hans Denk bekreuzigte sich; Herbert Völker behauptete, er habe den Pfarrer »Gott sei seiner Seele gnädig« murmeln hören, und auch Barbara staunte ungläubig.

Doch es war kein Teufel im Spiel. Der Zufall hatte mir geholfen. Bei jedem anderen Spitzenwein hätte ich keine Unterscheidung machen können. Aber auf dem Château Montrose waren wir einmal zwei Tage zu Gast gewesen, bei welcher Gelegenheit sich mir dieser herrliche Wein auf – wie sich jetzt herausstellte – unvergessliche Weise eingeprägt hatte.

Da Herbert dieses ›Wunder von Nöhagen‹ ausführlich in der *Kleinen Zeitung* beschrieb, war ich fortan in einschlägigen Kreisen als profunder Weinkenner bekannt.

Als ich in meiner *Zeit*-Kolumne einmal über Weine schrieb und als meinen Weinkonsum eine Flasche am Tag angab, bekam ich viele entsetzte Briefe. Ich müsse alkoholkrank sein, konstatierten empörte Leser, denen die Existenz eines bedenkenlosen Genießers Abscheu einflößte. Sie entsprechen der Definition Henry L. Menckens, der vermutete, Puritaner seien Menschen, welche die Vorstellung, dass andere Menschen glücklich sein könnten, um den Schlaf bringt.

Im Laufe meines Lebens als Restaurantkritiker wurde ich zwangsläufig, aber nicht ungern zum Weinkenner. Der Wein hat als Genussthema in Deutschland eine viel einfachere Karriere gemacht als die Kochkunst. Für beide gab es zunächst keine

Qualitätsmaßstäbe. Von ihrer kulturellen Bedeutung war nach dem Krieg nichts mehr übrig geblieben. Die Weinbauern hatten jegliche Orientierung verloren und ließen sich von ebenso ahnungslosen Funktionären auf einen verhängnisvollen Weg führen. Sie produzierten ein überwiegend süßliches, parfümiertes Gesöff und ruinierten den Ruf des deutschen Weins gründlich. Jedoch gab es zu allen Zeiten Weintrinker, die gegen die Verfälschung ihres Lieblingsgetränks protestierten. Schon im Mittelalter wurden schlechte Weine fassweise von Brücken in die Flüsse geschüttet; manchmal zusammen mit ihren Erzeugern.

So rebellisch waren die Konsumenten in den siebziger Jahren nicht. Aber sie verlangten bessere Weine. Einer der wenigen Unzufriedenen war selber Winzer, Franz Keller aus Oberbergen im Kaiserstuhl. Er legte sich öffentlich mit den Funktionären des Badischen Weinbaus an, deren Politik er als katastrophal bezeichnete. Das lokale Gezänk rief einige Journalisten auf den Plan, die ebenfalls lieber bessere Weine getrunken hätten als das, was als »von der Sonne verwöhnt« bundesweit angepriesen wurde. Sie polemisierten für einen trockenen, unverfälschten Wein. Immer wieder und immer lauter. Und sie hatten Erfolg. Es dauerte nur wenig mehr als zehn Jahre, und Deutschland erlebte eine Renaissance des Deutschen Weinbaus, die wir alle nicht für möglich gehalten hatten. Während sich die Essgewohnheiten der Deutschen nur widerstrebend änderten, war dem reformierten Weinbau ein geradezu rasanter Erfolg beschieden. Ich bin der Meinung, dass deutscher Wein noch nie so gut war wie heute.

Was aber hatte die Weinbauern dazu gebracht, ihre Produktion zu ändern, und die Konsumenten bewogen, einen neuen Stil des Weins zu akzeptieren? Es war einzig und allein die Macht der Presse.

Die Journalisten standen dem Phänomen Wein zunächst ahnungslos gegenüber. Doch es gab Fachleute, die ihnen ziemlich genau erklären konnten, was im Weinbau geschah. Das waren die Winzer selber. Der Einfluss der Sonne auf die Trauben, des Bodens auf den Rebstock, das begreifen auch Zeitgenossen, die den Unterschied zwischen Maggi und Curry nicht erkennen. Essen und Trinken sind eben zwei verschiedene Sinneswahrnehmungen. Die Größe eines Rieslings ist leichter zu vermitteln als die Subtilität einer Hummersauce. Und eine Flasche leichter erreichbar als ein Gourmet-Menü.

Es stellte sich heraus, dass das Testen von Weinen entschieden unkomplizierter war als das der Speisen. Von den Kosten ganz zu schweigen. Diese Erkenntnis bewirkte eine schlagartige Zunahme von Weinexperten, von Texten über Wein und einer allgemeinen Akzeptanz der deutschen Kabinettweine und Spätlesen. Heute können wir uns die Einstellung der Franzosen, der Österreicher und der Italiener zu eigen machen, wonach die im eigenen Land produzierten Weine, ob weiße oder rote, für jedes Essen und für jeden Genuss ausreichen.

Die Verbreitung der Weinkenntnisse bedarf kaum noch der Unterstützung durch die Fach- und Tagespresse. Der Handel und die Winzer selber sind zu aktiven und erfolgreichen Vermarktern ihrer Produkte geworden. Landauf und landab werden Verkostungen organisiert, an denen auch Laien für einen Unkostenbeitrag teilnehmen können. Die Mehrzahl der Teilnehmer an solchen Degustationen ist jedoch eingeladen; es sind Journalisten.

Ich habe mich von solchen Schnorrertreffs immer ferngehalten. Meine Informationen über Wein hole ich mir beim Essen im Restaurant. Erst dort steht ein Wein wirklich auf dem Prüfstand, weil er zum Essen getrunken wird und nicht in kleinsten Portionen in Rekordzeit beschnüffelt, gesüffelt, runtergeschluckt oder wieder ausgespuckt wird.

Also habe ich mich genussvoll den Beratungen der jeweiligen Sommeliers anvertraut und die Weine meinem jeweiligen

Vermögensstand angepasst. Was bedeutete, auf die Kenntnis der spektakulären, großen Flaschen zu verzichten.

Überdies ist eine organisierte Degustation gar nicht so spaßig, wie der Laie sie sich vorstellen mag:

30 bis 70 Personen sitzen an langen Tischen. Vor ihnen stehen drei gleichförmige Gläser auf einem weißen Feld in Kreisen, welche nummeriert sind: 1 – 2 – 3. Am Kopfende der Tische stehen einige Männer, man kann sie kaum erkennen, wenn man am anderen Ende des Raums sitzt. Zu hören sind sie ebenfalls schlecht, einmal weil die Entfernung so groß ist, aber auch, weil einige Degustatoren in meiner Nachbarschaft ständig tuscheln. Der zuerst redende Mann begrüßt wahrscheinlich die Anwesenden, während ein langhaariger Jüngling am Nebentisch seinen Stuhl herumgedreht hat und mit einem jungen Bartträger redet, der mir schräg gegenüber sitzt. Es scheint, dass sie über die touristischen Vorzüge einer griechischen Insel reden. Da sie einige unwillige Blicke auf sich ziehen, senken sie die Lautstärke ihrer Konversation. So merke ich, dass am Kopfende ein neuer Herr im Zweireiher über ein Weingut redet. Er leitet, vermute ich, die erste Probe ein. Tatsächlich tauchen nach einigen Minuten, während ich heraushöre, dass er der Besitzer des fraglichen Weinguts ist, viele junge Mädchen auf, in schwarzen Blusen mit weißen Schürzen über unsichtbaren Röcken, und gießen nacheinander in die Gläser drei verschiedene Weißweine. Während in fünfzehn Meter Entfernung ein weiterer Herr die Conference übernimmt, der von den herumlaufenden Mädchen verdeckt wird, haben alle Degustatoren ein Glas genommen und halten es an die Nase. Manche machen das flüchtig, manche hängen ihren Rüssel so tief ins Glas wie möglich. Die einen schließen dabei die Augen, die anderen nicht. Auch unterscheiden sie sich darin, dass einige jetzt das Glas absetzen, ohne davon getrunken zu haben, während

andere erst trinken, bevor sie zum zweiten Glas greifen. Welche Gruppe zum besseren Ergebnis kommt, kann ich nicht beurteilen. An allen Tischen herrscht jetzt ein leises Gemurmel, das aber genügt, um die Stimme eines weiteren Redners zu übertönen. Der ist ein bekannter Kritiker, dessen spiegelnde Glatze täglich auf einer anderen Degustation zu sehen ist. Die beiden Griechenlandfahrer haben einen dritten Inselfreund gefunden, was den Geräuschpegel in unserer Ecke etwas anhebt und einen jugendlichen Tester eine wütende Grimasse ziehen lässt. Offenbar will er verstehen, was uns der Kritiker zu den drei Weinen sagt, die wir vor uns haben. Damit gehört er einer kleinen Minderheit an. Auch ich habe inzwischen an zwei Gläsern genippt, und das dritte ausgetrunken, weil der Wein nicht so sauer war wie die beiden anderen, die ich in einen Kübel spucke, der auch auf dem Tisch steht.

»Ziemlich mineralisch, nicht wahr?«, sagt eine Stimme hinter mir. Ich drehe mich um und erkenne einen Mann mit Dreitagebart und dicken Brillengläsern, den ich am Abend zuvor beim Galadinner kennengelernt habe. Leider habe ich seinen Namen vergessen.

»Aber die Frucht kommt gut raus«, antworte ich, wie es sich gehört, und setze hinzu: »Terroir!«

Um meinem Urteil Nachdruck zu verleihen, habe ich etwas lauter gesprochen, worauf auch andere Weinkenner ihre Stimmen erheben. Nun versteht hier unten kein Mensch mehr, was der Kritiker von dem Wein hält.

Die nächste Unruhe bringen die Mädchen in den Saal, die neuen Wein in die alten Gläser schütten beziehungsweise tröpfeln lassen. Ich beschließe, nicht mehr zu schlucken, weil mir sonst nichts mehr zum Spucken bleibt.

Am Kopfende berichtet ein Weingutbesitzer aus der Pfalz, mit welchen Schwierigkeiten er beim Wein Nummer 3 die Gärung unter Kontrolle kriegte, woraus ich schließe, dass der

Wein, den die Mädchen soeben in meine Gläser verteilt haben, ein Pfälzer ist. Kann aber auch sein, dass es Pferde waren, die er nicht kontrollieren konnte. Manche Rebhänge sind so steil, dass die Traktoren umkippen, und die Winzer deshalb mit Pferden arbeiten, deren Mist ein beliebter Dünger ist. Ich könnte ihn hinterher fragen, wenn der Kritiker, der jetzt über den unkontrollierten Pfälzer spricht, aufs Klo geht. An meinem Tisch sitzt ein älterer Kollege und macht sich Notizen. Ob er das Aroma von gerösteten Gamaschenknöpfen auch erschmeckt hat, das zusammen mit dem Duft von Pimpernelle fast texturell wirkt?

Man hatte uns gesagt, dass wir 80 Flaschen degustieren würden, jetzt haben wir die Rieslinge und die Grauburgunder hinter uns, der Kritiker hat seine Geschwindigkeit, ich meine das Lesetempo, gesteigert, seine Lautstärke sowieso, aber das bringt nix, denn wie es der Schicksal will – ich meine den Zufall, natürlich der, die, das Zufall –, haben sich zwei Kollegen vom *Starnberger Kreisboten* getroffen, welche früher dort gearbeitet hatten, aber den Bandloten verloren haben, 3:0, wenn ich richtig verstanden habe, was aber unver, nein, unwahrscheinbar ist, denn die Griechenfans gegen Juventus machen ein Böllenlerm, weil der Kritiker sich aufm Klo 49-mal eingeschossen hat und da vorne jemand versucht, die Selbstbeschreiung eines spaßigen, ich meine spanischen Winters zu übersetzen …

Erfahrungsgemäß ist es wichtig, dass der Wein die einzige Form von Alkohol ist, die man im Leben zu sich nimmt. Also kein Cognac, kein Whisky und sonstige Schnäpse, mit denen notorische Alkoholiker sich den Alltag versüßen. An diese Regel habe ich mich stets gehalten, auch wenn ich in Japan wie alle Japaner Sake getrunken habe (ohne ihn für die erstaunliche Küche des Landes notwendig zu finden). In Moskau ist Wodka dagegen unumgänglich, wenn man fette, geräucherte Fische vorgesetzt bekommt, die mit eingelegten, ranzigen Gurken eine infernalische Verbindung eingehen. Sie haben die gleiche Wirkung wie die Chinesische Mauer: Sie schrecken ab.

China habe ich gar nicht erst besucht. Die Chinesische Küche ist in ihrer vollendeten Form total verkünstelt und undurchschaubar; ihre populäre Form jedoch ein wüstes Durcheinander mit immer denselben acht Gewürzen.

Da sollte man die Küche der USA loben; sie kennt schließlich nur ein Gewürz: Ketchup. Als ich zum ersten Mal sah, wie sich alle Gäste der Oysterbar im New Yorker Zentralbahnhof diesen furchtbaren Seim auf frisch geöffnete Austern kippten, wünschte ich den Essern die Marx Brothers auf den Hals (Bin Laden war noch kein Thema). Es kam aber nur ein Jungkellner und goß eifrig Eiswasser nach. Da bedurfte es nur noch eines Ox Grills im Sonoma Valley, um mich zurück nach Old Europe zu wünschen.

Hier ist auch nicht alles in Butter. Dass die unvoreingenommenen Skandinavier sich hartnäckig an Speisen delektieren, die vielleicht den Wikingern als interessante Kreationen erschienen sein mochten, ist mehr als erstaunlich. Denn gerade die dänischen Köche entwickeln neuerdings einen Avantgardismus, der es in seiner Kühnheit mit den Spaniern aufnehmen kann. Dafür ist René Redzepi, der Küchenchef vom Noma in Kopenhagen ein Beispiel. Als ich ihn 2003 in seinem semirustikalen Lagerhaus am Hafen besuchte (das inzwischen zu einer Pilgerstätte der Gastro-Touristen geworden ist), war ich wieder einmal der erste Berichterstatter, der seinen Lesern ein Phänomen beschrieb, welches nicht einmal ich selber korrekt interpretieren konnte und meinen Lesern völlig schnuppe war. Avantgardismus eben.

In Spanien hat ein Katalane begonnen, die Kochkunst zu revolutionieren. Was Ferran Adrià mit seiner Molekularküche angerichtet hat, ist absolut ungewöhnlich und widerspricht dem Credo der kochenden Zunft, die sich traditionell die Befriedigung sinnlicher Gelüste zum Ziel setzt. Adrià demonstriert nichts anderes als die Abschaffung eben dieser Sinnlichkeit. Als Erfindung ist die Methode des Katalanen ohne Frage genial, da völlig originell und neu. Damit gleicht sie der ebenfalls genialen Erfindung des Polen L.L. Samenhof, der das Esperanto erfand. Diese Kunstsprache, die zur Völkerverständigung beitragen sollte, hat keine Wurzeln und keine Ähnlichkeit mit irgendwelchen bekannten Dialekten. Deshalb blieb sie erfolglos. Auch die Molekularküche hat keine Chance, sich wenigstens als Mode durchzusetzen. Zwar sind einzelne ehrgeizige Köche dabei, dem Vorbild des Spaniers zu folgen. Das sind jene, die immer dabei sind, wo ein neues Gewürz oder ein neuer Aggregatzustand Aufsehen erregt. Sie versuchen sich eifrig an der Methode Adrià. Die ist nun gerade wegen ihrer rein intellektuellen Ursprünge zur Nachahme völlig ungeeignet. Wer einen Volkswagen kopiert, erschafft immer nur ein neues Auto, das einem Volkswagen ähnelt, niemals aber eine Waschmaschine oder ein Himmelbett.

Darüber hinaus ist ein neuer Kochstil auf die Akzeptanz des Publikums angewiesen. Wo die fehlt, fehlen auch die Gäste. So mancher Gourmet, der aus Neugier zu den Experimentatoren pilgert, teure 30-gängige Menüs aus kleinen Löffeln probiert, bei denen die natürlichen Aromen auf den Kopf gestellt wurden, sodass nichts mehr seinen Geschmackserwartungen entspricht, der zudem das eitle Gerede von »Textur, Textur« über sich ergehen lassen muss, kehrt reumütig zurück zur traditionellen Kochkunst, wo er beißen kann und kauen muss.

Das ist kein Drama. Misserfolge begleiten unser ganzes Leben.

Wer je versucht hat, einer Katze Gehorsam beizubringen, weiß das.

Provence 3

Ein Haus in der Provence lockt Gäste an, das ist bekannt. Und wenn sich herumspricht, dass zu dem Haus ein wohlgefüllter Weinkeller gehört, kommen sie gern auch öfter. Jedenfalls die fröhlichen Trinker. Sind sie dann wieder verschwunden, liegt die Hausfrau am nächsten Tag erschöpft im Liegestuhl im Garten und hofft, dass der nächste Besuch weniger anstrengend sein möge. Während sie so im Schatten einer Akazie liegt, deren filigrane Blätter sich leise im Mistral bewegen, hört sie so etwas wie das Miauen einer Katze. Ein klägliches Miauen einer jungen Stimme, denkt sie noch schläfrig, fährt aber hoch, als ihr klar wird, woher die Stimme kommt: von unter ihrem Liegestuhl!

Es kommt zu jener Szene, in der die Hausherrin von oben unter die Liege guckt, auf der sie liegt, während gleichzeitig eine kleine Katze darunter liegt und nach oben schaut. Die beiden sehen sich einige Sekunden überrascht an, dann öffnet die Katze die Schnauze und sagt leise »Miau«.

Worauf die Hausherrin automatisch in den folgenschweren Ruf ausbricht: »Bist du aber süß!«

Die kleine Katze war so jung, wie Katzen sind, wenn sie von ihren Müttern davongejagt werden, weil diese sich wieder für erwachsene Kater interessieren anstelle der lästigen Brut. Also zwölf Wochen, und damit ein Widerspruch zu den Theorien unserer staatstragenden Mütter wie Christa Müller-Lafontaine und Eva Hermann. Da sie wirklich sehr süß war, und wir auch früher schon Katzen geliebt hatten, war es keine Frage, dass wir ihr das Asyl gewährten, das sie bei uns suchte. Wir nannten sie Frau Hoffmann, verwöhnten sie nach Kräften und luden uns eine äußerst hinderliche Verpflichtung auf den Hals. Im Gegenzug zeichnete ich meine Gespräche mit ihr auf.

Ja, man kann sich mit Katzen unterhalten. Wie man auch mit Pflanzen reden kann oder mit Pferden flüstern. Mit Pferden haben wir keine näheren Kontakte, und was Barbara mit ihren Pflanzen und Bäumen redet, behält sie für sich. Mit dieser Verschwiegenheit gibt sie vielen Frauen ein Beispiel, nämlich den erwähnten Müttern, dem diese leider nicht folgen. Ich hingegen hatte keine Hemmungen Frau Hoffmanns Erzählungen unter dem gleichen Titel als Buch zu veröffentlichen. Die süße Katze machte sich auch sonst nützlich, indem sie auf unserer Immobilie alles jagte und umbrachte, was vier und mehr Beine hatte und sich nicht schnell genug in Sicherheit bringen konnte.

Besonders gern jagte sie Vögel, die sie aber nicht fraß, sondern stolz in die Küche brachte. In den meisten Fällen noch lebend, sodass wir sie ihr vorsichtig aus der Schnauze holen und den geschockten Piepmätzen ihre Freiheit wiedergeben konnten.

Daraus geht hervor, dass wir uns häufig in der Küche aufhielten, wenn wir nicht, von Besuchern erschöpft, im Liegestuhl lagen. Da ich mich damit abgefunden hatte, dass mein literarisches Leben überwiegend aus dem Schreiben von Kochbüchern besteht, wurde logischerweise auch viel gekocht im Haus bei den Trockenmauern.

Die Küche ist keineswegs großartig. Aber das muss eine Küche auch nicht sein. Gute Töpfe, gute Messer, ein guter Ofen – die restliche Ausstattung kann von Ikea sein, ohne ein Hindernis für gastronomische Erfolge zu bilden.

Natürlich ist es angenehm, von edlen Möbeln umgeben zu sein. Wer wäre für das damit einhergehende Wohlbefinden nicht empfänglich? Aber mit dem Wohlbefinden ist es auch in einem restaurierten Mas in der Provence nicht weit her. Als

wäre der sensible Hausbesitzer mit seinen Nachbarn nicht schon genug gestraft. Da unterscheidet sich der Rückzug aufs Land – mag es auch Frankreich heißen – in nichts vom Leben in einer deutschen Kleinstadt. Die gleiche Rücksichtslosigkeit bei der Lärmerzeugung, die gleiche Blindheit gegenüber dem Hässlichen, die gleiche Ergebenheit, wenn die Kommune Umweltzerstörung betreibt, das gleiche Imponiergehabe und die gleichen schlecht erzogenen Kinder.

Bald erkennt man, dass die Bedürfnisse des modernen Menschen überall gleich sind. Dass Egoismus gemeingefährlich werden und das Festhalten an Vorurteilen menschenfeindlich sein kann. Ersterer ist für die Zerstörung der Landschaft verantwortlich, Letzteres für den alltäglichen Rassismus.

Die Nivellierung unserer Bedürfnisse durch die Globalisierung ist so mächtig, dass wir uns ihren Zwängen kaum entziehen können, nicht in Deutschland und auch nicht in Frankreich. Unbehagen löst sie jedoch überall aus. Das bewiesen zuletzt die Populisten in Schweden, in Österreich, der Schweiz und in den Niederlanden. Aber auch das überall erwachende Bedürfnis, regionale Identitäten zu wecken und aufzubauen, zeugt von dem Bedürfnis, Lücken auszufüllen, Leerräume zu beseitigen. Die Besinnung auf traditionelle Werte ist psychologisch wichtig und verdient jede Unterstützung. Sie allein kann verhindern, dass wir eine gleichgeschaltete, seelenlose Gesellschaft von Billigkonsumenten werden. Doch sie hat auch eine Kehrseite: Sie weckt nationalistische Untugenden, für die moderne Menschen leider anfällig sind. Wir haben die Demagogen erst in unserer jüngsten Vergangenheit erlebt, welche unter dem Schlagwort vom gesunden Volksempfinden die primitivsten Instinkte weckten. Sie entfesselten eine Kulturrevolution, die direkt in die Barbarei führte. Auf dem Weg dahin inszenierten sie ein ›Blut und Boden‹ genanntes Heimatstück in den Kulissen eines urigen Bauernstadls. Das kam der Sehnsucht der Massen nach Romantik entgegen, weil es ihnen das Gefühl gab, dem einfachen Leben nicht so entfremdet zu sein, wie sie es in Wirklichkeit längst waren.

Bei der Suche nach der deutschen Identität würde eine Neuauflage der National-Folklore eine ähnliche Täuschung bewirken.

Dadurch könnte die traditionell deutsche Aversion gegen die Moderne zu neuem Leben und neuen Untaten erwachen, was ein hoher Preis für die Sehnsucht der Kleinbürger nach Überschaubarkeit und Wärme wäre. Regionale Authentizität findet man nicht wie Pilze im Wald; obwohl die Deutschen ihre Identität immer in dessen dunkelsten Ecken gesucht haben.

Ich kann der Frage nicht ausweichen, was denn die Sehnsucht nach ländlicher Folklore von dem Wunsch unterscheidet, ein provenzalisches, vom Weinlaub überwuchertes Steinhaus in der Provence zu bewohnen. Romantik ist hier wie dort im Spiel, in unserem digitalen Zeitalter allerdings in einer verfremdeten Form, welche sich durch ein PS-starkes Auto in der kiesbestreuten Auffahrt als Lifestyle entlarvt.

Leider wahr. Wenn ich auch einwenden könnte, dass ich mich gegen den Rat aller Exilanten gesträubt habe, im Garten ein Schwimmbecken anzulegen. Ein Pool würde sich bei einem späteren Verkauf der Immobilie als wertsteigernd erweisen, glaubten sie nicht zu Unrecht. Doch uns war ein Garten ohne den blau gekachelten Blickfang lieber. Ein Swimmingpool ist für Landhausbesitzer ein Must-have wie der Kamin. Er zieht Besucher und Wespen an, muss von Spezialisten gewartet werden und verursacht dauerhaften Ärger, weil er toten Blättern und toten Tieren als letzte Ruhestätte dient. Dafür haben wir einen Kamin, der bereits vom Vorbesitzer eingebaut worden war. Auch er macht mehr Ärger als Freude, indem er qualmt, und wenn das Holz einmal gut brennt, heizt er nur einen sehr kleinen Umkreis. Also benutzen wir ihn so gut wie nie.

Jedes Jahr vor dem Beginn der großen Sommerpause wird man im *Le Figaro Magazine* über das Lieblingsthema der Franzosen informiert: das Zweithaus auf dem Lande. Diese glückliche Nation besitzt viele schöne Landschaften in den verschiedenen klimatischen Zonen, die mehr oder weniger über bäuerliche Traditionen verfügen. Das hat zu der beneidenswerten Situation geführt, dass an allen sechs Ecken des Hexagons spezifisch landestypische Lebensmittel produziert werden. Diese Vielfalt hat schließlich Frankreichs beherrschende Rolle in der Kochkunst begünstigt und mich zu den Mas der Provence gelockt.

Was nun die Zweithäuser angeht, so gehören sie in erster Linie wohlhabenden Großstädtern, die in den meisten Fällen ihre kleinbürgerlichen Vorstellungen von einem ländlichen Stil beim Hausbau realisieren. Das erinnert fatal an die Pseudofolklore, die bayerische und Schwarzwälder Ferienorte prägt.

Erst ausländische Investoren – vorwiegend Schweizer, Holländer, Engländer und Deutsche – berücksichtigten authentische Bauformen bei ihren Zweithäusern, die meistens keine Neubauten, sondern restaurierte Altbauten sind. Aber es sind immer noch zu wenige, um die hässlichen, geschmacklosen Bauwerke ungeschehen zu machen, für die der französische Staat unzählige Vorbilder an die Ränder der alten Dörfer gesetzt hat. Es sind größtenteils Siedlungen des sozialen Wohnungsbaus, aus dünnen, rosa Betonwänden zusammengefügt auf Kleinstgrundstücken ohne Begrünung. Für eine Hecke oder einen Baum haben die Neusiedler kein Geld.

Sie haben nie Geld gehabt. Ihre Häuser bauen sie mit lächerlich billigen Krediten, die den Aufsichtsräten der Banken eigentlich schlaflose Nächte bereiten müssten. Folgerichtig entsteht, gefördert durch einen Staat, der sich bemüht, sozial zu erscheinen, auf dem Land ein neues Proletariat, welches (so die Überlegung), durch den neuen Besitzstand gehemmt, sich weniger zu rebellieren getraut als in den Slums der großen Städte.

Das sind natürlich keine Beispiele für die Zweithäuser der arrivierten Klasse. Aber deren Bewohner müssen bei jedem Stadtbesuch durch die neuen Vorstädte fahren, die von einer haarsträubenden Verantwortungslosigkeit der zuständigen Behörden zeugen. Nicht nur lassen die neuen Mietshäuser keinen Zweifel aufkommen, dass sie die künftige Faulstelle der Stadt bilden werden mit all den sozialen Problemen, welche den Ruf der Pariser Vorstädte ruiniert haben. Die Kette der bedrohlichen Mietshäuser wird regelmäßig unterbrochen von Tankstellen, Lagerhäusern und jener schäbigen Kleinindustrie, der die jeweiligen Kommunen gern eine Baugenehmigung erteilen, weil sie die Steuereinnahmen erhöhen und – dieser Verdacht lässt sich bei keiner ›Verbesserung‹ der Infrastruktur eines Ortes in Frankreich oder Deutschland oder sonstwo unterdrücken – den Freunden und Verwandten der Kommunalverwalter zusätzliche Aufträge bringen, sei es, dass neue (hässliche) Straßenlaternen errichtet, Blumen in großen Betonbottichen aufgestellt werden und das Errichten von Reklameschildern erlaubt wird.

Das alles sind, wie gesagt, keine typisch französischen Sünden. Auch in Deutschland – wie in der ganzen Welt – ist die Gewinnmaximierung das Dogma unserer Gesellschaft, mit den entsprechenden Folgen.

Bei der Wiederbelebung der beiden Gebäude, die zusammen mit dem großen Garten unseren Besitz darstellen, haben wir peinlich darauf geachtet, dass keine billigen Materialien und keine schlechten Formen verwendet wurden. Die fleißigen Helfer, die uns dabei zur Verfügung standen, mussten glücklicherweise nicht erst überzeugt werden.

An der Spitze der grün-roten Equipe stand Serge, der Vorbesitzer unserer Immobilie. Er hatte dicht gelockte, blonde Haare, war blauäugig und frisch geschieden. Letzterem Umstand verdankten wir unseren Besitz. Seine Frau hatte auf Teilung des gemeinsamen Vermögens bestanden, und diese nicht unbillige Forderung hatte ihn gezwungen, die Klitsche zu verkaufen.

Es war sogar ein wenig feierlich, als wir alle zusammen beim Notar saßen, und dieser Maitre mich fragte: »Willst du, Wolfram Siebeck, das Grundstück und die Häuser des Serge Aviott kaufen und lieben, als wären sie schon immer dein Besitz gewesen?«

Worauf ich mit erstickter Stimme antwortete: »Ja, ich will.«

Irgendwie kam mir das sehr bekannt vor. Als ich Barbara kennenlernte, schob sie mir drei kleine Knaben hin und stellte eine ähnliche Frage. Ich beantwortete sie auf dieselbe Weise und habe es nie bereut.

Würde auch dies gut gehen? Die Verwandlung eines völlig

unabhängigen, freischaffenden Autors und Mieters in einen Haus- und Grundbesitzer, noch dazu im Ausland?

»Was heißt hier Ausland! Hast du nicht immer schon auf die Enge deiner Heimat geschimpft? Den unverbesserlich konservativen Charakter deiner Landsleute beklagt und dir gewünscht, woanders zu leben, am liebsten in Frankreich?«

Nun war es so weit. Und wie schon zweimal in deinem Leben stehst du vor einer Situation, die du ohne weitere Überlegungen akzeptiert hast. Also mach das Beste daraus!

Was blieb mir anderes übrig?

Das erste halbe Jahr stand im Zeichen von Serge. Er gab als Beruf Steinmetz an und hatte einen fertigen Plan vorgelegt, nach dem er selber die an den Gebäuden fälligen Arbeiten zu einem Fixpreis ausführen würde. Könnte ich es besser getroffen haben?

Serges Ehe war gescheitert, weil er sich als Abenteurer empfand, dessen Bestimmung es sei, in Grönland in 150 Meter tiefe Gletscherspalten hinabzusteigen und am ewigen Eis zu kratzen. Daher war sein ganzes Denken und Handeln auf die acht Wochen konzentriert, die er jenseits des Polarkreises im Zelt und in Gletscherspalten verbringen würde. Kein Wunder, dass seine Ehe dem Drang des Abenteurers nicht standhielt.

Würde ein solcher Mensch der richtige Mann sein, der sein altes Haus für mich in einen neuen Zustand überführen könnte, welcher meinen anspruchsvollen Vorstellungen von Stil und Komfort gerecht würde? Würde Serge seine Verpflichtungen erfüllen und die trostlose Immobilie in einen vorzeigefähigen Landsitz verwandeln?

Wenn man bedenkt, dass er keine Versprechung eingehalten hat, dass seine Arbeiten an den beiden Häusern nach zehn Jahren von anderen Handwerkern renoviert werden mussten, dass er, mit einem Wort, ein Aufschneider und Hallodri war, dessen Hinterlassenschaft aus schlampig gedeckten Dächern, nicht fertig verlegten Fliesen und übersehenen Feuchtstellen bestand, dann klingt das dramatisch, und mein Versuch als ›Hausbesitzer‹ scheint gescheitert zu sein.

In einem Interview zu seinem bevorstehenden 80. Geburtstag antwortete Joachim Kaiser auf die Frage nach seinen frühen Erfolgen: »Bevor ich 1959 zur *Süddeutschen Zeitung* ging, wollte die *F. A. Z.* Beiträge von mir – seither hatte ich keine finanziellen Sorgen mehr …«

Das ist merkwürdig insofern, als mir ein ähnlicher beruflicher Erfolg vergönnt war. Sobald ich regelmäßig für *Die Zeit* und den *Stern* schrieb, gehörte ich auch zu den gut verdienenden Journalisten. Aber bei mir begannen damit erst die finanziellen Sorgen. Ich habe natürlich immer über meine Verhältnisse gelebt, wenn man die Bedürfnisse eines rechtschaffenen Deutschen zum Maßstab nimmt, aber ich bin nicht leichtsinnig und habe nie Schulden gemacht. Auf meinem Bankkonto war allerdings auch nie eine nennenswerte Summe. Was hereinkam wurde ausgegeben. Das gute Essen, wie ich es für mich in Anspruch nehme, und auf das ich nie verzichte, ist elitär und entsprechend teuer. Bis zum heutigen Tag wird deshalb jeder Bankauszug in der Hoffnung geöffnet, dass eine Überweisung einen Ausflug nach Paris ermöglicht oder für einen neuen Laptop reicht. Wenn alle drei Monate die Einkommenssteuervorauszahlung fällig und vom Finanzamt automatisch abgebucht wird, rutsche ich regelmäßig in die roten Zahlen.

Ich könnte natürlich bescheidener leben. Im ersten Jahrzehnt meiner kulinarischen Entdeckungsreisen habe ich Speisekarten der berühmten Restaurants gesammelt, die ich besucht hatte. Sie liegen heute zusammen mit alten Steuerunterlagen auf dem Dachboden. Es sind überwiegend kostbare Speisekarten, auf prächtigem Papier aufwendig illustriert. Von Zeit zu Zeit fällt mir eine in die Hand und mir wird klar, warum mir das Dach nicht gehört, unter dem ich in der Burg schlafe. Es sind nicht selten unerhörte Summen, die ich ausgegeben habe, um dem Wohlgeschmack der Grande Cuisine und den Techniken der damaligen Kochkünstler auf die Schliche zu kommen. Wenn ich überlege, in wie viel mehr Restaurants ich war, von denen keine Speisekarte Zeugnis ablegt, und wenn ich dann hochrechne, mit welcher Summe ich die europäische Gastronomie subventioniert habe, könnte mir schwindelig werden. Aber ich rechne nicht. Auch nicht, wenn wir wegen eines ohnehin sehr teuren Brotes nach Straßburg fahren, bei welcher Gelegenheit dann noch ein Ris de Veau gekauft und ein Restaurantbesuch fällig wird. Ich könnte darauf verzichten, immer neue Bücher zu kaufen, die zu lesen ich kaum Zeit habe, weil die Redaktionen auf meine Texte warten und die knappe Zeit meiner Sucht zum Opfer fällt.

Ja, ich bin süchtig.

Ich bin zeitungsabhängig. Jeden Morgen bringt ein Dealer – der Briefträger – drei Tageszeitungen ins Haus, auf die ich mich stürze wie ein Süchtiger auf seine Tagesration Heroin. Manchmal beginne ich mit der letzten Seite (*Herald Tribune*), oft mit der ersten (*Süddeutsche Zeitung*), oder ich zupfe als Erstes das Feuilleton heraus (*F. A. Z.*). Aber nie genügt mir diese Dosis. Danach wartet *Die Zeit*; Barbara schleppt *Cicero* ins Haus, den *Spiegel* und was sonst ich alles brauche, um in Fahrt zu kommen. Aber bis ich sie alle gelesen habe, ist der Tag fast vorüber. Manchmal finde ich einen Artikel, der mich für die verlorene Zeit entschädigt, weil er mir Anregungen gibt (dies ist der vorgeschobene Grund für meinen Zeitungskonsum), die ich für einen eigenen Text verwende. Wie abhängig ich von meiner Morgenlektüre bin, zeigt sich, wenn die Post einmal später kommt. Dann lese ich beim Frühstück die Etiketten der Marmeladengläser. Verlasse ich das Haus mit der

Aussicht, irgendwo warten zu müssen (beim Zahnarzt; in der Autowerkstatt), stopfe ich mir vorsichtshalber eine Zeitung in die Tasche. Es ist zwanghaft; stört aber das Zusammenleben fast gar nicht, da Barbara unter derselben Sucht leidet. So darf ich die *Süddeutsche* nie vor ihr lesen; sie will sie unberührt. Die *Herald Tribune* habe ich dagegen für mich allein, da ihr das Lesen englischer Texte zu mühsam ist.

Möglicherweise ist unsere Zeitungslektüre einer der Gründe für unser magersüchtiges Bankkonto. Die Autos sind es gewiss nicht. Den großen Mercedes benutzen wir nur für berufliche Langstreckenreisen; zum Einkaufen genügen in Mahlberg und in der Provence je ein Kleinwagen. Alle drei sind an die zehn Jahre alt und haben die Kinderkrankheiten hinter sich. Einen Ersatz zu planen ist sinnlos. Damit muss ich warten, bis das Finanzamt eine Steuerrückzahlung für gerechtfertigt hält, was hin und wieder vorgekommen ist.

Dass dieser Zustand der relativen Unsicherheit auch eine gute Seite hat, zeigte sich in der Finanzkrise Ende 2008. Während ringsherum alle um ihr Erspartes zitterten, konnte ich gelassen bleiben. Ich besaß nichts. Abgesehen von den Trockenmauern und dem dazugehörenden Immobilienbesitz.

Mag der auch nicht in jenem perfekten Zustand sein, wie ihn sich ein deutscher Bauherr in seinen Träumen vorstellt. Doch was ist schon ein unzuverlässiger Handwerker in der Provence gegen die Raffgier des Deutschen Finanzamtes? An die Betonmischmaschine vor unserem Fenster würden wir uns leichter gewöhnen als an das regelmäßige Versagen der Telecom. Und wenn Serge eine Woche lang der Baustelle fernblieb, so würde er doch irgendwann wieder auftauchen und dort weiter arbeiten, wo er aufgehört hatte, als er verschwand, um Sponsoren für seine nächste Grönland-Expedition zu finden.

In jener Zeit sind wir alle zehn Tage in die Provence gefahren und haben den Fortschritt am Bau kontrolliert bzw. angemahnt. Für die Strecke zwischen unserer Burg im Rheintal und der Baustelle im Rhônetal brauchte ich vier Stunden bei hemmungsloser Nichtbeachtung der Geschwindigkeitsbegrenzung, was damals noch möglich war. Heute vergehen fünfeinhalb Stunden, bis wir Frau Hoffmann die Freiheit wiedergeben, deren Verlust sie im Hintergrund des großen Kombis maunzend beklagt.

Wenn mich die Wut überkommt, weil das tägliche Leben in Frankreich mit so vielen unnötigen Unzulänglichkeiten gewürzt ist, muss ich nur an die fabelhaften Autobahnen denken, an die cartesianische Beschilderung der Routen und das Vergnügen, das Autofahren in Frankreich bereiten kann, und schon beende ich meinen Versuch, einen apokalyptischen Fluch in der Sprache der Gallier zu formulieren.

Bei allem Ärger und allen Frustrationen, die die Umwandlung einer provenzalischen Ruine in einen bewohnbaren Landsitz mit sich bringt, soll nicht verschwiegen werden, dass diese Epoche im Leben eines Mannes auch glückliche Stunden und rauschhafte Erfolgserlebnisse zur Folge hat – jedenfalls in der Aufbauphase. Wenn also wieder ein neues Bauteil eingefügt wird und sich als die richtige Wahl erweist. Oder wenn, im entgegengesetzten Fall, eine falsche Entscheidung ohne Rücksicht auf Empfindlichkeit und Kosten wieder rückgängig gemacht wird.

So hatte uns Serge mithilfe seines Freundes Pierre auf dem Dach des Weinkellers, das die beiden Gebäude miteinander verbindet und eine Plattform bildet, ein Geländer errichtet. Es bestand aus drei kurzen, kompakten Säulen aus den üblichen Sandsteinen, über die ein sehr langer und rustikaler Balken lag. Durchaus stilgemäß für eine ländliche provencalische Klitsche. Allerdings mit einem kleinen, eingebauten Unbehagen. Das formulierte Barbara nur drei Stunden nach dem Richtfest:

»Shiloh Ranch.«

»Du meinst …?«

»Hier werden Cowboys keine Zigarillos rauchen und keine Pferde angebunden. Wozu also diese Western-Kulisse?«

Sie hatte mal wieder die schwache Stelle eines scheinbar nebensächlichen Details gefunden. Auch ich sah mich im fertigen Mas weniger in Cowboy-Boots und Stetson herumlungern als *Die Memoiren des Herzogs von Saint-Simon* unter der Leselampe studierend.

»Wie bringen wir es Serge bei, dass wir den Balken scheußlich finden?«

Während jeder routinierte Bauherr den verantwortlichen Steinmetz zum Abbruch seines kitschigen Balkengeländers gezwungen hätte, machten wir uns Sorgen um die Psyche des guten Serge. Wie würde er es aufnehmen?

Anstatt daran zu denken, dass wir eventuell jahrelang mit der stilistischen Missgeburt eines Handwerkers leben müssten, fürchteten wir uns vor den Folgen, die eine harsche Kritik bei ihm auslösen würde.

Mit dieser Mentalität baut man Luftschlösser, aber kein Zweithaus auf dem Lande.

Wir haben das Problem dann noch ganz geschickt gelöst. Bei einem der heftigen Regengüsse des Frühjahrs regnete es durch einen Schornstein in die Küche. Er war das einzige Überbleibsel einer früheren Kochstelle, in der vermutlich ganze Ziegen am Spieß gebraten wurden. Trotz seiner romantischen Vergangenheit war klar: Der Schornstein musste weg. Da Serge nicht aufzutreiben war, wandten wir uns an seinen Kollegen Pierre. Er besaß eine Walnussfarm im Tal der Isère, die nicht groß genug war, um ihm ein sicheres Einkommen zu garantieren. Also verdingte er sich bei Serge als Handlanger.

Er kam sofort und stimmte zu: Der Schornstein muss weg. Er schaffte es, in weniger als einer Stunde einen netten, kleinen Schutthaufen neben die anderen Schutthaufen zu setzen, die unsere Antiquität umgaben wie Wachtürme eine mittelalterliche Festung. Der Schornstein war jedenfalls weg und zugemauert.

Da das alles so schnell ging, konnte sich für Pierre die ziemlich weite Reise nicht gelohnt haben, mutmaßten wir, und deuteten listig auf das Arizona Element auf dem Weinkeller: »War das Serges Idee?«

»Bien sur« – wollte er gerade sagen und seinen Freund für den Einfall loben. Doch dann sah er unsere Gesichter und brummte nur Unverständliches.

»Wie zum Pferdeanbinden, nicht wahr? Leider haben wir keine Pferde.«

Er begriff sofort: »Gefällt es Ihnen nicht?«

Unsere Grimassen und meine Bemerkung, dass in dieser Region die Geländer traditionell aus Schmiedeeisen hergestellt würden, genügten völlig. Er griff zum großen Hammer und demontierte die drei Steinsäulen ebenso schnell wie den Küchenkamin. Ein weiterer Schutthaufen entstand. Den dekorativen Balken wollte Pierre nicht haben. Wir stellten ihn Serge zur Verfügung, der sich genau an jenem Tag wieder sehen ließ, als der örtliche Kunstschmied das neue Geländer anbrachte. Sie wechselten ein paar Worte, die ich nicht verstand. Das war es dann.

Vom Schreiber zum Gourmetkritiker

Abgesehen von der Beschäftigung mit Trockenmauern und Kostenvoranschlägen für den Umbau zweier heruntergekommener Häuser, lebten wir wie gewohnt. Ich schrieb meine wöchentlichen Kolumnen für *Die Zeit* und nebenher immer wieder ein neues Buch, meistens Kochbücher, diese Lieblingsobjekte der Verleger, aber auch meine erste Autobiografie entstand damals sowie regelmäßige Beiträge für das *Feinschmecker*-Magazin.

Das Zeichnen hatte ich aufgegeben, als klar wurde, dass mir das Schreiben mehr lag; außerdem begünstigte der Fortschritt die Fotografie. Die Zeitungen wurden bunt, Kurzgeschichten fielen weg und machten Restaurantkritiken Platz, sodass es naheliegend erschien, dass ich auf die Formulierung von Sätzen mehr Mühe verwandte als auf Deformationen menschlicher Nasen vermittels grafischer Willkür. Außerdem war es nicht reizlos, immer wieder einmal die politischen Ereignisse zu kommentieren, was auch beim Beschreiben eines Gratins möglich ist.

Trotzdem birgt auch das Verfassen von Texten seine Risiken. Vor allem, wenn sie mehr sind als die realistische Beschreibung eines Kochprozesses. Gegen eine Angabe wie »400 Gramm Mehl mit 4 Eiern verquirlen, den Zucker hinzufügen und …« protestieren vielleicht ein paar Hausfrauen, welche mehr Mehl und weniger Butter verbacken als ich. Aber in der Kolumne, die ich über ein Jahrzehnt für den *Stern* schrieb, ging es nicht ums Kochen und Backen, sondern um den Versuch, Ironie und Parodie schmackhaft zu machen. Dagegen sind deutsche Leser ziemlich immun. Das ist in den Verlagen bekannt, und die jeweiligen Chefredakteure achten darauf, dass nicht ein Großteil der Leserschaft die Lektüre abbricht. Bei meinen Texten bestand die Gefahr durchaus, und da zu meinen Lesern auch die Chefredakteure des *Stern* gehörten, wurde mein zuständiger Redakteur nicht selten gemahnt, auf etwas mehr Verständlichkeit bei dem Siebeck zu achten.

Nun hatte ich das große Glück, dass dieser Redakteur Pit Kortmann hieß. Er hatte schon die erste Humorseite in der *Zeit* eingerichtet, und als diese eingestellt wurde, mir meine Kolumne beim *Stern* verschafft, wo er für jede Art von Humor zuständig war. Dieser tapfere Mensch glaubte an mich und meine Texte. Beim kleinsten Angriff aus der Chefredaktion geriet er in Rage und verwandelte die Redaktionskonferenz in ein Tribunal; er stellte sich mit gesträubten Locken vor seinen Autor. Es müssen sieben verschiedene Chefredakteure gewesen sein, die nacheinander die Seite mit meiner Kolumne aus dem Magazin haben wollten, und alle sieben scheiterten an dem wütenden Pit Kortmann, der seine Seite und mich verteidigte wie die sprichwörtliche Löwenmutter ihr Junges. Diesen Mut leistet sich heute kein Redakteur mehr. Sie verteidigen höchstens das Interesse ihres Verlegers, welches als Gewinnmaximierung bekannt ist. Als er das Rentenalter erreichte, wurde Kortmann unter unwürdigen Umständen in den Ruhestand versetzt.

Aber es gab auch andere Beispiele – ein anderes. Es betraf meine polemischen Texte über die deutsche Weinproduktion in den frühen siebziger Jahren in *Die Zeit* und *Stern*. Eines Tages fanden die badischen Winzergenossenschaften, die regelmäßig in beiden Publikationen inserierten (»von der Sonne verwöhnt …«), dass es genug sei. Sie drohten den beiden Chefredakteuren, ihre Anzeigen zu stoppen, wenn ich nicht aufhörte, ihre Weine zu kritisieren.

Mit dieser Drohung kamen sie allerdings an die falsche

Adresse. Sowohl Bucerius (*Die Zeit*) als auch Nannen vom *Stern* lehnten das Ansinnen rundweg ab. Ich polemisierte weiter, und die Anzeigen blieben weg. So war das in jener Zeit, als in Zeitungsverlagen nicht nur Geschäftemacher saßen, sondern auch Menschen mit Charakter.

1968, der Fall der Mauer, die Epoche Kohl, Rot-Grün, der 11. September – alles prägte unser Leben und zog doch irgendwie unwirklich an mir vorbei.

Für eine aktive Teilnahme an 1968 war ich zehn Jahre zu alt, um noch Spaß an der Randale zu haben. Ich mochte auch die amerikanischen Volkslieder nicht, die in meiner Umgebung inbrünstig gesungen wurden, da mir »Schwarzbraun ist die Haselnuss« und ähnliche Volksmusik der NS-Gemeinschaft noch in den Ohren klangen.

Gegen die Notstandsgesetze habe ich effektvoll und wirkungslos gestreikt, indem ich meine Humor-Kolumne in der *Zeit* ausfallen ließ. Der Platz blieb weiß.

In den siebziger Jahren verlor ich meine unterschwellige Angst, zum zweiten Mal zum Militärdienst gezwungen zu werden. Die Aussicht, noch einmal in »Reih und Glied« stehen zu müssen, von dumpfen Sadisten angebrüllt und zum Gleichschritt gezwungen zu werden, war für mich eine Schreckensvorstellung in den Jahren nach dem Krieg. Ich war ein leidenschaftlicher Antimilitarist geworden – und bin es noch heute –, weil ich die Existenz in der uniformierten Zwangsgemeinschaft für zutiefst entwürdigend halte. Außerdem kenne ich in der Geschichte kein Beispiel, dass eine Armee etwas anderes hinterlassen hätte als zerstörte Städte, weinende Kinder und trauernde Witwen. Zwangsläufig sympathisierte ich mit dem linken politischen Spektrum. Trotzdem lernte ich, den antikapitalistischen Räsonierern auf unseren Partys zu misstrauen. Viele waren begeisterte Maoisten, gleichzeitig regte sich in ihnen bereits der spätere Hedonismus, den sie als Rundfunkredakteure und Verlagslektoren im Urlaub in der Toskana austobten. Sie gingen bei uns ein und aus; aber wieder fühlte ich mich nicht zugehörig.

Erika, von der ich mich bald darauf trennte, reagierte auf ihre Art: Die Männer auf ihren Bildern hatten Gebisse wie große Affen. Wir begannen, Weine zu unterscheiden.

Was die historischen Tage des Mai 1968 angeht, so kann ich endlich einmal behaupten, zur richtigen Zeit am richtigen Ort gewesen zu sein. Nämlich in Paris, und dort mitten im revolutionären Trubel. Und zwar in einer Kneipe in der Rue de Buci, welche heute noch existiert, allerdings ist sie nicht wiederzuerkennen. Damals war sie klein und entsprach keineswegs den anderen Treffpunkten der protestierenden Jugend. Eher ländlich-sittlich sowie hell und sauber. (Heute ist sie bürgerlich-sittlich und sehr sauber.)

Hier pflegte ich mich mit Topor zu treffen, wenn wir unseren Abendbummel in der Buchhandlung La Hune begannen. Aber auch bei anderen Gelegenheiten; denn dieser Laden, der so ganz anders war als das verräucherte, lärmende und ständig überfüllte, nur hundert Meter entfernte Café des Paintres, wo sich die Pariser Bohème zur Schau stellte. Diese vergleichsweise spießige Kneipe hatte in meinen Augen eine große Attraktion: liebevoll zubereitete Schinkenbrote aus der Bäckerei Poilâne. So war ich nun mal: Mochten auf der Straße auch die Barrikaden brennen, ich saß nebenan in der Kneipe und futterte Schinkenbrote. Im Übrigen gab es in der Rue de Buci keine Barrikaden, die hätten brennen können. Was brannte, war im Magen der saure Menetou-Salon, ein billiger Wein von der Loire, den die Kneipen überwiegend glasweise verkauften.

Die Qualitäten des Poilâne-Brotes schon so früh erkannt zu haben, war typisch für meine Version des Hedonismus. Heute ist es weltweit als Muster für ein herzhaftes Landbrot mit einer klassischen Sauerteigbasis anerkannt. Patricia Wells, die in Paris für die *Herald Tribune* arbeitende Kollegin, erwähnte in ihren Restaurantkritiken jedes Mal das spezielle Brot, wenn es zum Essen serviert wurde. Inzwischen kann man es wahrscheinlich in einigen deutschen Großstädten kaufen. Trocken und kühl gelagert halten sich die runden, 2 Kilo schweren Laibe mehrere Wochen. In Berlin kaufe ich sie in den Galeries Lafayette. Dieses Brot, für das die Kenner vor dem Urladen der Bäckerei in der Rue du Cherche-Midi Schlange standen, hat die kulinarische Landschaft mindestens so nachhaltig verändert, wie die Barrikaden des Mai 68 die Umgangsformen in der bürgerlichen Mittelschicht. Das im Holzofen im Stil der Bergbauern gebackene Sauerteigbrot wurde vierzig Jahre später zum Erkennungszeichen eines fortschrittlichen Bäckergewerbes.

In Deutschland versucht man dagegen die Mär wiederzubeleben, wonach wir das beste Brot der Welt backten. Diese Behauptung lässt sich schon allein dadurch widerlegen, dass all unsere halb und ganz dunklen Brote ihre Verwandtschaft mit dem unseligen Kommissbrot nicht verleugnen können: Sie sind feucht und werden vorzugsweise auch so gegessen. Viele Bäcker verkaufen »altbackene« Brote mit einem Nachlass.

Nachdem die Mauer gefallen war und die ehemaligen DDR-Bürger begannen, zu ihren neuen (westlichen) Lebensumständen Stellung zu nehmen, beklagten sich einige bei mir, dass es das gute alte Brot der DDR nicht mehr gäbe, aus dem man so schöne Brotkügelchen formen konnte.

Es mag das ein etwas lachhaftes Beispiel sein, aber es zeigt, wie Gewohnheiten des Alltags die Befindlichkeiten Einzelner und ganzer Gesellschaften prägen können. Wer Zeit seines Lebens die Sozialdemokraten gewählt hat, weil schon sein Vater und sein Großvater sich als unerschütterliche Linke bekannten, der wählt Linksparteien aus Gewohnheit und nicht, weil die vielleicht ein für ihn besseres Parteiprogramm aufgestellt haben als die Konservativen.

Deshalb ändert sich so wenig in unserer Gesellschaft, deshalb steht in vielen deutschen Küchen die Hausmannskost mit ihrer primitiven Ideologie so hoch im Kurs. Die Beteiligten nennen es Tradition.

Jahr für Jahr werde ich gefragt, in welche Richtung sich die Kochkunst entwickeln wird. Jedes Mal habe ich mich um die Antwort gedrückt mit dem Hinweis, ich sei kein Hellseher. Natürlich wird es immer Avantgardisten geben, die davon überzeugt sind, neue Wege zu beschreiten. Sie haben eine Mission zu erfüllen, mit der sie entweder die Menschheit beglücken oder ihre Kollegen verblüffen wollen. Ob sie dazu die Kräuterwiese hinterm Haus komplett in ihrer Küche verarbeiten, ob sie mithilfe der Chemie die Aggregatzustände der Produkte auf den Kopf stellen, ob sie ihre Kunstküche mit der Folklore exotischer Kulturen vereinigen, indem sie heimischen Rehbraten mit afrikanischen Heuschrecken spicken oder Hamburger mit Kaviar und Foie gras anreichern – der menschlichen Fantasie sind keine Grenzen gesetzt. Was wir uns ausdenken können, wird auch realisiert.

Aber überleben und sich auf die Dauer behaupten wird nur eine Küche, deren Produkte wir kauen müssen und die noch fünfzig Prozent köstlicher schmecken, wenn man dazu eine Flasche Wein trinkt. Unsere diesbezüglichen Erwartungen wurden durch die Jahrtausende geprägt, in denen der Mensch nichts anderes im Kopf hatte, als Nahrungsmittel zu finden, sie seinem Organismus anzupassen und für seinen Geschmack zu verbessern. Es war ein Prozess, der das Lebensnotwendige mit dem Zusätzlichen verband. Das Zusätzliche entwickelte sich im Lauf der Zeiten zu unserer Kultur, zur Kunst.

Deshalb kann es nicht falsch sein, von der Kochkunst zu

reden, wie das allgemein ja auch üblich ist. Ob Köche deshalb aber auch Künstler sind, ist ein viel diskutiertes Thema. Die Köche haben sich dafür entschieden, diese Frage mit »Nein« zu beantworten. Das macht sich gut, gilt als bescheiden und nimmt ihrem Renommee etwas von dem anrüchigen Glanz, den sie sich durch grelle Attribute der Popkultur oft und gerne zulegen. Dazu gehört ihre Bereitschaft, dem Boulevard bei jeder Gelegenheit gefällig zu sein, sei es durch Gastspiele auf Kreuzfahrten, Schaukochen bei sogenannten Events, wenn beispielsweise ein neues Automobil enthüllt wird; bei der Eröffnung von Veranstaltungen, die nicht das Geringste mit der Feinschmeckerei zu tun haben, oder wenn ein Ministerpräsident im Wahlkampf die Aufmerksamkeit der Presse erregen möchte. Bekannte Köche stellen ihre Fähigkeiten auch Verbänden, Vereinen und unseren Winzern zur Verfügung, damit ihre kostenlosen Canapés potentiellen Kunden und Wählern die Entscheidung für eine Partei oder eine Rieslinglage erleichtern. Das alles – einschließlich Bestenliste, Titelfotos auf Magazinen und Werbeträgern – gehört mittlerweile zum festen Bestandteil der Kochkunst und gibt nicht den geringsten Anlass, die dabei lustvoll Mitwirkenden zu den Künstlern zu rechnen, zudem sie – das wird meistens übersehen – während ihrer eitlen Auftritte in den Medien ihre eigenen Restaurants vernachlässigen.

Also Handwerker. Das ist eine Bezeichnung, die in unserer mechanisierten Welt ohnehin höchstes Ansehen genießen sollte. Und zwar nicht, weil die besten Produkte der Geigenbauer, Kunsttischler, Goldschmiede, Keramiker und anderer Handwerker, in den Museen stehen und Rekordpreise erzielen, sondern weil unsere Warenwelt dabei ist, ohne Handwerker als Monokultur der Billigkonfektion zu enden.

Das gilt besonders für Produkte, die für die Kochkunst benötigt werden: Die Schweinemäster, die sich um den Erhalt seltener Rassen bemühen, wie sie die feine Küche braucht; Käser, deren handgemachte Käse den Gourmet entzücken; Geflügelzüchter, deren Hühner länger als andere auf den Wiesen ihre Nahrung suchen dürfen; Konditoren, die ihre eigene Schokolade herstellen; Bäcker, denen die üblicherweise fertigen Backmischungen der Großmühlen nicht gut genug sind; sowie Marmeladenhersteller, Schuster, Schneider und überhaupt alle, die handwerkliche Fähigkeiten zur Verbreitung von neuen Formen und persönlichem Stil benutzen, um der Tendenz der Massenfabrikation zu entkommen.

Kein Zweifel, dass begabte Köche die Schar der notwendigen Individualisten anführen, und kein Zweifel auch, dass unsere Welt ohne sie grauer wäre. Was und wie sie morgen kochen, sollten wir ruhig ihnen überlassen. Die Kreativsten von ihnen werden dafür sorgen, dass es uns schmeckt. Kann auch sein, dass sie sich damit begnügen, uns mit ihren Erfindungen zu unterhalten.

Beim Bau meiner Trockenmauern gehörten Traditionen zum festen Bestandteil der Inszenierung, welche Serge und seine Helfer um mein Mas herum *en suite* spielten. Im krassen Gegensatz zu deutschen Bauarbeitern tranken sie kein Bier, und anders als andere französische Handwerker verschwanden sie zur Mittagszeit nicht für zwei Stunden in verschiedenen Richtungen. Stattdessen zelebrierten sie ein komplettes Mittagessen, als wäre es ein Picknick in Glyndebourne. Einer holte aus seinem kleinen Kastenwagen eine Heizplatte und schloss sie an der Steckdose an, die ihnen noch vor Minuten den Strom für ihren Schlagbohrer geliefert hatte. Ein anderer hatte plötzlich drei Forellen in der Hand, der Dritte steuerte Brot, eine dicke Scheibe Entenleberterrine, Oliven und eine Flasche Rotwein bei. Sodann bereiteten sie sich mit der Begeisterung von Pfadfindern zwischen Bautrümmern und Zementmischmaschine ein Mittagessen, das sich ebenso der Tradition wie der französischen Esskultur verdankte. (Natürlich nicht, ohne sich vorher die Hände zu waschen.)

Im Laufe der Wochen habe ich mich immer wieder zu ihnen an den dick mit Gips überkrusteten Tisch gesetzt und mich an der Zubereitung beteiligt, wobei ich dies und das sogar von ihnen gelernt habe. So fragte ich einmal die Tafelrunde, wie man Couscous zubereitet.

»Couscous?«, sagte Serge. »Nichts ist einfacher als Couscous.«

Worauf Pierre von seiner eingegipsten Bank aufsprang und seine Kollegen mit einer Suada von Schimpfwörtern belegte, von der ich nicht eines verstand. Nur so viel schien sicher zu sein: Für einen Berber, wie sein Vater einer war, ist die Herstellung eines Couscous tatsächlich mehr als einfach. Aber das bedeutet noch lange nicht, dass ein Typ wie Serge, dessen Vorfahren wahrscheinlich aus dem Elsass stammten, sich darüber lustig machen durfte.

»Was heißt hier Elsass? Mein Vater …«

»Dann eben Lorraine. Oder sonstwo, wo sie Sauerkraut fressen.«

»Während deine Eltern Ratten im Couscous kochten und …«

»Noch ein Wort über meine Eltern und ihren Couscous, und ich lasse hier eine Horde Tuaregs aufmarschieren, die dir die Eier abschneiden werden!«

An dem Gelächter, das sie nicht mehr unterdrücken konnten, merkte ich, dass sie das Rüpelstück nur meinetwegen inszenierten. Jeannot, der den Wortwechsel stumm, aber mit albernen Grimassen kommentiert hatte, griff zu seiner Ukulele und schlug einen abschließenden Akkord an.

Am nächsten Tag brachten sie tatsächlich alle Zutaten für ein Couscous mit, das Serge und Jeannot zubereiteten, während Pierre die Wüstensöhne und ihre Kampfkamele zurückhielt. So wurde es ein friedliches Mittagessen, obwohl es mir nicht besonders schmeckte. Ich fand die Verwendung der Gewürze unbeholfen, die Hühnerteile zäh, und bin nach wie vor der Meinung, dass derartige Gerichte der Hausmannskost bestenfalls genießbar werden, wenn man sie mit feinen und theoretisch unpassenden Zutaten veredelt. Sie also verfremdet und verfälscht, worauf schließlich die Kochkunst insgesamt basiert.

Ich bin von der Veranlagung her ein arbeitsscheuer Mensch. Doch die Umstände (und die Ansprüche ans Leben) haben mich stets gezwungen, fleißig zu sein. Ich trug gerne teure Anzüge und fuhr schnelle Autos. Als Barbara mit den drei Knirpsen in mein Leben trat, steigerte ich meine Produktivität gezwungenermaßen. Ich saß, nahe bei München, in einem schönen Haus zwischen den oberbayerischen Seen, schrieb gleichzeitig Kolumnen für *Die Zeit* und den *Stern*; bei Diogenes erschien ein erstes Buch mit gesammelten Glossen, das Magazin *Der Feinschmecker* begann seine erfolgreiche Existenz mit mir als ständigem Mitarbeiter, ein erstes Kochbuch war in Arbeit, und zwischendurch fuhr ich immer wieder mit Barbara nach Frankreich, wo ich die Drei-Sterne-Restaurants erkundete und mich über alles informierte, was mit der Kunst des Kochens zu tun hat.

Dazu gehörten Reisen nach Moskau, Tokio, USA, Istanbul. Dabei gelang es mir immer, über die berufliche Erfahrung hinaus, den Spaß nicht auszuklammern, den mir die gastronomischen Erlebnisse machten. Ob das die Entdeckung einer neuen Speise oder eines unbekannten Winzers war, ich genoss meinen Beruf in vollen Zügen.

Die erste intensive Begegnung mit der Crème de la Crème der damaligen Großen Küche (und damit meine ich nicht eine einmalige sensationelle Mahlzeit, die auf mich einen außerordentlichen Eindruck machte, sondern eine Begegnung, aus der eine wunderbare Vertrautheit wurde), hatte ich in La Napoule in der L'Oasis. Louis Outhier, der Patron und Küchenchef, gehörte zu den besten Drei-Sterne-Köchen seiner Zeit. Wie fast alle der damaligen Matadore war er ein Schüler von Fernand Point und wahrscheinlich der Erste, der eine mediterrane Leichtigkeit mit seiner ihm eigenen Eleganz in die Haute Cuisine einführte. Kaviar im Vier-Minuten-Ei; in Trüffel gewälzte Foie-gras-Kugeln und der intensive Gebrauch von Château Chalon bei seinen Fischgerichten waren seine Markenzeichen. Aber dass er viel mehr Trümpfe im Ärmel hatte, war klar, wir wären sonst nicht so oft bei ihm eingekehrt. Was uns erleichtert wurde, da wir viele Jahre hintereinander einige Wintermonate in Günter Hollands Haus in Les Issambres verbrachten.

Jedenfalls war schon unser erster Besuch in der L'Oasis sehr eindrucksvoll: Nachdem ich bezahlt hatte, legten wir uns auf einige Felsenklippen – die es damals noch gab, heute sind sie in Beton eingefasste Teile des Yachthafens – und hielten den dringend benötigten Mittagsschlaf. Stunden später bemerkte ich, dass mir sämtliche Papiere abhandengekommen waren, das übliche Schicksal, das alle dummen oder beduselten Touristen irgendwann erleiden. Ich meldete den Verlust bei der Gendarmerie, und wir fuhren zurück nach Deutschland. Drei Tage später traf ein dicker Brief ein, der alles enthielt, was ich verloren hatte. Der Oberkellner hatte mein Portefeuille unter meinem Stuhl gefunden.

Kurz darauf feierte Mado Point, die Witwe des großen Lehrmeisters, ihren 80. Geburtstag. Er wurde auf Schloss Vizille bei Grenoble begangen und von seinen berühmten Schülern ausgerichtet. Sie waren alle da und hatten kleine Imbissstände errichtet, wo sie eigenhändig ihre Spezialitäten für die begeisterten Gäste zubereiteten. Das war sogar im Vergleich mit den heutigen Gipfeltreffen der Köche sensationell. Denn es handelte sich um die Größten der Branche, angefangen von Bocuse, Vergé, Pic, Gaertner, Outhier, Chapel, Barrier und wer sonst noch das Erbe des Großmeisters weitergetragen und den Boden vorbereitet hatte für die jungen Avantgardisten wie Maximin, Ducasse, Guérard und die vielen anderen, die die Tradition der Grande Cuisine lebendig gehalten haben. Während wir von einer Garküche zur anderen schlenderten und die Köstlichkeiten probierten, wurden wir von einem überaus freundlichen, deutsch sprechenden Oberkellner geradezu bemuttert. Es war Thomas Hennings von der L'Oasis. Ich kann heute noch nicht sagen, was ihm an dem jungen Journalisten und seiner Freundin so gefiel. Diese Zuneigung steigerte sich im Laufe der Jahre. Bei jedem Besuch in La Napoule versorgte er uns mit dem neuesten Klatsch aus der High Society, die ihm – und der er – so ans Herz gewachsen war. Er wusste alles über Lilian Harvey, mit der er an die Côte d'Azur gekommen war, über Madame de ..., über seine reichen Gäste aus Deutschland, aus den USA, und wenn eine schöne Frau bei ihm zu Gast war, sandte er ihr am nächsten Tag einen großen Blumenstrauß – bezahlt aus eigener Tasche. Nicht ohne sich übrigens vorher nach ihren Lieblingsblumen erkundigt zu haben. Er war schwul, woraus er uns gegenüber keinen Hehl machte. Sahen wir ihn am Ende der Betriebsferien und fragten nach seinen Urlaubserlebnissen, verdrehte er die Augen und sagte nur »O là là«. Er sparte nicht mit Andeutungen, denen zufolge er sich an allen später berüchtigt gewordenen Adressen in New York und Tanger herumgetrieben hatte. Einmal lud er uns an seinem freien Abend in seine Wohnung ein. Er bewohnte ein kleines Appartement in Cannes in der Rue des Frères Casanova, einer Nebenstraße der Rue d'Antibes. Das teilte er mit seinem Freund, einem schwarzen Amerikaner, mit dem sich über amerikanische Literatur diskutieren ließ, während wir uns über eine riesige Käseplatte des stadtbesten Fromagiers hermachten.

Das war Ende der siebziger Jahre. Kurze Zeit später hörten wir, Thomas Hennings sei tot, ermordet. Madame Outhier, die im Restaurant zwei Tage vergeblich auf ihn gewartet hatte, war in die Rue des Frères Casanova gegangen und hatte ihn auf seinem Bett gefunden, aufgeschlitzt wie ein Lamm. Der Fall beschäftigte die Lokalpresse eine Zeit lang, dann wurden zwei Italiener als Verdächtige verhaftet. Kurz darauf verkaufte Louis Outhier seine L'Oasis an Japaner. Es ist immer noch ein hervorragendes Restaurant.

Von meinen unzähligen Begegnungen in der Welt der Gastronomie verdienen es zwei, herausgehoben zu werden. Die eine betrifft einen jungen Koch, der in Nizza in Marktnähe ein kleines Restaurant eröffnet hatte, das Don Camillo. Er hieß Franck Cerutti und hatte einen deutschen Schwiegervater, der durch sein exzentrisches Gehabe die Gäste verschreckte, indem er in abenteuerlicher, (selbst-?)geschneiderter Kleidung zwischen den Tischen herumtänzelte. Franck hatte damals eine gewisse Ähnlichkeit mit Harpo Marx und war extrem schüchtern.

Beim ersten Besuch wusste ich, dass ich hier ein außergewöhnliches Talent, wenn nicht ein junges Genie entdeckt hatte, und machte ihn bei meinen Lesern populär. Ein oder zwei Jahre später übernahm Ducasse die Küche des Le Louis XV im Hôtel de Paris in Monte Carlo, und von einem auf den anderen Tag war das Don Camillo geschlossen. Ducasse hatte Cerutti als Küchenchef in das Luxushotel geholt, wo er die drei Sterne des Meisters bis heute bravourös verteidigt.

Ähnlich, wenn auch mit anderem Ausgang, erging es mir mit Didier Oudill. Er hatte bei Michel Guérard in Eugénie-les-Bains gearbeitet und sich in der Nähe, in einem lieblichen Ort am Fluss Adour, selbstständig gemacht. Auch sein Restaurant war klein und bescheiden. Umso größer der Kontrast zu dem, was Didier dort in der Küche vollbrachte. Er kochte absolut originell und modern, ohne jene exaltierten Ticks, die später das Kennzeichen der modernen Gastronomie wurden. Für mich war sein Restaurant Pain, Adour et Fantaisie eine Adresse, die eine Reise wert war. Leider war die sehr lang, sodass es nur zu wenigen Besuchen kam, die jedes Mal den kulinarischen Höhepunkt des Jahres darstellten. Meine Wertschätzung dieses Kochgenies teilte, wie ich später erfuhr, der inzwischen zur Berühmtheit aufgestiegene spanische Küchenchef Martin Berasategui. Er habe bei ihm gelernt und verdanke ihm alles, wie er einem Gourmet-Magazin erzählte. Anders als Cerutti ist Oudill kein Star geworden, sondern verschwand wie ein Komet hinter dem Horizont.

Solche Reisen nach gastronomischen Top-Adressen unternahmen wir in den Jahren von 1970 bis 2000 immer wieder. Und immer mit der gehörigen Portion Neugier.

Während unserer Aufenthalte in Wien in den Wintern 1986 bis 1994 machten wir eine wunderbare Entdeckung in der Person von Frau Wu. Frau Wu war eine Chinesin; sie war jung, hübsch und schüchtern und die beste Köchin chinesischer Gerichte, der ich bisher begegnet war. Ihr Restaurant hieß Green Cottage und lag in der Nähe des Naschmarktes. Es war ein völlig normales Kleinrestaurant. Abgesehen von einem antiken Wandteppich erinnerte nichts an den chinesischen Hintergrund der Frau Wu. Man saß an normalen Tischen und aß mit Messer und Gabel. Aber was man aß, war absolute Hochküche! Chinesische Küche, konvertiert zu europäischen Inhalten. Kein Multikultispielplatz einer originalitätssüchtigen Köchin, auch nicht das Meisterstück einer Klassenbesten. Was Frau Wu ihren Gästen servierte, war reine Poesie, es war, was der Sammler Lothar-Günther Buchheim, der sich gern über die Seiden-

und Papiermalerei der Chinesen lustig machte, als »mit der Rückhand über die Harfe gestrichen« bezeichnete. Sei es drum. Ihre Küche war hinreißend.

Merkwürdigerweise nicht für den Geschmack unserer Wiener Freunde. Vor allem zu teuer, war ihr erster Einwand. Tatsächlich waren die zarten Gebilde, die manchmal an die Kunst des Papierfaltens denken ließen, entschieden teuerer als die üblichen Gerichte der Wiener Küche. Trotzdem hätte das, was sie im Green Cottage auffahren ließ, die wirklichen Feinschmecker alarmieren müssen. Aber die schwärmten von der Ente der Frau Sodoma in Tulln, deren Hausmannskost sie anbeteten. Mir blieb die fehlende Begeisterung für die Küche der Frau Wu stets ein Rätsel.

Noch rätselhafter war ihr Verschwinden. Es geschah nach einem wichtigen Kaderwechsel in Peking, wie er im modernen China alle zwanzig Jahre stattfindet. Plötzlich waren Herr und Frau Wu verschwunden. Niemand wusste warum oder wohin. Das Green Cottage blieb ein Restaurant unter chinesischer Leitung. In Wien schien es niemanden zu interessieren, ob Frau Wu nun die Leibköchin des Premierministers in Peking war oder ob ihr Mann, der vorzüglich Deutsch sprach, in Shanghai ein Luxusrestaurant eröffnet hatte, in dessen Küche seine geniale Frau auf die Inspektoren des Guide Michelin wartete.

In den siebziger Jahren hatte Barbara in München eine Galerie für moderne Kunst, nicht weit vom damals noch einzigartigen Viktualienmarkt entfernt. Wenn sie abends nach Hause kam, schleppte sie große Einkaufstaschen voll der leckersten Dinge, die ich anschließend für uns und die drei Knaben zubereitete. Da die Produkte gut waren und ich beim Kochen Ehrgeiz entwickelte, waren auch unsere gemeinsamen Mahlzeiten nicht schlecht. So lernte ich kochen.

Eines Tages blieb Barbara zu Hause, weil ich mir beim Tanzen den Knöchel gebrochen hatte. Da rief ihre Vertretung aus München an und berichtete, drei Herren seien in der Galerie, die mich gerne sprechen würden.

Drei Männer? Rechtsradikale Vegetarier, die es wegen meiner undeutschen Lustesserei auf mich abgesehen haben? Da sie mich und nicht Barbara sprechen wollten, würden es wohl keine Künstler sein.

»Was für Herren? Haben sie Geigenkästen dabei?«

»Nein. Es sind Engländer, richtige Gentlemen.«

Das klang ungewöhnlich. Ich bat sie, sie zu uns aufs Land zu schicken, ohne zu fragen, worum es ging.

»Mach den Kamin an«, sagte Barbara, »damit sie sich wie zu Hause fühlen.«

»Okay. Ich werde mein Gipsbein als Jagdunfall deklarieren. Machst du wenigstens einen Tee?«

»Natürlich, Darjeeling, first flush.«

Nach gebührender Zeit kamen sie.

Der Älteste war Direktor des Dorchester Hotels in London, der Jüngste dito vom Landhotel Lygon Arms in Broadway (Worcestershire), und der Eleganteste war Martin Skan, Besitzer des Hotels Chewton Glen (New Milton). Smarte Gentlemen, indeed.

Sie waren auf die naheliegende Idee gekommen, dass die Deutschen, die inzwischen so wohlhabend und so neugierig auf die Welt geworden waren, auch für Englands Gastronomie von Interesse sein könnten. Alle drei vertraten ungewöhnlich attraktive Hotels, die aber in Deutschland kaum bekannt waren. Da entschlossen sie sich, eine eigene Produktwerbung zu machen. Dazu brauchten sie nur einen kurzen Film, einen Projektor und jemand, der sie in Deutschland bekannt machen würde. Die technische Ausrüstung hatten sie bei sich, und als geeigneter Vermittler war ich ihnen empfohlen worden. Deshalb saßen sie an diesem Nachmittag bei mir vor dem flackernden Kamin, tranken Tee und kämpften mit dem Aufbau der aufgerollten Projektionsfläche. Was ich dann zu sehen bekam, beeindruckte mich so wenig, wie mich Prospekte generell verführen können. Es war die sympathische Art der drei Herren, welche uns überzeugte und ihre Versprechungen, die uns bald darauf nach England lockten.

Ich kannte London eigentlich ganz gut, war sogar an jenem historischen Tag in Soho, als das Beatles-Album *Sgt. Pepper's Lonely Hearts Club Band* herauskam und dort ununterbrochen in den Studios und Ateliers meiner Trickfilmfreunde lief. Mein Gott, war das eine Begeisterung! Aus allen Fenstern und Türen dröhnten die Tutti des Londoner Philharmonischen Orchesters, das an dieser außergewöhnlichen Popmusik auch seinen Anteil hatte.

In London habe ich sogar Golf gespielt, zum ersten und einzigen Mal in meinem Leben, bei welcher Gelegenheit es mir gelang, ein paar sehr tiefe Löcher in den sehr gepflegten Rasen zu hauen und den hölzernen Stiel eines Schlägers anzubrechen. Dass der britische Staatsbürger, der mich begleitete und mein Onkel war (angeheirateter Reuters-Korrespondent), den Vorfall nicht benutzte, um von meiner teutonischen Wut zu sprechen, ist ein Wunder. Er erwähnte den Tag auf Beckenhams öffentlichem Golfplatz noch jahrelang, wenn von mir die Rede war.

Nun lernten wir London also in der Luxusklasse kennen. Das Dorchester war sogar ein sehr luxuriöses Hotel, in dem die Gäste abends entweder im Smoking erschienen oder in bodenlangen, weißen Gewändern; damals begann die arabische Prominenz das Bild der Stadt zu prägen.

Für mich war jedoch die Küche der spannendste Teil des Hauses. Denn von dort ging die fällige Revolution der englischen Küche aus. Nachdem die Nouvelle Cuisine durch Witzigmanns Wirken im Tantris auch in Deutschland Fuß gefasst hatte, initiierte Anton Mosimann, der schweizerische Küchenchef des Dorchester, ihren Start in England. In wenigen Jahren verwandelte sich die zu Recht berüchtigte Englische Küche bei den maßgebenden Adressen in Brückenköpfe kulinarischer Verfeinerung. Begleitet wurde diese Entwicklung (wie bei uns) von großer öffentlicher Teilnahme. Wie zu erwarten, leisteten die konservativen Esser heftigen Widerstand. Der Kontrast zwischen den modernen Köchen und den Hochburgen des Roastbeefs faszinierte mich, weil ich ihn täglich aufs Neue entdecken konnte. Vom Terrassen-Restaurant im Dorchester zu Simpson's in the Strand, vom Capital zu Rules – das waren stilistische Gegensätze, welche die täglichen Restaurantbesuche nie langweilig werden ließen.

Glücklicherweise sind die Beispiele der Punsch & Pudding-Küche nicht ganz verschwunden. Ich würde sie bei meinem nächsten Besuch in London nicht auslassen, zumal sie häufig in einer museal-viktorianischen Umgebung serviert werden, wo ich mich lieber aufhalte als in einem cool gestylten Ambiente.

Wir setzten das Studium der englischen Gastronomie bei Martin Skan im Chewton Glen fort. Die moderne Eleganz dieses Landhaushotels war eindeutig auf amerikanische Gäste zugeschnitten, die Martin auf jährlichen Reisen in die USA persönlich ansprach. Durch seine rastlosen Bemühungen wurde er zu einem der profiliertesten Hoteliers der Britischen Inseln. Da er meine Vorlieben kannte, arbeitete er für uns mehrere Reiserouten durch Westengland aus, an die ich mich als unvergleichliche Höhepunkte meines Berufes erinnere. Zehn Jahre später, und unsere Entscheidung für ein Mas in der Provence wäre nicht so eindeutig ausgefallen. Aber damals – wie heute – ist England für einen Kontinentaleuropäer umständlich zu erreichen, wie auch das feuchte Klima für den Gartenfreund zwar ideal sein mag; aber nicht umsonst stellen Engländer in Südfrankreich und in der warmen Dordogne den größten Ausländeranteil.

Dass wir in dieser Hinsicht durchaus einer Meinung sind, beweist der erste Satz, mit dem Barbara ihr Buch über ihren provenzalischen Garten beginnt: »Eigentlich wollte ich ein Cottage in England haben …«

Wenn die Suche nach einem guten Restaurant zum Abenteuer wird, dann nicht, weil man auf gut Glück in einer Region herumfährt. Zu den Vorbereitungen einer solchen Expedition gehört für den Frankreich-Reisenden neben den fabelhaften Detailkarten von Michelin auch der Rote Guide der Reifenfirma. Womit ich nichts gegen Gault-Millau gesagt haben will. Auch dieser Führer durch die mitteleuropäische Gastronomie hat seine Verdienste. Aber ich habe zu viele Kollegen kennengelernt, die für Christian Millau arbeiteten, der sich nicht scheute, zur Beurteilung einer Küche mit seinem Hund aufzutauchen, ohne nach der Mahlzeit um eine Rechnung zu bitten. Berichte über die branchenübliche Kumpanei zwischen Wirt und Journalisten verschlugen mir den Atem. Dann und wann hatte ich die Gelegenheit dabei zu sein, wenn eine vorgebliche Leistungskontrolle sich in einen Gefälligkeitsbesuch verwandelte, bei dem eine Bezahlung weder vom Kritiker noch vom Wirt überhaupt erwartet wurde.

Ich selber habe deutsche und französische Spitzenrestaurants nicht selten verlassen, nachdem mir statt einer Rechnung der handgeschriebene Zettel serviert wurde: »Wir freuen uns, dass Sie unser Gast waren.«

Eine zunächst heikle Situation, für die es mehrere Lösungen gibt. Die erste und beste ist, ein Trinkgeld zu hinterlassen, das der geschätzten Gesamtrechnung entspricht. Dazu gehört ein starker Charakter, weil die Kosten nicht selten einem Paar handgenähter Schuhe entsprechen. Und, natürlich, von keinem Finanzamt anerkannt oder von keinem Verleger ersetzt würden.

Eine andere Reaktion auf die Großzügigkeit des Wirtes wäre, über den Besuch kein Wort zu schreiben. Gibt er sich den Anschein, als schätze er am Kritiker zuerst und vor allem dessen Gegenwart, so wollen wir uns nicht lumpen lassen und auch ihn unserer Freundschaft versichern, indem wir sein gastliches Haus verlassen und bestenfalls dem Voiturier, der uns den Wagen vom Parkplatz holt, einen Obolus in die Hand drücken.

Jedes dieser Beispiele – und es gibt noch ein paar andere – ist mit einer nicht zu leugnenden Peinlichkeit behaftet. Erst dort, wo zwischen Wirt und Kritiker eine wirkliche Freundschaft entstanden ist, kann man es halten wie zwischen Freunden üblich. Dann darf aber auch nicht die geringste kritische Bewertung die Atmosphäre trüben. Sollen also Kritiker ruhig mit Köchen auf den Golfplatz gehen oder Squash spielen. Aber wehe, sie kommentieren noch einmal die beruflichen Leistungen ihres Sportsfreunds!

Womit ich nicht sagen will, dass ein Kritiker nicht auch eine kostenlose Mahlzeit gerecht und, wenn es sein muss, auch negativ beurteilen kann. Nur ist erfahrungsgemäß nicht jeder dazu in der Lage. Der grassierende affirmative Journalismus ist ein starkes Indiz für die menschliche Charakterschwäche. Die hohen Menükosten in einem Gourmetrestaurant kann sich ein gut verdienender Familienvater höchstens einmal im Monat leisten. Ein Journalist eigentlich überhaupt nicht. Tut er es dennoch, lebt er über die Verhältnisse, welche ihm von seinen Auftraggebern vorgeschrieben werden. Nebeneinkünfte durch Bücher, Vorträge und dergleichen sind unabdingbar, wenn er seine Mahlzeiten nicht mit Mineralwasser hinunterspülen will. Verlage nehmen jede kleine Wirtschaftskrise zum Anlass, den

Spesenetat zu kürzen und die Honorare der Mitarbeiter erbarmungslos im rauen Geschäftsklima verdorren zu lassen. Das ist der Grund, warum bei uns fast ausschließlich über die Gastronomie im eigenen Land berichtet wird. Natürlich positiv.

Daher konnte der Eindruck entstehen, dass unsere immer wieder erwähnten Spitzenköche im Ausland keine Konkurrenz hätten und die Deutsche Küche – wie schon unsere Autos – zur absoluten Weltspitze gehört. So entsteht Provinz.

Als das Fahren lästig wurde – die Strecke München-Straßburg war schon damals eine Zumutung – mieteten wir die Burg im Rheintal, von wo aus wir wie die Raubritter die südwestdeutsche und elsässische Gastronomie überfielen, und es auch zu entfernten Zielen in Frankreich nicht mehr so weit war.

Aus dem Ruhrgebiet war ich als junger Mensch regelrecht geflüchtet, weil ich voraussah, dass ich dort verkümmern würde zwischen einer Kameraderie, bei der ich trotz jahrelanger Vertrautheit stets der Außenseiter war, wo ich unter dem grau-feuchten Klima litt und wo, bei aller Betriebsamkeit, der Dunst der Provinzialität nicht zu ignorieren war.

In Bayern war ich gelandet, weil alle von der Schönheit der Landschaft schwärmten und München als heimliche Hauptstadt der Bundesrepublik galt. Außerdem erwies es sich als einfach, am Ammersee ein alleinstehendes Haus zu mieten. Bezeichnenderweise spielte die Nähe Italiens bei der Wahl dieses Wohnsitzes keine Rolle. Natürlich hatte ich meine Grand Tour durch Italien längst hinter mir, ich hielt mich auch gerne in Venedig auf, dessen einzigartige Küche mich viel mehr interessierte als die Nudelparadiese zwischen Mailand und Rom. Die Toskana fand ich schön, weil sie an manchen Stellen unleugbar schön ist, aber die Schlichtheit der lokalen Gastronomie reizte mich wenig, der Weinbau humpelte mühsam dem Weltniveau hinterher, und über alles legte sich die übertriebene

Schwärmerei der deutschen Urlauber. Ich besuchte schnell noch die üblichen Museen, bevor sie unter dem Ansturm der Touristen ihre kontemplative Bestimmung endgültig einbüßten.

Ein glücklicher Zufall wollte es, dass damals das Tantris eröffnet wurde. Das war der Beginn des deutschen Küchenwunders, und ich war zur richtigen Zeit dabei.

Die Geschichte der Anfänge ist oft genug beschrieben worden, wie der Unternehmer Fritz Eichbauer sich im Norden Schwabings ein Restaurant baute, einen modernistischen Bau, der eher einem Sektentempel glich als einem Restaurant, und der noch heute so aussieht wie vor fast vierzig Jahren. Man sollte ihn unter Denkmalschutz stellen. Jedenfalls wäre das Tantris, wie das Lokal heißt, ein erster Anwärter auf einen deutschen Ehrentitel wie ihn die UNESCO weltweit für kulturelle Erbstücke vergibt. Aber so weit sind wir noch nicht, dass der deutsche Staat Denkmäler benennt, die nichts mit unserer unappetitlichen Vergangenheit zu tun haben.

Jedenfalls war das Tantris die Quelle, aus der unsere kochenden Helden wie Eckart Witzigmann, Otto Koch, Hans-Peter Wodarz, Dieter Biesler sich stärkten, bevor sie ihren deutschen Gästen eine Lektion in französischer Klassik erteilten. Mit ihrem von elsässischen Vorbildern beeinflussten Stil veränderten sie die gesamte deutsche Gastronomie.

Die Europäische Zollunion war noch jung, der innereuropäische Handel nicht richtig etabliert, und die benötigten Edelprodukte wie Foie gras, Bressehühner, Tauben, Hummer, Froschschenkel, Mittelmeerfische und dergleichen, wurden von den Küchenchefs in abenteuerlichen Nacht-und-Nebel-Aktionen vom Pariser Großmarkt nach Bayern gebracht. Aber schon nach wenigen Jahren gab es keine derartigen Hindernisse mehr, und es begann ein gastronomischer Aufschwung, der bis heute nicht aufhört. Ganz im Gegenteil übrigens, das muss ich leider sagen, zu den Verhältnissen im Ursprungsland der Tafelfreuden. Die Nouvelle Cuisine war die letzte Küchenrevolution, die die Franzosen initiierten und über ihre Grenzen exportierten. Sie ereignete sich fast zeitgleich mit der Geburt unserer Gastronomie, was ein Glück war, denn unsere ehrgeizigen Jungköche wollten ja nicht da anknüpfen, wo die Senioren vor dem Krieg aufgehört hatten. Also erregten unsere ersten Restaurants mit ihren modisch reduzierten Speisen das notwendige Aufsehen, um von der Öffentlichkeit gebührend registriert zu werden. Und sofort bildeten sich zwei Fronten: Die Traditionalisten bekämpften die Progressiven. Ausgebuffte Marktstrategen hätten es nicht besser planen können, was nun in ganz Westdeutschland rotierte wie Hula-Hoop-Reifen um biegsame Hüften. Die Gäste der einschlägigen Restaurants gewöhnten sich an Gemüsebreis und Gemüsesorbets, die Portionen auf den großen Tellern schrumpften, und die Preise stiegen. Der Boulevard stürzte sich mit Freuden auf das neue Thema.

Ein Volk, das daran gewöhnt war, sich für wenig Geld an großen Portionen satt zu essen, wurde mit einer vergleichsweise mageren Diät konfrontiert, deren modische Artistik die fehlende Sättigung nicht ersetzen konnte. Wieder einmal geriet moderne (Koch-)Kunst mit herkömmlichen (Ess-)Gewohnheiten aneinander.

Den ersten Auftrag, über ein Restaurant zu schreiben, verdanke ich Willy Fleckhaus, der das Jugendmagazin *Twen* gegründet hatte und es zu einer stilbildenden Ikone des Zeitgeistes entwickelte. Zuvor hatte er Zeichnungen und auch Rezepte von mir veröffentlicht, die jeweils letzten und ersten ihrer Art. Rezepte beschrieb ich von Anfang an so ausführlich, dass sie sich von den üblichen Kochanweisungen im Telegrammstil krass unterschieden. Ich war ja kein Koch, sondern Autodidakt und wollte, dass auch andere Laien meine Anweisungen verstehen und danach möglichst fehlerfrei kochen konnten.

Die größte Bedeutung hatte Fleckhaus als Gestalter jener Buchreihen, welche er für den Suhrkamp Verlag entwarf und die wegen ihrer Originalität (die Regenbogenfarben bei den Taschenbüchern) und ihrer rigiden Modernität (Suhrkamp Bibliothek) zu Design-Klassikern wurden.

Gleichzeitig hat er die Bedeutung der Fotografen und ihre Honorare in einem Maße gefördert, dass für sie eine Mitarbeit bei *Twen* so viel bedeutete wie die Mitgliedschaft bei der Agentur Magnum Photos. Um ein Haar hätte auch ich davon profitiert. Um das zu erklären, muss ich etwas ausholen und in meinen Kriegserlebnissen kramen (die nicht zu meinen Lieblingsthemen gehören).

Wie jeder andere Hobbykoch und wie jeder andere Autor habe ich Zwiebeln geschält bis zum Gehtnichtmehr und die Erinnerungen sprechen lassen. Unbekannt geblieben ist bis heute nur die Episode, in der ich als der jüngste Fotoreporter des Nazikrieges auftrat.

Als ich mit den älteren Jahrgängen der Untertertia der Bismarck-Oberschule zur Flak eingezogen wurde, war ich gerade 15 Jahre alt. Um das Kriegsglück zu wenden, das plötzlich nicht mehr auf seiner Seite war, griff der ›Größte Feldherr aller Zeiten‹ auf seine Geheimwaffe zurück: Wir Schulkinder mit dem angefangenen Schiller im Kopf sollten den Feind aufhalten, indem wir seine Flugzeuge vom Himmel schossen. (Die nur wenig jüngeren Schüler durften zu Hause bleiben und mit den Mädchen poussieren, wie das damals genannt wurde.)

Ich hingegen und die anderen Gleichaltrigen wurden fortan zur Liebe zum Karabiner gezwungen, dessen fachgerechte Pflege wir lernten, wie es uns bei den Schulfreundinnen verwehrt wurde. Nun fällt es keinem Fünfzehnjährigen leicht, sich abrupt von seiner romantischen Kindheit abzuwenden wegen eines eingeölten Repetiermechanismus an einem kalten Schießprügel. Da will man ein Stück aus der heilen Welt mit herübernehmen ins Kriegsgeschehen. Was kann das anderes gewesen sein als die Adressen der blonden Ulla, der Erika mit dem plissierten Rock und Renate, deren Mutter mich, wie ich später erfuhr, mit ihrer Klavier spielenden Tochter verkuppeln wollte?

Was ich jedoch unter dem Uniformmantel versteckte, als ich die Bochumer Wohnung endgültig verließ, war nichts anderes als ein Fotoapparat. Eine Agfa-Plattenkamera, wie sie in der Vorzeit der Paparazzi weltweit in Gebrauch war. Die Filmrolle im Kleinbildformat war wohl noch nicht erfunden. Also fotografierte mein Vater mit dieser Agfa, deren Balg man ausziehen musste, seinen einzigen Sohn auf dem Eisbärenfell und mit der großen Tüte am ersten Schultag sowie beim Besuch der Externsteine. Jetzt, da er selber in den Wirren des Krieges verwickelt und aus meinem Leben verschwunden war, übernahm ich die Plattenkamera sozusagen als väterliches Erbe.

Um aller Techno-Romantik vorzubeugen, möchte ich erklären, dass es sich nicht um einen dieser Holzkästen handelte, die, mit einem schwarzen Umhang versehen, auf ein Stativ gestellt wurden, damit sie den Krimkrieg oder das Paris des Zweiten Kaiserreichs auf ihre Glasplatten bannten. Diese Agfa war verhältnismäßig modern. Ihre Glasplatten konnte man durch sogenannte Filmpacks ersetzen und hatte somit keinen Ärger mit den zerbrechlichen Scheiben. Natürlich waren beide, die Platten und die Papiernegative, nur für den einmaligen Gebrauch bestimmt und dort, wohin mich das Schicksal in seiner blinden Willkür verschlagen hatte, nicht vorrätig.

Während ich also das Flugzeugabwehren aufgab und im Frühling 1945 an der Oder in selbst gegrabenen Gräben und Löchern hockte, zweigte ich von meiner vorgeschriebenen Liebe zum Karabiner ein Gutteil für meinen Fotoapparat ab, und anstatt wie die Soldateska rechts und links neben mir auf Rehe und Wildschweine zu schießen, schoss ich Fotos in bester Manier der berühmten Kriegsfotografen. Da auch das Entwickeln und Abziehen von Fotoplatten an jenen Orten kaum möglich war, kam ich nicht in den Genuss, mich am Ergebnis meiner Arbeit erfreuen zu können. Stattdessen schleppte ich in meinem Brotbeutel ein Dutzend nicht entwickelte Filmnegative mit mir herum, in der sicheren Gewissheit, sie sechzig Jahre später als rare und beispielhafte Kriegsfotografie bei Christie's für ein Heidengeld verscheuern zu können.

Doch es kam anders, wie jeder weiß, der beim Zwiebelschälen dabei war.

Der Roten Armee, damals wie heute in desolatem Zustand, fehlten moderne Geräte und Munition, um den Krieg zu gewinnen. Deshalb hatte sie ein Auge auf meine Agfa geworfen und war wie der Teufel hinter mir her. Es war ein heroisches, ein großartiges Rennen, welches ich bekanntlich gewann, indem ich einen alten russischen Trick anwandte: Wurde ein russischer Fürst auf seinem Pferdeschlitten von hungrigen Wölfen verfolgt, warf er den Kutscher stückweise den Bestien zum Fraß vor. Das lenkte sie ab, und er konnte entkommen.

Das Gleiche machte ich mit meiner Agfa und den nicht entwickelten Platten.

Ich habe Fleckhaus nie verraten, dass ich eigentlich auch mit seinem Magazin zu Weltruhm hätte gelangen können. Wer weiß, ob er meinem Leben nicht erneut einen Impuls gegeben hätte, die Richtung zu ändern, wie es ihm später gelang, als er mich mit dieser jungen Galeristin und ihren kleinen Kindern bekannt machte.

Mit Fleckhaus zusammen nahm ich auch an dem wahrscheinlich ersten Kochkursus teil, der für deutsche Interessenten in einer renommierten Küche stattfand. Das war im Restaurant Aux Armes de France in Ammerschwihr, einem elsässischen

Weinort bei Colmar. Der Küchenchef und Besitzer, Pierre Gaertner, war ein Schüler des dicken Fernand Point von La Pyramide in Vienne, dessen gefüllte Forelle ich in der Version des Pierre Gaertner zubereiten lernte. In Ammerschwihr wurde noch auf einem richtigen Kohleherd gekocht, ein großes, schwarzes Ungetüm von einem Ofen, der höllische Hitzegrade ausstrahlte. Damals war Kochen wirklich noch Schwerstarbeit und halbwegs dafür verantwortlich, dass Frauen in der Gastronomie praktisch nicht vorkamen.

Während ich mit Pfannen und Töpfen hantierte, betrat Fleckhaus die Küche niemals. Er sammelte Eindrücke für seine grafischen Erfindungen, mit denen er im Art Directors Club verblüffen würde. Mit seinem genialen Gespür für kommende Moden, veröffentlichte er die banalsten Rezepte wie große Reportagen. So prägte er den Stil, mit dem seitdem über Essen und Trinken berichtet wird.

Er war überhaupt stilbildend wie kein anderer Zeitschriftenmacher jener Jahrzehnte. Er ließ Reportagen schreiben über verfallene Bauernhäuser in der Provence, nannte deren Preise und andere Einzelheiten und löste damit die erste Welle der Kauflust von Zweithäusern in Südfrankreich aus. Dieselbe Kampagne wiederholte er ein Jahr später in der Toskana. Er animierte eine seiner Journalistinnen, sich die Nase operieren zu lassen und darüber zu schreiben. Ann Thönnissen erledigte diese Aufgabe mit der Brillanz und dem Witz, die sie zu einer der Säulen der *Twen*-Redaktion machten. Sodann veröffentlichte Fleckhaus das berühmt gewordene Foto einer hochschwangeren jungen Frau in Jeans, die nicht in mütterlicher Seligkeit, sondern mit moderner Skepsis die Welt betrachtet. Das brachte die CSU gegen die Zeitschrift auf. In dieser Zeit saß immer jemand mit hochrotem Kopf auf dem Sofa und protestierte gegen das, was *Twen* den Bundesbürgern zumutete.

Wenn es um verfeinertes Essen geht, hat sich seit damals nicht viel geändert. Die atavistische Ablehnung der Deutschen gegenüber Verfeinerung und Intellektualität charakterisiert seit Luthers Bekenntnis zur anspruchslosen Deftigkeit die Identität unseres Volkes und bestimmt auch noch heute die Diskussionen über die Notwendigkeit einer Elite.

Wenn meine Generation darauf empfindlich reagiert, so liegt das nicht zuletzt am elitären Anspruch der Nazis, der in der grotesken Behauptung gipfelte, mit den SS-Formationen eine völkische Elite geschaffen zu haben. Man musste kein besonders intelligenter Knabe sei, um sich vor diesem Schwulst peinlich berührt zu ducken und eine Aversion gegenüber dem braunen Pathos zu entwickeln. Von der gefühlten Aversion bis zum realen Widerstand bedurfte es jedoch einer Erziehung durch kritisch denkende Eltern, über die ich so wenig verfügte wie die Mehrheit meiner Altersgenossen. Es blieb also bei dem Widerwillen vor der ›Kameradschafterei‹, wie Sebastian Haffner die narkotisierende Indoktrinierung durch die Nationalsozialisten nannte.

Ihr wurde ich nicht einmal in Anwesenheit meines Vaters ausgesetzt, sondern nur zweimal wöchentlich beim nachmittäglichen Dienst im Jungvolk, der Kinderabteilung der Hitlerjugend. Ein untauglicher Versuch zur Einflussnahme, wie sich erwies. Denn es waren genau diese Zwangsgemeinschaft, diese gesungenen oder im Chor gesprochenen Treueschwüre – gegenüber einem Volk, mit dem ich mich nicht identifizierte, und für ein Vaterland, das mir nichts bedeutete – welche meinen lebenslangen Ekel vor einer gleichgesinnten »Volksgemeinschaft« begründeten.

In diesem zunächst irrationalen Empfinden ist ein Motiv zu suchen – wenn es denn der Suche wert ist –, das mein Bedürfnis erklärt, so oft wie möglich die deutschen Grenzen hinter mir zu lassen und die scheinbar liberale und anarchische Lebensweise zu suchen, wie ich sie in Frankreich zu finden glaubte.

Vielleicht lag darin auch der Grund für das aus heutiger Sicht unverständliche Desinteresse an der Geschichte meiner Familie. Man kann es der Oberflächlichkeit eines faulen Schülers anlasten, eines sich spät entwickelnden Jungen, der sich lieber mit den Halunken beschäftigte, die den armen Edmond Dantès ins Gefängnis brachten als mit den Eltern seiner Großeltern.

Es gibt da eine Parallele zu meiner mangelnden Wissbegier bei Begegnungen mit älteren Menschen. Seit ich selbst zu dieser Altersgruppe gehöre, begegne ich jüngeren Kollegen am Esstisch oder wo sonst einen die Geselligkeit zusammenführt. Doch sogar wenn die zweite oder dritte Flasche Wein für eine lockere, informelle Stimmung sorgt, höre ich nie Fragen nach der Vergangenheit, wie ich sie erlebt habe. Dass ich als Zeitzeuge für diese etwas jüngeren Menschen interessant wäre, habe ich nie erfahren. Sie reden immer nur über die Gegenwart, weil sie die für den Ausgangspunkt ihrer Zukunft halten. Was vorher war, ist ihnen offenbar egal.

So ist es wohl auch mir ergangen. Ob ich meine eigene Herkunft hätte erfragen können oder die älterer Gesprächspartner; ob ich mir durch ältere Zeugen mein Wissen von deutscher Lebensart bestätigen oder korrigieren lassen konnte – ich tat nichts dergleichen. Ich fragte nicht nach, weil es mich nicht interessierte. Auch so äußert sich die Dummheit der Jugend.

Merkwürdigerweise war das bei Barbara nicht anders. Dabei war ihre Familie viel bunter und ereignisgeprägter als meine. Allein schon die Liste der Beteiligten genügt, um auf eine abwechslungsreiche Geschichte neugierig zu machen. Da war der dicke Käpt'n Cüppers. Jahrelang befuhr er als Kapitän die Meere auf einem der größten Dampfer des Norddeutschen Lloyds. Es existieren Fotos, auf dem er mit dem Kronprinzen

Soundso auf der Brücke seines Schiffs steht. Dann Barbaras Vater, Paul-Ernst Wilke, ein Maler von Fischkuttern in Bremerhaven. In erster Ehe war er mit Lale Andersen verheiratet, sodass Barbara bereits drei Kinder der Sängerin als Halbgeschwister hatte, als sie auf die Welt kam. Sie kann auch von einem echten Bruder erzählen, der sich im bürgerlichen Leben nicht zurechtfand, jahrelang in Guatemala herumgammelte, dann in Kanada und schließlich in Australien landete. Es folgte eine weitere Halbschwester, weil Barbaras Mutter sich von dem Maler trennte und erneut heiratete. Das alles spielte sich in Worpswede ab, dessen Kulisse einen hinreichend farbigen Hintergrund abgab. Dann kam der sagenhafte Klaus Pinkus, Emigrant, Millionär, Mäzen, Sammler, Flüchtling, Fremdenlegionär, der Barbaras Mutter heiratete, als er in der Nachkriegszeit nach Deutschland zurückkehrte. Er war mit Heinrich Mann befreundet, hatte jahrelang, solange es ihm gut ging, Musil eine Rente ausgesetzt, entging der Gestapo nur, weil er in die Fremdenlegion eintrat, und versteckte sich, als es ihm nicht mehr gut ging, mit anderen Verfolgten als Arbeiter in den Weinbergen der Gräfin Colloredo im französischen Südwesten. Durch die Heirat mit Barbaras Mutter wurde er Miteigentümer einer Kunstgalerie in Worpswede, wo es damals, in den fünfziger Jahren hoch herging. Pinkus entdeckte Richard Oelze und Horst Janssen, förderte viele regionale Künstler – von der Worpsweder Kneipenszene nicht zu reden.

Klaus Pinkus hinterließ einen großen Stapel Papiere, seine Erinnerungen an die turbulente Epoche zwischen 1920 bis 1980. Und man sollte meinen, die Zeitgeschichte sei bei Barbara besonders gegenwärtig. Aber nichts davon. Schon ihre Mutter hatte nicht lange gefragt und mit ihrem dritten Mann ein fröhliches Leben geführt. Was früher war, war vorbei. Der deutsche Frivolismus, wie ihn Karl-Heinz Bohrer später nannte, regte sich früh.

Provence 4

Die Geschichte von Barbaras zweitem Stiefvaters hatte immerhin bewirkt, dass sie meine Begeisterung für Frankreich nicht ungewöhnlich fand und ihr keinen Widerstand entgegensetzte. Wie ich verfiel sie zuerst dem französischen Hedonismus und danach den provenzalischen Trockenmauern. Damals hatte ich die Mitte des Lebens längst überschritten, die Midlife Crisis erfolgreich bewältigt, die mir anvertrauten Knaben großgezogen und in eine sehr unsichere Welt entlassen. Keine schlechte Bilanz für einen ehemaligen Hitlerjungen.

Da packte mich der Übermut, und anstatt für unser Alter vorzusorgen, legte ich mein Erspartes in dieser Klitsche an.

Fast ein Jahr war sie ein Tummelplatz von Handwerkern mit dem Temperament von Zirkusclowns. Weder wurden weitreichend gesteckte Ziele erreicht noch kleine Reparaturen erledigt. Aber sie waren, das lässt sich nicht leugnen, allesamt freundliche Zeitgenossen, liebenswürdig, wenn sie logen, und erfindungsreich, wenn es darum ging, Entschuldigungen für nicht erledigte Arbeiten zu erfinden. Nach einem Jahr wurde klar: Diese netten Menschen hielten uns zum Narren.

Merkwürdigerweise machten sie uns nicht unglücklich mit ihrer Unberechenbarkeit.

Sie machten uns arm, das war ersichtlich.

Aber gleichzeitig bereicherten sie mein Leben. Niemals in den vergangenen sechzig Jahren hatte ich so deutlich das Glück empfunden, das mit dem Bauen, mit der Realisierung eines eigenen Entwurfs zusammentrifft. Jede kleine Mauer, die die Handwerker nach meinen Anweisungen errichteten, jeder neue Fensterdurchbruch, ja sogar die Anordnung der Lichtschalter zeugten von meiner Kreativität, waren meine Ideen, die in diesem alten Gemäuer Beweis ablegten von meiner Gestaltungskraft!

»Nun blas dich nicht so künstlich auf«, sagte Barbara. »Das empfindet jeder Bastler ähnlich.« (Sie benutzte auch das Wort *bricoleur*, das unter französischen Handwerkern keinen sehr guten Ruf hat.)

»Aber du musst doch zugeben, dass ein *bricoleur* kaum auf die Idee mit dem verlängerten Fenstersims gekommen wäre!«

»Trotzdem kannst du dich nicht mit Kolumbus vergleichen. Dessen Idee mit dem Ei war genial.«

»Ich red' hier nicht von Genialität, sondern davon, wie ein kleiner Einfall eine große Wirkung haben kann.«

»Ja, wie dein Einfall, diese Ruine zu kaufen.«

»Die wird bald keine Ruine mehr sein.«

»Sei nicht zu optimistisch! Das Berliner Schloss ist schon länger kaputt als dieses provenzalische Mas!«

»Das nenne ich Loyalität: Erst vergleichst du mich mit einem Bastler und jetzt mit preußischen Nostalgikern!«

Ist es nicht erstaunlich, wie der Bau einer Gartenlaube in der französischen Provinz die ganze Welt einbeziehen kann? Vom Größenwahn über barocke Seefahrer, Frühstücksrituale, Immobilienkrise und Historismus zur Kritik der reinen Loyalität. Gleichzeitig aber weckt die nebenberufliche Aktivität auch die Wachsamkeit der Hausfrau.

Was dem einen die Kreativität, ist der anderen die Bilanz. Nicht dass wir beide große Finanzkünstler wären; aber es erwies sich, dass es sich beim Restaurieren von alten Gebäuden um mehr handelte als um ein lustvoll betriebenes Hobby.

Vor allem Barbaras Garten war ein Fass ohne Boden. Das Klima der Provence ist dem Wachstum von Pflanzen und Bäumen sehr förderlich, sofern es sich um angepasste Pflanzen und

Bäume handelt, die mit geregelter Bewässerung rechnen können. Dafür braucht man einen eigenen Brunnen, den wir nicht hatten. Die Bauern hingegen versprühten aus dicken Feuerwehrschläuchen Tag und Nacht beneidenswerte Mengen Wasser auf ihren Äckern, auf denen in unserer Umgebung nichts anderes wuchs als subventionierter Mais.

Trotzdem gelang es Barbara mit mehreren Gärtnerbrigaden nacheinander, die das Haus umgebende Ödnis in einen prachtvollen Garten zu verwandeln, dessen Terrassen von mehreren Hundert Meter langen Trockenmauern gestützt wurden. Eines Tages, als er in seiner ganzen Schönheit zu bewundern war, kam die Fotografin Sigi Hengstenberg zu Besuch. Sie begeisterte sich so sehr für die botanische Pracht, dass sie den Garten von vorne und hinten fotografierte, woraus das schöne Buch entstand, das ich bereits erwähnte. Das war 2002.

Im Jahr darauf brach eine Hitzewelle über Mitteleuropa herein, die viele Tote forderte, vor allem in Frankreich. Ein zusätzliches Opfer war Barbaras Garten. Weitere drei ungewöhnlich trockene Jahre gaben ihm den Rest. Der vorher grüne Rasen war graubraune Erde, von Blumen, Büschen und zarten Pflanzen war nichts mehr übrig. Nur die alten Akazien standen dürr und zur Hälfte entlaubt im ehemaligen Garten herum. Saftig waren lediglich die Wasserrechnungen. Es war ein Trauerspiel.

Fünf Jahre später zeigte der ständig beschworene Klimawandel, was er alles in petto hat. Es regnete wochenlang vom Frühling bis in den Sommer hinein. Wir fuhren erst Ende Mai in die Provence und trauten unseren Augen nicht. So grün und so vital hatten wir unseren Besitz noch nie gesehen. Wir waren entzückt und bereuten unseren im Jahr zuvor gefassten Entschluss, die Immobilie zu verkaufen und uns aus der Provence zurückzuziehen.

Der Sommer entwickelte sich zu einem Jahrhundertsommer,

nur dass er sich nicht durch desaströse Trockenheit in die Klimageschichte der Provence einschrieb, sondern durch monsunartige Niederschläge, welche die Lokalzeitungen veranlassten, ihre Leser alle zwei Wochen mit dem Begriff »Sintflut« zu beunruhigen. Uns Mas-Besitzern genügte ein Sitzplatz hinter der geöffneten Terrassentür, um den Grenzbereich der Panik zu erreichen. Der Regen fiel wie ein dichter Vorhang mit Getöse auf die Erde. Die Sicht, die sonst kilometerweit in die Ebene reicht, betrug kaum mehr als dreißig Meter. Dazu Donner und Blitze ohne Ende. Natürlich tropfte bald auch Wasser durch die Decke; irgendwelche Dachziegel liegen immer schief oder sind geborsten, dafür sorgen schon der Mistral und die Sonne. Gleichzeitig platzte der Garten aus allen Nähten. Er hatte jetzt Ähnlichkeit mit einem Gewächshaus des Botanischen Gartens. Alle Büsche, Bäume und Blumen grünten, rankten und wucherten wie besessen. Nur die Feigen gaben ihre Bemühungen auf, in diesem Sommer dick und reif zu werden, was Barbara nicht ohne Befriedigung registrierte: Das lästige Marmeladenkochen würde ihr erspart bleiben. Doch die Gärtner würden Überstunden machen müssen wie der Friseur, der den serbischen General Karadžić nach seiner Festnahme von einem Waldschrat in einen Angeklagten verwandelt hatte.

Paris

In Paris zu wohnen ist ein Thema, das mich jahrelang beschäftigte. Die unzähligen Kurzbesuche, die ich seit den frühen fünfziger Jahren unternommen hatte, steigerten meine Liebe zu dieser einzigartigen Stadt und bestärkten mich in der Überzeugung, dass ich zur Befriedigung meiner Paris-Sucht eine größere Dosis dieses Rauschmittels bedurfte. Das heißt, ein längerer Aufenthalt in der Stadt. Den verhinderten zuerst einmal die Immobilienpreise, mit denen ich ein Hase-und-Igel-Wettrennen austrug. Immer wenn ich glaubte, das geforderte Geld für ein paar Monatsmieten zusammenzuhaben, stiegen die Preise wieder um entscheidende Prozente. Das wiederholte sich von Jahr zu Jahr, bis ich schließlich die Klitsche in der Provence kaufte.

Inzwischen war ich es gewohnt, nur in den besten Hotels der Stadt abzusteigen. Wegen der Lage und gewisser anderer Einzelheiten bevorzugte ich das Meurice, wohnte auch nicht ungern im Bristol, obwohl man dort nie ein Taxi bekam. Als ich das erste Buch über Pariser Bistros schreiben wollte, besorgte ich mir eine Wohnung, deren Adresse für einen Parisliebhaber nicht zu übertreffen war: am Quai d'Orléans auf der Île Saint-Louis. Hier wohnten nur privilegierte Menschen mit viel Geld, und nicht alle konnten auf die Seine hinabsehen wie wir, wo bis Mitternacht die Aussichtsboote mit den Touristen auf und ab fuhren, sodass man deutlich unterscheiden konnte, in welcher Sprache die Guides die Passagiere über ein Mikrofon informierten: »Und dort oben, im dritten Stock dieses schönen Hauses aus dem frühen 18. Jahrhundert, wohnt zurzeit der deutsche Berufsesser und Autor Wolfram Siebeck, der rastlos an seinem ersten Buch über die Pariser Bistros arbeitet.«

Schlaflos wäre das passendere Wort, denn die mikrofonverstärkten Stimmen der Guides und die Suchscheinwerfer der Bateaux Mouches verhinderten jede nächtliche Ruhe vor Mitternacht. Aber wenn wir mit Topor unterwegs waren, also fast jeden Abend, war an Schlaf vor Mitternacht sowieso nicht zu denken.

Roland Topor war mir inzwischen so ans Herz gewachsen, dass ich ihn (abgesehen von meinen Frauen) für die wichtigste Begegnung in meinem Leben halte. Mit keinem Mann habe ich so viel gelacht, so viele Flaschen Wein getrunken und in so vielen Kneipen gequatscht. Niemand hat sich so hemmungslos des Lebens gefreut wie er. Und niemand, der so viel konnte und so viel zu sagen hatte, nahm sich so wenig wichtig. Er tanzte wie ein Kork auf den Wellen des Lebens; sein gellendes Lachen war das Nebelhorn, mit dem er sich vor Kollisionen schützte. Bis jemand den Stöpsel zog.

Er war ein Multitalent, Zeichner, Maler, Schriftsteller, Dramatiker, Regisseur, Schauspieler; er war Jarrys Enkel und unser aller Bruder. Er war der letzte Bohemien; nach ihm kamen die Stadtneurotiker.

Sein chaotischer Lebenswandel, seine Unvernunft im Umgang mit der französischen Bürokratie (er hatte zwanzig Jahre nicht auf ihre Mahnungen reagiert), seine Gelassenheit gegenüber seinen Frauen und seinem Sohn Nicolas, seine furchtbaren Ängste, die ihn zu seinen originellen Zeichnungen zwangen, seine Verachtung aller Konventionen und nicht zuletzt seine selbstzerstörerische Lebenslust machten ihn in meinen Augen zum letzten authentischen Dadaisten. Nicht zufällig gehörte er zu den Gründern der Pataphysiker. Er verkörperte alles, was ich zu sein mich nicht traute. Er hatte unzählige Freunde, und ich nehme an, dass sie alle ihm gegenüber eine

aus den gleichen Empfindungen gespeiste Sympathie empfanden, die bei vielen wahre Liebe war: Bei seiner Beerdigung im Jahr 1997 auf dem Cimetière Montparnasse sah ich mehr Männer weinen als bei einer verlorenen Fußball-Meisterschaft. Wobei der Verlust durch Rolands vorzeitigen Tod für uns, seine Freunde, auch gravierender war.

Arabal, mit dem er viele Schachpartien und anarchistische Ideen durchgespielt hatte, wollte an seinem Grab eine Rede halten. Aber ihm brach die Stimme, als er in einem der ersten Sätze die Wörter formulierte: »Unser geliebter Freund Roland Topor …«

Zu seinem Andenken füge ich hier eine Episode ein, die illustrieren kann, wie wir unsere Tage in Paris verbrachten:

Wir biegen nach links in die Rue de Charonne, die hier beginnt und ziemlich weit bis zum 12. Arrondissement führt, an die Südseite des Père Lachaise.

»Ob sie dich dort eines Tages mit großem Pomp beerdigen werden? Neben Cocteau und Sartre?«, frage ich Topor.

Er zieht eine Grimasse. »Sartre liegt auf dem Friedhof von Montparnasse«, korrigiert er mich. »Und ich lande wahrscheinlich in einem Sack auf dem Müll.« Die Vorstellung scheint ihn zu erheitern. Er lacht gellend.

Wir wechseln die Straßenseite.

»Hier, Nummer 12, im Café du Passage denkst du nicht an den Friedhof. Es gehört dem Typ vom Bistrot du Passage, einem Weinfreak.«

»Kenn ich. Wir waren zusammen dort.«

»Wo eigentlich nicht, wo es Wein gibt?«

»Deshalb machen wir jetzt eine Zwischenlandung.«

Die Fassade ist unscheinbar. Ein kleines Schaufenster mit hübsch angeordneten Flaschen besserer Herkunft. Eine schmale Glastür. Sie ist verschlossen.

»O weia!«

Drinnen brennt Licht. Wir spähen durch die Tür. Der Besitzer steht hinter der Theke und telefoniert. Wir gestikulieren. Er beendet seinen Notruf, kommt und öffnet.

»Salut, Topor!«

»Warum ist geschlossen?«

»Weil Mittag ist. Wir öffnen erst abends.«

»Ach … dann war ich wohl immer erst abends hier?«

»Kommt rein«, sagt er und schließt hinter uns wieder ab. »Für ein Glas ist immer Zeit. Aber um 13 Uhr habe ich eine Verabredung.«

»Wir auch«, beruhigt ihn Roland. »Was wollen wir trinken?«, fragt er mich.

Ich sehe mich um. Ein sehr kleiner Vorraum, hinten im Dunkeln geht's noch weiter, ich erkenne Tische. Und an den Wänden wunderbare Flaschen.

»Haben Sie einen Coulée de Serrant?«, frage ich. Und setze hinzu: »Eine ganze Flasche, meine ich. Wir sind flotte Schlucker.« Roland lacht, dass die Gläser scheppern.

»Den habe ich im Bistro. Aber hier ist einer, den kennen Sie bestimmt nicht.« Er zaubert eine Flasche aus dem Nichts: Clos de Coulaine 1995.

»Auch ein Savennières. Von Papin-Chevalier, fast so gut wie der von Joly. Der besaß acht Hektar Weinberg. War ihm aber zu viel. Jetzt bearbeitet er nur noch sechs. Verrückt! Deshalb ist sein Wein praktisch nicht existent.«

Wir probieren. Voll und rund, er dürfte 13 bis 14 Grad warm sein, gerade die richtige Temperatur, um seine Aromen zu entfalten.

»So jung und schon so schön!«, bewundert ihn Topor, der zehn Jahre jünger ist als ich.

Als wir die Flasche halb leer haben, zieht der Patron einen dicken Schlüsselbund aus der Tasche und legt ihn Topor in die Hand.

»Ich muss jetzt weg. Seien Sie so nett und schließen Sie ab, wenn Sie fertig sind, und geben Sie die Schlüssel nebenan im Hotel ab.«

Für einen Moment ist Topor verwirrt.

»Ja, aber …«

Der Patron grinst nur freundlich, wünscht uns einen schönen Tag und zieht Leine. Topor beginnt zu lachen.

»Ich weiß nicht einmal seinen Namen! Jetzt können wir ihm zeigen, was es bedeutet, so vertrauensselig zu sein!«

Er macht eine apokalyptische Armbewegung. Ich sehe im Geiste die Flaschen aus den Regalen stürzen, höre es scheppern und klirren, der Wein bildet große Pfützen am Boden, riecht atemberaubend, und über allem unser lautes Gelächter.

»Es wird ihm eine Lehre sein!«

»Trau keinem über fünfzig!«

Nach einer Weile: »Sollen wir das Licht ausmachen?«

»Besser nicht. Wer weiß, was passiert, wenn du den falschen Schalter erwischst.«

Also lassen wir das Licht brennen und schließen sorgfältig von außen ab.

Wir gehen zurück auf die Rue du Faubourg Saint-Antoine und halten ein Taxi an.

»Wo wollen wir hin?«, frage ich Roland.

»Egal – wo es was zu trinken gibt.«

Wir quetschen uns auf die verschlissenen Rücksitze, und er sagt dem missgelaunten Kerl am Steuer: »Kennen Sie Le Rubis in der Rue du Marché Saint-Honoré? Da wollen wir hin. Und haben Sie was dagegen, wenn ich rauche?«

Er unterstreicht seine Frage, indem er einen seiner Stinkprügel aus der Jacke zieht und ihn mit Gelächter dem Fahrer vor die Nase hält. Der deutet wortlos auf den Aufkleber mit der durchgestrichenen Zigarette.

»Kein Humor. War vorauszusehen«, sagt Roland.

Roland Topor ist am 19. April 1997 mit großem Pomp auf dem Cimetière Montparnasse begraben worden.

Gegen Ende seines Lebens (ihn traf der Schlag, als er aus seiner großbürgerlichen Wohnung im 16. Arrondissement in ein Atelierhaus im 9. Arrondissement umziehen musste und seine damalige Freundin ihn, den passionierten Taxifahrer, mit einem Sturzhelm auf dem Kopf auf dem Rücksitz ihrer Vespa durch Paris kutschierte) geriet er in eine Situation, die ebenso typisch für ihn war wie absurd. Die Steuerfahndung hatte ihn ins Visier genommen und festgestellt, dass er seit vielen Jahren keine Steuern zahlte. Das Absurde an der Geschichte war, dass eine Beamtin die Untersuchung eröffnet hatte, weil sie sich für Topor als Künstler interessierte. Für ihn war es eine Katastrophe. Denn der Staat verlangte von ihm fast eine Million Francs.

Daraufhin geschah etwas, was bei uns unmöglich wäre, in Frankreich jedoch, wo auch schon mal Intellektuelle und Literaten in der Regierung sitzen, keineswegs märchenhaft klingt: Das Finanzministerium schloss mit dem Steuerschuldner R. T. ein Abkommen, das es Topor gestattete, seine Steuerschulden durch 70 Bilder, die er dem Staat überließ, zu begleichen.

Topor brach in sein berüchtigtes Lachen aus, nur etwas gellender, verzweifelter als sonst, als er mir von dem Deal erzählte. Für ihn bedeutete das nicht mehr und nicht weniger als den Auftrag seines Lebens: siebzig Bilder zu malen, für die er pro Stück mehr Geld bekommen sollte, als er je für ein einzelnes Werk verlangt hatte.

Die ihm von der Finanzbeamtin gestellte kurze Frist von wenigen Wochen beunruhigte ihn keine Sekunde. Er trommelte ein paar seiner Freunde zusammen und mithilfe seines Sohnes Nicolas und diesen Gelegenheitsmalern gelang es der Bande, die geschuldeten Bilder in der vorgegebenen Zeit zu liefern. Es waren zum größten Teil grauenhafte Bilder, Wiederholungen einiger von ihm gelieferten Vorlagen, technisch dilettantisch und farblich abstoßend. Aber alle waren mit Topor signiert und genügten somit den Forderungen des französischen

Staates, der sie unter der Bedingung kassierte, dass er sie zwar verkaufen, aber nicht ausstellen dürfe. Vielleicht war es auch umgekehrt.

Für das Andenken meines Freundes hoffe ich sehr, dass dieser Streich sang- und klanglos in den Archiven des französischen Finanzministeriums verschwunden ist.

Natürlich kamen wir am Quai d'Orleans auch nicht zur Ruhe, wenn wir Freunde einluden, von denen es in Paris viele gab und die alle kamen, wenn man ihnen die Adresse verriet.

Die Wohnung gehörte einem amerikanischen Ehepaar mit künstlerischen Interessen: Sie sang, er malte. Man sah es der Wohnung an. In der Mitte des großen Salons stand ein Flügel, auf dem Fritz Meckseper Boogie-Woogie spielte. Für andere war das Instrument eine Möglichkeit, die Gläser darauf abzustellen und, daran Halt suchend, die Kunstwerke des Hausherrn zu betrachten, die in großer Anzahl die fleckigen Tapeten bedeckten. Die Farben mögen ein wenig sehr bunt sein, dachte ich als ehemaliger Kunstschüler, und zeichnen kann er sowieso nicht.

Was die Gesangskünste der Mrs. Bull anging, so waren wir auf Vermutungen angewiesen. In den Verhandlungen, die ich nur mit ihm geführt hatte, gab er mächtig an, wo seine Frau schon überall gesungen hatte und noch singen würde. Mich beeindruckte es wenig. Aus meiner Kindheit hatte ich noch gesungene Tonleitern im Ohr, ohne dass mir bei der Erinnerung die Tränen kamen.

Das in den sechziger Jahren berühmteste Restaurant der kulinarischen Welt war das Maxim's in Paris. Dort hatte die internationale Schickeria ihre Stammplätze und ihre Lieblingskellner, dort war man unter sich. Die glanzvolle Tradition reichte zurück bis in die Belle Epoque, als illustre Persönlichkeiten und Royals sich nicht scheuten, den Champagner aus Damenschuhen zu trinken. Da ich immer wieder mal nach Paris fuhr, forderte Fleckhaus mich auf, dort zu essen und darüber zu schreiben. Ich ließ es mir nicht zweimal sagen, fuhr hin und reservierte einen Tisch für Mittwoch der kommenden Woche. Im Hotel erreichte mich ein Telegramm aus Essen: »Oma gestorben. Beerdigung am Mittwoch.«

Jeder brave Bürgersohn hätte das Diner im Restaurant abgesagt und wäre ans Grab seiner Großmutter geeilt. Doch mich lockte die renommierte Seezunge Colbert viel stärker als der Anblick trauernder Verwandten, die ich ohnehin kaum kannte. Auch die Aussicht auf den Trostversuch eines lustlosen Pfarrers schien mir eher abschreckend. Ich sagte die Beerdigung ab.

Was die Restaurantkritik anging, so zog ich mich aus der Schlinge, indem ich alles gut fand, was Küche, Service und Ambiente des berühmten Jugendstillokals zu bieten hatten.

Viele Jahre später besuchte ich das Luxusrestaurant wieder und fand alles unverändert. Mit einem Unterschied: Ich erkannte, dass die perfekte Seezunge in anderen Restaurants genauso perfekt, aber interessanter zubereitet wurde, und die vormals so elegante Klientel durch Touristen aus Übersee ersetzt worden war. Das begeisterte Staunen des Neulings war dem kritischen Blick des Kenners gewichen.

Unter der Unsicherheit ihrer Rezensenten leiden heute viele Autoren. Bevor ein Kritiker einen Verriss riskiert, betätigt er sich als Enkomiast, dem niemand eine üble Nachrede vorwerfen kann. Diese Verhaltensweise erweist sich als bequem und sicher. Hat allerdings den gleichen, fatalen Effekt, unter dem der Geschmack des Spargels leidet, welcher fast nur noch unter Plastik heranwachsen darf. Das ist ebenfalls bequem und sicher. Dass der Konsument aber kaum noch weiß, wie natürlich gewachsener Spargel schmeckt, wird kritiklos in Kauf genommen. So wird aus Bequemlichkeit und Anpassung ein affirmativer Journalismus in Gang gesetzt, der die Künste und die Welt des Konsums in ein falsches, viel zu schönes Licht taucht.

Der Konsument, der täglich von Finanzkrisen liest, sich einer Altersarmut gegenübersieht und die Zukunft seiner Enkel in düsteren Farben ausmalt, weiß nicht, wo ihm der Kopf steht. Hier der Glanz der Konsumgüter bis hinauf zu den Premium-Produkten, wie die Werbung den Bereich des Luxus zu nennen pflegt, dort das lähmende Gift der Energieknappheit. Hier die heile Welt, dort die untergehende.

Ob Küche, Köche, Inseln, Strände oder Wanderwege – was für den Freizeitbürger beschrieben wird, ist eine hochglanzlackierte Darstellung im Stil der Lebensmittelwerbung und genauso verlogen. Ob da Inkompetenz im Spiel ist oder Korruption, ob Journalisten ein mediokres Auto deshalb so gut finden, weil der Hersteller sie zum Testen nach Marbella hat einfliegen lassen, oder ob sie ein schlechtes Auto nicht von einem guten unterscheiden können, ist letzten Endes gleichgültig.

Verantwortlich für die geschminkte Konsumwelt sind nicht ihre willfährigen Interpreten, sondern die Zeitungsverleger selber. Sie haben nur eine Zielgruppe im Auge, die Anzeigenkunden. Um die nicht zu verärgern, biegen sie die Wahrheit zurecht, bis sie genau ins Konzept der Warenindustrie passt. Anstatt ihre Leser aufzuklären, belügen sie sie. Dazu setzen sie die Journalisten dermaßen unter Druck, dass diese die Uckermark beschreiben, als wär's die Côte d'Azur, und einen Gutedel wie einen Puligny-Montrachet. Aber auch die Zeitungsverleger sind nicht die Erfinder dieser falschen Welt in der richtigen. Es sind unsere Regierungen, welche die Realität zurechtbiegen, bis sie in ihre Partei- und Wahlprogramme passt. Sie schielen ängstlich auf Meinungsumfragen und weisen ihre Minister an, die »Wählerinnen und Wähler« möglichst nicht zu schockieren. Als erkennbar wurde, dass ein einschneidender

Klimawandel mit ernsten Konsequenzen bevorsteht, waren sich die meisten Staatschefs einig, dass dagegen mit allen Möglichkeiten vorgegangen werden müsse. Im Brustton der Überzeugung bekannten sich Kanzler, Präsidenten, Minister und Parlamente zum Umweltschutz; nachhaltige Schadensbegrenzungen wurden versprochen, weltweit. Aber bei den Versprechungen ist es geblieben. In Deutschland wurde eine Geschwindigkeitsbegrenzung nicht einmal erwähnt. Sogar eine vernünftige Änderung der Kfz-Steuer brachte unsere Regierung nicht zustande. Weil VW, Mercedes und BMW bei uns mitregieren.

In anderen Ländern blieb von großspurigen Ankündigungen gerade mal die Einführung von Sparbirnen übrig. Zur gleichen Zeit werden überall in der Welt die Wälder abgeholzt, werden Küstenregionen zur Erdölgewinnung an die Ölmultis ausgeliefert und China sowie Indien zur Konsumsteigerung angestachelt.

Wien

Was mir in Paris nie gelungen war, haben wir in Wien genossen wie einen Lottogewinn: eine große, mietfreie Wohnung in zentraler Lage, die Unterstützung der Stadtverwaltung (die sich fünfzehn Jahre später bei mir mit einem Verdienstorden für meine Unterstützung bedankte) sowie der Gewinn neuer, liebenswürdiger und origineller Freunde. Braucht es mehr, um einer Stadt zu verfallen, die auch objektiv gesehen zu den schönsten der Welt gehört?

Für Barbara und mich war unsere Zeit in Wien ein großer Glücksfall.

Als ich Wien das erste Mal verließ, hatte ich drei Frauen im Auto. Nicht weiter erwähnenswert, wäre das Auto nicht ein enger Zweisitzer gewesen und zwei der Damen aus Holz. Es handelte sich um gotische Madonnen Tiroler Herkunft, fast lebensgroß und höchstwahrscheinlich gefälscht. Im Kunsthandel waren sie damals sehr begehrt, weil viele neue Villen von deutschen Neureichen damit gerne dekoriert wurden. Die dritte Frau war eine Kunsthändlerin aus Fleisch und Blut, die Initiatorin dieses denkwürdigen Transports; sie sitzt auch heute noch in meinem Auto. Die hölzernen Damen hat sie übrigens ordnungsgemäß verzollt, was sich wegen der spektakulären Überfüllung des Zweisitzers nicht vermeiden ließ.

Seitdem wurden meine Autos immer größer, die Gegenstände jedoch, die ich von meinen Reisen aus Österreich mitbrachte, schrumpften deutlich. Von den Kartons mit Wachauer Weinen über Riedelgläser bis zu den Marillenkonfitüren von Staud's passte ich die jeweiligen Paketgrößen meiner aktuellen Tragfähigkeit an. Nach ähnlichem Prinzip funktioniert auch meine Beziehung zu Wien. Je älter ich werde, umso seltener setze ich meine Wirbelsäule der A1 genannten Buckelpiste aus.

Damals blieb ich zunächst im Umkreis des Stephansdoms hängen, dort wurde ich heimisch, ohne je einen Heurigen gesehen zu haben. Das lag, natürlich, an meinem Beruf sowie am damaligen Bürgermeister Helmut Zilk. Der hatte in der *Zeit* gelesen, dass ich ein Beisl der Innenstadt beschrieben und gelobt hatte, und schrieb mir daraufhin einen äußerst freundlichen Brief, in dem er versprach, mir bei meinem nächsten Wienbesuch weitere lohnende Beisln zu zeigen. Ich nahm ihn beim Wort, und einige Monate später saßen wir zusammen in einem mittelprächtigen Beisl im Hof, das längst nicht mehr existiert. Um meine Zuneigung zu Wien in Liebe zu verwandeln, bedurfte es nur einer Wohnung im 1. Bezirk und eines Verlags. Beides fand sich in erstaunlich kurzer Zeit. So begannen meine Wiener Winter. Es waren insgesamt vier, in denen ich vier Bücher über Wiens liebenswerte Seite schrieb, über die Beisln, Kaffeehäuser, Heurigen und noblen Restaurants der Stadt – eine Arbeit, vor der heute niemand zurückschreckt, der Herrn Karl von Karl Kraus zu unterscheiden weiß.

Als in jeder Hinsicht ahnungslosem Fremdling war es mir vergönnt, gleich am ersten Tag kopfüber in eine Brutstätte des Wiener Schmäh zu fallen, die nur fünfzig Meter von unserer Wohnung an der Peterskirche existierte. Gutruf hieß der Schuppen, war (und ist) eine dunkle Bar voller Trinker, Schauspieler, Angeber, Künstler, Ehebrecher, Schiffeversenker und woraus die kettenrauchende Boheme der Wiener Journaille sonst noch besteht. Sie tranken schlechten Wein aus miserablen Gläsern, welche auf meine Initiative bereits im zweiten Winter gegen bessere ausgetauscht wurden. Auch beim Weinkauf konnte ich manchmal Einfluss nehmen. Hingegen prallten meine Verbesserungsvorschläge zur hauseigenen Küche an der traditionellen Gleichgültigkeit der als Stammgäste auftretenden Besitzer der Bar ab. Auf einem Gaskocher wurde von einem weiteren Eigentümer das gekocht, was einer der Patrons, Teddy Podgorski, fatalistisch mit »Magendurchbruch« zu kommentieren pflegte.

An den Wänden des Gutrufs kleben unzählige Fotos, die die Geschichte der Bar, das heißt ihre gesellschaftlichen Karambolagen, dokumentieren wie Stocknägel an einem Wanderstab die Frischluftaktivitäten eines Naturfexes. Dass in der Milchgasse 1 die Frischluft sorgfältig ausgesperrt blieb, verlangte die Hausordnung des Gutruf. Wer sich bei Damon Runyan auskennt, wird in Mindy's ein vertrautes Milieu finden.

Das größte Hindernis für einen aus dem Norden eingewanderten Ausländer ist das Erlernen der österreichischen Sprache. Damit meine ich nicht die Sprachfärbung, den typischen Akzent, mit dem Österreicher weltweit Freunde gewinnen, die auf das scheinbar herzliche Näseln hereinfallen und sich wundern, wenn sie, ausgeraubt am Boden liegend, auch noch bespuckt werden. Nein, es sind die exotischen Vokabeln, an deren Unkenntnis der Piefke von jedermann sofort erkannt wird. Pofesen, Paradeiser, Palatschinken und die anderen neunhundert exaltierten Bezeichnungen für Viktualien, welche im Flachland unter anderen Pseudonymen bekannt sind und zum Wortschatz des Berufsessers gehören. Diese Rollenprosa wurde mir von meinen neuen Freunden unerbittlich eingebläut, bis ich mich auf dem Naschmarkt einigermaßen selbstbewusst bewegen konnte.

Die zentrale Wohnlage brachte es mit sich, dass wir die Silvesternächte am Stephansplatz als Augen- und Ohrenzeugen erlebten. Ausgelassen feiernde Massen sind auch in Wien nicht ansehnlicher als in Berlin. Aber dass in derselben Nacht um 4.00 Uhr die Stadtreinigung ausrückte und den gesamten Dreck verschwinden ließ, war verblüffend. Ich hoffe, dass das heute noch so funktioniert.

Meine professionelle Beschäftigung mit der Wiener Küche stand insofern unter einem guten Stern, als wir zuerst einige Tage im Hotel Bristol logierten, wo ich Reinhard Gerer kennenlernte. Der Küchenchef des Korso bekräftigte meine Vorliebe für Innereien, denen ich seit meinen Studien in Pariser Bistros verfallen war. Seine Beuschel- und Kalbshirn-Variationen besiegelten ein für alle Male meine Liebe zur Wiener Küche. Natürlich nicht allein die in Deutschland so verpönten inneren Werte der Tiere, und natürlich nicht nur er. Aber sein janusköpfiges Wirken am Herd – hier die raffinierte Hochküche, dort seine sensible Art mit der er regionale Deftigkeiten in Delikatessen verwandelte – haben mich bis zum heutigen Tag überzeugt, in ihm einen wahrhaft modernen Koch gefunden zu haben.

Als erfahrener Berufsesser brauche ich nicht unbedingt handfeste Beispiele einer lokalen Küche, um mich zurechtzufinden. Wenn ich in ein Restaurant gehe, weiß ich, womit ich rechnen muss und ahne, was mich erwartet. Aber mitten in einer Stadt auf so etwas wie den Naschmarkt zu stoßen, bleibt trotzdem nicht ohne Wirkung auf das Gemüt eines Verfressenen. Und wenn er dann noch das Geheimnis der kleinsten Marktbude entdeckt, so kann diese die Ursache sein für jene schmerzhafte Sehnsucht, die ihn noch Jahre später befällt, wenn er an Wien denkt. Ich meine den Wein-, Speck- und Käsekiosk Urbanek, dieses Ziel der gralssuchenden Feinspitze. Sein Geheimnis besteht aus nichts anderem als dem erwähnten großen Sortiment an Wurst- und Käsesorten sowie einer befriedigenden Weinauswahl – und dem unentrinnbaren Charme des Herrn dieser Schatzkammer, eben Urbanek. Wie oft habe ich dort an kalten Wintertagen in drangvoller Enge auf dem Bretterrost gestanden, den Urbanek wohlweislich auslegt, weil er weiß, dass seine Kunden sonst anfrieren würden beim Verkosten seiner Schätze! Jeder kannte jeden oder lernte jeden kennen, der sich dort zu bestimmten Stunden einfand in der Gewissheit, den Tag mit delikaten Schmankerln und frischen Weinen in bester Gesellschaft zu verbringen. Auch auf diesen wenigen Quadratmetern entdeckte ich das Eigentümliche einer Wiener Spott- und Scherzgesellschaft mit ihren Macken, ihrer Genussfreude und ihrer Doppelbödigkeit.

Doch Urbanek ist letztlich nur eine kleine, verschwiegene Nische. Die überwältigende Buntheit des Marktes breitet sich vor jedermanns Augen aus: Rehrücken, Tauben, Lammschlögel und Gänseleber, Thunfischfilets, sorgfältig für Sashimi pariert, die überall gegenwärtigen weißen Schaf- und Ziegenkäse in Blöcken, Kugeln oder zum Zopf geflochten, Kerne der Sonnenblumen, Pinien und Pistazien, Linsen in allen Farben und Größen und immer wieder asiatische Zutaten für alles, was im Wok gerührt werden kann. Ein Gang über den Naschmarkt, der samstags noch um einen ebenso exotischen Trödelmarkt über die Kettenbrückengasse hinaus verlängert wird, lässt sich nur mit dem Silvesterkonzert der Wiener Philharmoniker vergleichen – rauschhaft und mitreißend. Nur dass hier die Ware verderblich ist.

Wenn ich heute in den Büchern blättere, die meine Arbeit in jenen vergangenen Wintern dokumentieren, so wundere ich mich ein wenig über die Fülle der beschriebenen Eindrücke. Obwohl es sich dabei immer um die gleichen Motive handelt, nämlich Beschreibungen von gastronomischen Epizentren mit den unterschiedlichsten Graden auf der nach oben offenen Genussskala, verraten mir die Aufzeichnungen, dass ich mich dabei nicht gelangweilt habe. Es war, im Gegenteil, ein ausdauerndes Vergnügen. Ich kenne nur wenige Orte, an denen das noch möglich wäre. Und wenn ich alle anderen Zutaten meiner Zeit in Wien hinzurechne wie Kultur, Gesellschaft, Kunst und Ambiente, so muss ich bekennen, dass ich sie für einmalig halte, diese schöne Stadt.

Vier Winter, jeweils drei Monate, haben wir in derselben Wohnung verbracht, in der Bauernmarkt genannten Gasse, von deren Fenstern wir geradewegs auf den Eingang des Stephansdoms blicken konnten.

Provence 5

Die rücksichtslose Überfischung der Meere hat unvermeidlich auch Einfluss auf unseren Speisenplan. Zweimal in der Woche fährt Barbara auf den Markt von Montélimar, um dort Fisch zu kaufen. Die Auswahl ist nicht kleiner geworden. Aber es sind überwiegend Zuchtfische im Angebot, ohne dass ihre Herkunft ausgewiesen würde, wie das im heimischen Edekamarkt üblich ist. So essen wir, wie alle anderen Konsumenten hier, Lachsfilets, die möglicherweise aus den übel beleumdeten norwegischen Zuchtbassins stammen. Und wir wissen nicht, ob das bei Steinbutt, Lotte, Seezunge etc. anders ist. Was bleibt, sind Sardinen und das kleine Kroppzeug, das bei den Felsen des Mittelmeers gefangen wird, von dem wir hoffen, dass es nicht so dreckig ist wie das Wasser anderer Touristenregionen.

Als gereifter Skeptiker frage ich mich natürlich, ob das Wasser damals, als ich noch darin herumgeplanscht bin, wirklich sauber war. Es wurde nur nicht so kritisch kontrolliert wie heute. Die Menschen, die vor vierzig Jahren ihren Dreck ins Meer geleitet haben, waren sicher weniger umweltbewusst als wir, aber heute wie damals sind es die gleichen Schweine.

Unser Mas ist kein Energiesparhaus geworden. Auf die Fußbodenheizung haben wir aus Kostengründen verzichtet, auch eine Ölheizung wurde deshalb nicht eingebaut. Und den üblichen, weiß gestrichenen Gastank hinterm Haus lehnten wir aus den gleichen Gründen ab wie das Schwimmbecken. Also blieb nur eine Elektroheizung.

Im ersten Jahr versuchten wir, im fertigen Haus zu überwintern. Das ging so lange gut, bis die Außentemperaturen auf 5 Grad Celsius sanken. Von da an wurde es ungemütlich. Dann schneite es sogar, und der Frost machte sich über frisch gepflanzte Blumen her. Die wenigen Einheimischen, die bei der Kälte das Maul noch aufkriegen, erzählten von schlimmeren Wintern, als bei Nyons Tausende der dortigen Olivenbäume erfroren waren. Einmal war die Rhonetal-Autobahn tagelang gesperrt, und Tausende Touristen mussten in Schulen und Rathäusern übernachten.

»Tausende Touristen? Wo kamen die denn her?«

»Das waren Pariser, die hier ihre Zweithäuser haben. Die kommen in jedem Winter.«

»Warum kommen sie denn?«

»Gute Frage. Die wollen dabei sein, wenn ihre Wasserleitung platzt.«

»Platzen hier Wasserleitungen?«

»Immerzu.«

»Ach.«

Im nächsten Winter fiel es uns leicht, in Deutschland zu bleiben. Denn abgesehen von den Weihnachtstagen mit den Parisern zwischen ihren platzenden Leitungen, ist in der Provence nichts los. »Aber auch gar nichts«, wie Barbara klagt, die sich nicht wie ich an ihr Schreibgerät zurückziehen kann. Sie berichtet von dem Verschwinden immer weiterer Geschäfte aus der Innenstadt von Montélimar und vom ärmlicher werdenden Angebot der Supermärkte.

»Wo kriege ich denn heute noch eine Foie gras?«, fragt sie, und meint eine frische Gänsestopfleber. Daheim fahren wir nur vierzig Minuten bis Strasbourg und können sie bei den Bauern auf dem Markt aussuchen, Enten- oder Gänsestopfleber, roh zum Weiterverarbeiten oder in Form von Terrinen.

Zugegebenermaßen war die Drôme nie eine Region der Geflügelmäster, Wachteln einmal ausgenommen. Die gibt es auch heute noch auf allen Märkten. Und, nicht zu vergessen, die Perlhühner.

Es wirkt fast komisch, ist aber gleichzeitig unheimlich zu beobachten, wenn eine Armee von Perlhühnern um die Mittagszeit aus ihren Ställen gelassen wird; wie diese Masse von runden, graugefiederten Vögeln ins Freie quillt, in den Himmel blinzelt, am Boden scharrt und schnell wieder im schützenden Stall verschwindet.

Wenn man sie im Topf hat, unterscheiden sie sich nur wenig von normalen Hühnern. Sowieso ist der kulinarische Unterschied zwischen den meisten Produkten nur gering. Erst gastronomische Nuancen bestimmen die Wertschätzung, die der Gourmet den einzelnen Produkten entgegenbringt, und es bedarf handwerklicher Fertigkeiten, um ihre Delikatesse ans Licht zu holen. Und, was schon Wilhelm Busch wusste: Mit dem Preis steigt auch die Achtung.

Wäre die weiße Trüffel nicht so lächerlich teuer, würde der piemontesische Erdpilz nicht die Bedeutung haben dürfen, die sich in der Hysterie ausdrückt, mit welcher die Preissteigerungen für diese graue Knolle von Jahr zu Jahr bedacht werden.

Mit dem Kapaun ist es nicht anders. Dabei handelt es sich um einen jungen Hahn aus der Familie der Bressehühner, der von den Bauern, die ihn aufgezogen haben, routiniert und erbarmungslos kastriert wird.

Ich habe einmal dabei zuschauen können, wie die lieben Bäuerinnen den verschreckten Hahn auf dem Schoß festhielten und ihn mit chirurgischer Präzision kastrierten. Dazu benutzten sie zwar professionelle Werkzeuge wie Skalpell und Operationsgarn, aber ich beschloss, nie wieder einer Kastration beizuwohnen. Denn das Stopfen einer Gans ist ein heiterer Vorgang im Vergleich zur Kastrierung eines Junghahns. Seit diesem Besuch in der Bresse weigere ich mich, Kapaune zu essen.

Normalerweise bin ich nicht zimperlich. Als unser ältester Sohn mich eines Tages anrief und berichtete, dass es in Flandern, unweit von Antwerpen, wo er lebt, ein Dorf gäbe, in dessen Kneipen Ratten gegessen würden, betankte ich den Mercedes und fuhr sofort hin. Das Dorf lag mitten in Bruegel-Land, mit vielen Bächen und Weidenalleen, wie es uriger nicht sein kann. Nur die Bewohner entsprachen nicht dem Bild, das wir uns von den tanzenden und fressenden Bauern Flanderns machen, wie sie die Bilder Bruegels beleben. Aber sie waren Tierfreunde, so viel war sicher. Denn überall hatten sie Schilder aufgestellt: »Help de padden«, was unserem »Vorsicht, Krötenwanderung« entspricht.

Bei den Ratten handelte es sich offensichtlich nicht um Wanderratten, vielmehr deuteten die vielen Bäche und Kanäle darauf hin, dass es Wasserratten oder Bisamratten waren, die wir auf der Speisekarte eines Gasthauses entdeckten. Dort waren sie so unverfänglich wie vielsagend als etwas aufgeführt, das mit »Wasserkarnickel« nicht falsch übersetzt wäre.

Was uns dann vorgesetzt wurde, war eine große Suppenschüssel mit einer dunklen Brühe, in der viele kleine Beinchen schwammen. Nein, es waren keine niedlichen Beine, sondern Schultern und Vorderläufe, wie man sie von Kaninchen kennt. Und sie hatten auch die Größe von Kaninchenbeinen, und damit schaltete die innere Ampel von Rot auf Grün.

Die Brühe war sehr scharf gewürzt, das Fleisch zart. Sollte ich auf ein sensationelles Geschmackserlebnis gewartet haben, so wurde ich enttäuscht. Gewinnbringend war allein die Erkenntnis, dass Ratten wie Kaninchen schmecken können. Die Wahrscheinlichkeit, bei den vielen Mahlzeiten auf meinen Reisen öfter etwas vorgesetzt bekommen zu haben, das wie eine vertraute Speise schmeckte, in Wirklichkeit aber ein unbekanntes und unerwünschtes Produkt gewesen war, wurde angesichts dieser Wasserkaninchen zur Gewissheit, schockierte mich aber kaum. Wer das Berufsrisiko fürchtet, sollte seinen Beruf wechseln.

Die Möglichkeit, dass er sich dann eine Arbeit sucht wie die, mit welcher ich mein Geld verdiene, ist groß. Immer wieder fragen mich Leser, wie sie es anstellen müssten, um auch Gastrokritiker zu werden. (Wie ich dieses Wort verabscheue!) Ich gebe immer dieselbe Antwort: »Im Lotto gewinnen. Mit dem Geld zwei Jahre lang in allen Spitzenrestaurants Europas essen. Wenn man dann immer noch Appetit auf Bratkartoffeln hat, noch einmal von vorn anfangen.«

Erst unlängst muss ein Schweizer einer ähnliche Anweisung gefolgt sein, oder aber er hatte eine Vision. Er nahm sich vor, alle sechsunddreißig in Europa angesiedelten Drei-Sterne-Restaurants in sechsunddreißig Tagen zu besuchen. Das ist allein schon logistisch eine Meisterleistung; wie sie sich auf seinen Organismus auswirken würde, war eine Frage, die sich wohl jeder stellte, der die Zeitungsmeldungen über den Beginn seines Feinkost-Marathons las. Verdächtigerweise war auch gleich die Presse dabei, als er bei Bocuse in Lyon startete, und als er nach einem Abendessen in Ferran Adriàs El Bulli auf halber Strecke aufgab, waren wieder Journalisten zur Stelle, um über das geheimnisvolle Ende des Rekordversuchs zu berichten: Der Pfiffikus hatte sich nach dem Dessert gleichsam in Nichts aufgelöst; er verschwand unter Hinterlassung seiner Habseligkeiten in der Nacht und ward nicht mehr gesehen.

Zunächst wurde vermutet, er sei im Meer ertrunken, doch einige Tage später wurde er in der Schweiz erkannt, als er an einem Bankomat Geld abhob. Wahrscheinlich brauchte er es, um Arzneien gegen Verstopfung, Magenbeschwerden und Leberschäden zu kaufen. Gegen die von Tag zu Tag zunehmende Ödnis seiner Unternehmung wird er jedoch mehr gebraucht haben als Tabletten und Tropfen aus der Apotheke.

Später gestand er, dass er während des Essens im El Bulli plötzlich in eine tiefe Depression gefallen sei bei dem Gedanken, vierundzwanzig Stunden später wieder in einem Luxusrestaurant am Tisch zu sitzen.

Viele meiner Leser nennen das einen Traumberuf. Ich will die Pseudomoral erst gar nicht erwähnen, mit der mir immer wieder vorgehalten wird, dass ich »angesichts der weltweiten Hungersnot« den hemmungslosen Verzehr von raren Delikatessen propagiere, wenn ich ein Essen in einem der teuren Spitzenrestaurants beschreibe.

Der Reiz einer außergewöhnlichen Mahlzeit besteht ja darin, dass sie eine Ausnahme ist, also einmalig und sich nur selten wiederholt. Erlebte man sie täglich, litte man unter der Eintönigkeit des Zeremoniells, und die stilistische Langeweile der Menüs würde diese in eine qualvolle Diät verwandeln, mit der verglichen der Speiseplan einer Militäreinheit den versöhnlichen Charme einer ärztlich empfohlenen Kur hätte.

Der Schweizer Rekordfresser ist nicht allein. Ich habe viele ähnlich ambitionierte Feinschmecker kennengelernt. Sie besaßen alle einen vom französischen Gourmetklub Traditions & Qualité herausgegebenen Pass, auf dessen leeren Seiten sich die stolzen Passinhaber ihren Besuch in den Drei-Sterne-Restaurants dokumentieren ließen wie ein Visum. Früher hat blasierten Globetrottern ein Hotel-Aufkleber auf dem Lederkoffer genügt, um der Mitwelt ihre glänzenden Reisen vorzuführen. Diese Eitelkeit, einen elitären Lebenswandel zu führen, hat sich fortgesetzt bis zu den Friedhöfen am Fuße von Alpengipfeln, die für abgestürzte Bergsteiger reserviert sind. Wie sonst will sich das Individuum von der Masse unterscheiden?

Es ist erstaunlich, mit welcher Anteilnahme das lesende Publikum auf die banalen Berichte aus den großen Küchen reagiert. Was man liest, wohin man guckt, in Zeitungen, Zeitschriften und Magazinen, im Fernsehen sowieso, in Volkshochschulen, Museen und Kindergärten, überall ist nur vom Essen die Rede.

Essen, Trinken, Kochen, Fressen, Saufen, Brutzeln – das Glück der Menschheit scheint davon abzuhängen, dass wir den richtigen Teigschaber haben und wissen, wie man Zwiebeln schneidet. Ein Tsunami von Belehrungen über modernes Essen ist über uns hereingebrochen. Das ist ermüdend, wiederholt sich ständig, ist geschwätzig und aufdringlich.

Eine Horde von Nutznießern propagiert den Spaß am Herd, den Spaß beim Essen, den Spaß beim Degustieren; sie schwärmen vom Glück beim Kartoffelschälen, sie finden das erfüllte Leben vorwiegend dort, wo der fade Mozzarella sich mit geschmacklosen Tomaten vereinigt; das Grillfest auf dem Balkon ersetzt ihnen die Messe.

Die zivilisierte Menschheit ist von einem Bazillus befallen, der sie zwingt, ständig den abgedroschenen Satz »Der Mensch ist, was er isst« vor sich hin zu brabbeln. Der Vergleich mit der Massenhysterie des Mittelalters drängt sich auf. Ganz offensichtlich sind wir die Opfer einer Zwangspsychose, die zu Halluzinationen führt, bei denen der davon Befallene glaubt, kochen zu können oder kochen lernen zu müssen.

Na und? Habe ich diesen Zustand nicht jahrelang herbeigeschrieben? Habe ich nicht gezetert und die Unwilligen beschimpft, die sich nicht von ihren Bratkartoffeln trennen wollten? Jetzt aber, da Kaisergranat mit Safransauce zum Küchenrepertoire normaler Familien zu gehören scheint, jetzt ist mir das auch nicht recht?

Hier herrscht ein Missverständnis. Zunächst einmal haben Umfragen ergeben, dass in deutschen Familien immer seltener gekocht wird. Man wärmt Vorgekochtes in der Mikrowelle auf oder geht gleich in den Schnellimbiss. Der Familientisch in seiner Eigenschaft als Schule des Geschmacks existiert kaum noch. Die Kinder, mit Nutella, Pommes und Mayo plus Limo abgefüttert, sind auf Jahre hinaus für den kulinarischen Genuss verloren; für Erwachsene rangiert Genuss weit hinter dem Geiz.

Was sich da unter dem Etikett ›Besser essen und trinken‹ über die Konsumenten ergießt, gleicht dem Karneval, dessen Ursprünge von Marketingspezialisten in einen großen Reibach umfunktioniert wurden. Wirklich gelacht wird dabei nicht, die ursprüngliche Heiterkeit ist einer infantilen Schunkelei gewichen. Nicht anders funktioniert die Massenbewegung der kochenden Deutschen. Auch dabei dominieren der Reibach und das stressige Befolgen aktueller Moden.

So entspringt die ständig wachsende Bedeutung dieser Bewegung keineswegs einem Bedürfnis nach besserer Essensqualität, sondern verdankt sich dem Phänomen, dass Kochen ein Statussymbol der Mittelschicht geworden ist, obwohl kaum noch jemand seine Gemüse selber putzt und sein Fleisch selber pariert. Das alles wird vorgefertigt in Supermärkten gekauft.

Es wäre ungerecht, diese Zustände allein auf Deutschland zu münzen. Die Europäer haben die Angewohnheit, sich vor allem bei ihren schlechten Angewohnheiten anzugleichen. Sie verfälschen, panschen, manipulieren und dopen alle nach demselben Muster. Italienische Käseskandale, deutsches Gammelfleisch und holländische Nitrit-Eier sind die Perlen einer Kette, mit der sich Miss Europa gern schmückt.

Das Doping im Sport nicht zu vergessen. Daran werden wir fast jedes Jahr erinnert, wenn die Tour de France sich anschickt, den Aufstieg hinter unserem Dorf in Angriff zu nehmen.

Er ist die Verlängerung unserer steilen und engen Dorfstraße in Richtung der Alpen. Deren Ausläufer beginnen bei uns gleich am Dorfausgang, wo die enge Straße in eine elegante Rechtskurve übergeht. Dort sitze ich auf dem Fenstersims der Tankstelle von Monsieur Chapouan. Denn heute rast die Tour de France durch unser Dorf. Außer mir sitzen und stehen hier am Ausgang des Dorfes fast alle Einwohner. Manche haben

Blechrohrsessel vor ihre Häuser gestellt, manche stehen einfach erwartungsvoll herum, Gedankenaustausch findet nirgendwo statt, was an fehlenden Gedanken liegen mag oder am Wetter, und niemand sitzt hinter den geöffneten Fenstern, um das Spektakel der vorbeirasenden Radsportler vom bequemen Sofa aus zu beobachten. Es wäre dies auch das erste Mal, dass ein Fenster der die Straße säumenden Häuser geöffnet würde. Provenzalen halten ihre Fenster grundsätzlich geschlossen. Weil die Hitze im Juli genauso ungemütlich ist wie die Kälte im Winter.

Die Hauptstraße ist bereits seit zwei Stunden für den Verkehr gesperrt, obwohl die Radler erst gegen 13 Uhr, in der Mittagshitze, erwartet werden. Auf der anderen Straßenseite steht Monsieur Chapouan mit Freunden und zwei Mechanikern im großen Tor seiner Autowerkstatt. Als ich den Fenstersims seiner Tankstelle als Tribünenplatz erwählte, haben wir uns kurz zugewinkt. Jetzt schickt er einen seiner Jungs mit einer langen Kette über die Straße.

»Na«, sage ich freundlich, »wird in dieser großartigen Kurve die Geschichte der Tour de France heute neu geschrieben werden müssen?«

Er ist ein besonders netter Mechaniker, kam schon zweimal in meine Garage, um einen Reifen zu wechseln. Jetzt antwortet er nur kurz: »Guten Tag, Monsieur.«

Wahrscheinlich habe ich aus dem 2. Futur des ›wird geschrieben werden müssen‹ wieder mal eine dadaistische Lachnummer gemacht. Er legt die Kette über zwei Eisenpfähle, um unautorisierte Autos von den Tanksäulen fernzuhalten oder schummelnden Rennradlern die illegale Abkürzung zu sperren. Ein aufgeweckter Bursche. Hat mir erklärt, warum ich einen Plattfuß immer nur an den Hinterrädern kriege: Weil die Schrauben durch die Vorderreifen erst aufgerichtet werden, bevor sie sich hinten in einen Reifen bohren können.

Zu den gaffenden Dorfbewohnern gesellen sich Polizisten. Sie tragen frisch gebügelte, hellblaue Hemden und schicke Mützen und haben ihre frisch gewaschenen, dunkelblauen Motorräder abgestellt. Sie sind die einzigen Männer, deren Bäuche nicht vom Frühstück aufgeblasen über den breiten Koppeln hängen. Es sind viele Polizisten. Ich habe nicht gewusst, dass es in dieser Region so viele Ordnungshüter gibt. Wer jetzt durchs Küchenfenster bei mir einsteigt und meine Löffel klaut, kann dies in aller Ruhe tun. Wahrscheinlich sind sie zur Kontrolle der vielen Autos eingesetzt, die jetzt in regelmäßigen Abständen die Straße heraufkommen. Alle sind bemalt. Einige nur sparsam mit dem Namen eines Fernsehteams oder einer Bank, die meisten aber mit wild-bunten Motiven aus der Welt der schnellen Räder. Ich erwähne dies ausdrücklich, damit nicht Archäologen in zweitausend Jahren glauben, die Autos unserer Zeit seien alle einfarbig silbergrau gewesen, wie uns das heute mit den griechischen Statuen geht. Wir haben ja erst kürzlich rausgekriegt, dass sie nicht weiß, sondern knatschbunt angemalt waren. Weder Herodot noch Homer haben darüber ein Wort verloren. War für sie so selbstverständlich wie für uns die Abbildung eines geflügelten Speichenrads in lila, rosa und gelb auf der Kühlerhaube eines Skoda.

Die Autos sind alle mit mehreren Männern besetzt, welche aufmunternd aus den Fenstern winken und kräftig hupen, also einen Fahrstil demonstrieren, mit dem sie angesichts so vieler Polizisten an normalen Tagen nicht angeben würden. Aber heute ist nichts normal. Außer vielleicht die kinderreiche Familie Chabert, die fünfzig Meter weiter bergauf, wo hellbraun vertrocknete Büsche und ein gelblicher Grasbewuchs den Beginn der vom Feuer gefährdeten Natur ankündigen, sich vollzählig versammelt hat und hier praktiziert, was sie zu Hause jedes Wochenende tun: Sie grillen Lammkoteletts.

Die Familie, deren oberste Frau und Mutter im Supermarkt arbeitet und die nahe bei unserem Haus ihre Eigenheimzulage in Beton umgesetzt hat, trägt erstaunlich enge, weiße Bermudas und eine mit großen, rosa Ornamenten bedruckte, ebenfalls beängstigend enge, ärmellose Bluse. Bei den Vorbereitungen für das sommerliche Schlemmermahl lässt sie sich viel Zeit, da sie ständig von einer anderen erwachsenen Person (Schwester? Schwägerin?) und ihren Kindern abgelenkt wird. Diese vier oder fünf Kinder sind spezialisiert auf Ablenkungsmanöver. Sitze ich still im Schatten des Olivenbaums und versuche einen reifen Gedanken zu formulieren, brechen sie kreischend aus den Oleanderbüschen hervor und lenken mich ab. Sie lenken auch Frau Hoffmann ab, wenn die vor Jagdfieber zitternd zur Vogeltränke schleicht; und wen sie hier und heute ablenken wollen, scheint klar zu sein. Sie trainieren am mütterlichen Grill für ihr großes A-Manöver des Jahres, die Ablenkung der Tour de France vom richtigen Weg. Ein kühnes Unterfangen.

Millionen Fernsehzuschauer werden Zeuge sein, wenn das abgelenkte Peloton hinter der Tankstelle die asphaltierte Kurve verlässt und über den schmalen Feldweg hoppelt, der zu einem Bauern führt, welcher im letzten Jahr zwei Hektar seiner Äcker an eine Immobilienfirma verkauft hat, die nun vor der unleugbar attraktiven Naturkulisse der Voralpen eine Ansammlung von fünfzehn Einfamilienhäusern aus praktischen Betonteilen errichten wird.

Die Abstände der den Berg hinaufjagenden Auto werden kürzer, sie hupen jetzt ununterbrochen. Hubschrauber knattern direkt über uns, und einige Touristen, vom Tempo des Geschehens mitgerissen, beginnen zu schreien und zu applaudieren, was ihnen missbilligende Blicke der Dorfbewohner einbringt. Die Polizisten werden unruhig. Die Tour de France ist bereits in unser Dorf eingedrungen und nun – an den aufgeregten Gesten der Ordnungstruppe deutlich abzulesen – in die Tankstellenkurve einbiegt.

Und da sind sie schon! An der Spitze die üblichen drei Ausreißer, dann drei Autos mit Rennrädern auf dem Dach und danach das Hauptfeld.

Sie sind blau gekleidet und sehen aus wie böse Ameisen. Nach allem, was ich bisher im Fernsehen über die Tour gesehen habe, muss es das Medellín-Team sein. Sie fahren sehr schnell und so eng zusammen, dass sie wie eine einzige Ameise wirken, eine große Ameise mit vielen Beinen. In wenigen Sekunden haben sie die Tankstelle von Monsieur Chapouan umrundet und verschwinden aus meinen Augen. Als Letztes sehe ich noch, wie die Familie Chabert sich um den tragbaren Grill drängt, von dem die Mutter gerade das erste Lammkotelett hebt, dann versperrt mir die Autokavalkade mit ihren Dachrädern den Blick.

Die Zuschauer erheben sich von ihren Sitzplätzen, sofern sie einen hatten, und setzen sich in Bewegung. Gemeinsam, wie Kinobesucher nach dem Ende eines nicht sehr spannenden Films, gehen wir langsam nach Hause. Es kommen uns noch einige bunt bemalte Autos entgegen, und dann ist bereits der erste holländische Wohnwagen da. Insgesamt hat die Tour de France unser Dorf nicht länger als drei Minuten beehrt. Der Geruch von verbranntem Fleisch liegt in der Luft, der kann von den strapazierten Hintern der Radfahrer stammen. Aber auch die Lammkoteletts der naschhaften Familie Chabert kommen als Duftquelle infrage. Es wird hier viel gegrillt im Sommer.

»Na, wie fanden Sie die Tour?«, redet mich Madame Suze an, die Bäckerin. Den neuen Trend aufgreifend, verkauft sie in ihrem Laden auch Bio-Brot. Es schmeckt langweilig; ich vermute, es wird von einer Fabrik geliefert.

»Langweilig«, will ich gerade sagen, da fällt mir ein, dass Deutsche und Franzosen nicht nur unterschiedliche Anforderungen an den Geschmack von Brot stellen, sondern dass auch unser Enthusiasmus für gedopte Radfahrer nicht so ausgeprägt ist wie der meiner Nachbarn. Also sage ich: »Fantastisch! Dieses Tempo, diese Kraft und diese Eleganz ...!« Ich drehe die Augen verzückt zum Himmel.

»Eh, finden Sie wirklich? Ich fand's langweilig. Kein Mumm, kein Wumm.«

»Aber der gelbe Mann, ich meine der im Gelben Trikot ...?«

Sie zieht eine Grimasse: »Gedopt bis zum ...« Ein Wort, das ich nicht kenne, wird von einer eindeutigen Handbewegung begleitet.

Ein halbes Dutzend Nachzügler kommen uns auf ihren Rädern keuchend entgegen. Madame Suze klatscht begeistert Beifall.

»Und die«, frage ich sie, »sind nicht gedopt bis zum ...?« (Handbewegung.)

Als uns die Helden der Landstraße in ihren Gummihosen passiert haben, wendet sie sich mir zu und sagt verächtlich: »Alle sind gedopt. Ohne Aufputschmittel kommen die doch gar nicht in den Sattel.«

»Also hat Sloterdijk recht, wenn er sie ›Radproletarier bei einem dubiosen Job‹ nennt?«

»Von wem reden Sie?«

»Er hat ein Haus in der Drôme, war schon mal auf dem Mont Ventoux.«

Madame Suze zuckt die Schultern, lächelt mit einer Gesichtshälfte und nimmt Kurs auf ihre Bäckerei. Ich hätte ihr gerne noch mehr aus Sloterdijks gesammelten Sprüchen zitiert, zum Beispiel: »Der Radsport ist (...) strukturell katholisch: ohne Heuchelei nicht überlebensfähig. Eine Reformation der Tour de France bleibt unvorstellbar, weil man dann lauter Ernüchterte auf die Piste schicken würde, das wäre der Natur des Ereignisses nicht gemäß.«

Was die Ernüchterung angeht, so tritt sie hier nicht spontan ein. Auch nicht als eine Woche zuvor beim Atomkraftwerk Tricastin ein Störfall eintrat. Die Regionalzeitungen warnten zwar vor jeder Art von Outdoor activities, wie das im Freizeitjargon heißt, also Baden in den Flüssen, Angeln, Zelten und Gemüse essen. Aber als ich den Briefträger fragte, was er denn davon hielt, bewies er exzellente geografische Kenntnisse, indem er fröhlich feststellte: »Was wollen Sie denn, Monsieur: Tricastin liegt im Süden. Die Rhône fließt nach Süden, und sogar der Mistral bläst aus nördlicher Richtung. Bon journée, Monsieur!« Er ließ den Motor seines gelben Renaults an und mich in einer Staubwolke zurück.

Über Kochkonsumenten und andere prominente Kaliber

Da sind wir doch von anderem Kaliber, dachte ich ernüchtert und erinnerte mich an die kollektive Panik, die Deutschland jedes Mal ergreift, wenn ein AKW leckt. Ernsthaft diskutiert wird die Qualität unseres Essens nur hinsichtlich seiner Gesundheitsgefährdung. Wobei entsprechend der deutschen Mentalität hemmungslos übertrieben wird. Doch auch diese Abart des deutschen Konsums überrascht nicht. Dass wir als beispielhafte Angsthasen das Leben nur halbwegs meistern, weiß jeder Hobbysoziologe. Wirklich erstaunlich ist, dass unsere Gastronomie ein nie da gewesenes Niveau erreicht hat. Es ist kaum zu glauben: dass ein Volk, das aus Angst vor Seuchen und Bakterien fast zu Vegetariern geworden und stolz auf seinen Geiz ist, dass diese kleinbürgerlichen Kostverächter hingehen und rund dreihundert Restaurants ermöglichen, weltweit eine Spitzenstellung einzunehmen.

Das liegt natürlich zuerst einmal am Fernsehen, das auf allen Kanälen und dadurch fast nonstop Kochsendungen auf das Volk loslässt, wodurch zwar niemand kochen lernt, aber doch eine Neugier auf Restaurants geweckt wird, in denen die Typen mit den weißen Jacken in natura betrachtet werden können. Dagegen ist nichts einzuwenden, zumal der eine und der andere Gast feststellen werden, dass das Vergnügen, in einem 1. Klasse-Restaurant erstklassig bekocht und bedient zu werden, auch nicht teurer ist als eine modische Sonnenbrille.

Nein, wirkliche Einwände sind nur zu machen bei dem, was beim Auto Zubehör heißt und jeweils teuer und meistens überflüssig ist. Diese Lawine der versandfertigen Genussmittel, die seitenlang in Magazinen angeboten und durch Kataloge vorgeführt werden: diese Messerbänkchen aus dem Designstudio; das hundertste Buch über Olivenöl; die feinen Weinkaraffen, die bald auf allen Anrichten stehen wie vor hundert Jahren die Bowleschüsseln; die abartigen Korkenzieher, Eierkocher, Essigsorten; dieser ganze dekorative Krimskram, den niemand wirklich braucht, der aber angepriesen wird, als hinge von seinem Besitz der Aufstieg des Käufers in die Gourmetklasse ab. Diese Geschäftstüchtigkeit ist es, die einem die Lust aufs Kochen vergehen lässt.

Angeblich wollen sie uns Konsumenten ja nur den Weg verkürzen, der zum Genuss führt, uns einen Teil der Arbeit abnehmen, indem sie uns alles ins Haus schicken. Eingeschweißt, eingedost, vakuumiert und tiefgefrostet werden die teuren Delikatessen auf das Niveau von Dosenravioli in Tomatensauce herabgezogen.

Die Profitgier der Anbieter zerstört in kurzer Zeit, was da langsam herangewachsen war, nämlich die Erkenntnis, dass Kochen vor allem aus Arbeit besteht und dass diese Arbeit der eigentliche Spaß ist, der den Amateur in der Küche beglückt. Da auch das Fernsehen versucht, den Eindruck von Arbeit aus seinen Kochsendungen herauszuhalten, werden diese bald nur noch als fad und witzlos eingestuft werden, was sie schon seit Langem sind.

Ja, gewiss – ich war auch ein Fernsehkoch. Und zwar in der Frühzeit der Bildschirm-Kocherei, das gebe ich zu. Wie überhaupt vieles an der Kochmanie von mir angestiftet wurde.

Eines Tages rief Roman Brodmann an, der Schweizer Regisseur, der für den SDR viele politische Dokumentarfilme gedreht hatte und dafür mehrfach ausgezeichnet worden war. Er wollte einen Film über den Gourmet-Tourismus machen, am Beispiel der bei deutschen Essern außerordentlich beliebten

Auberge de l'Ill in Illhaeusern. Das Drei-Sterne-Lokal der Familie Haeberlin liegt nicht weit entfernt im grenznahen Elsass. Ob ich dabei sein Gesprächspartner sein wollte? Es stellte sich heraus, dass Brodmann selbst ein leidenschaftlicher Feinschmecker war. Wir machten den Film zusammen und überlegten danach, was das Thema Gourmandise sonst noch hergeben könnte. Obwohl ich kein professioneller Koch bin, kamen wir auf die Idee, dass ich als Gastgeber zu Hause für mehrere Gäste kochen würde. Und zwar für sehr kritische Gäste, nämlich hochdekorierte, prominente Küchenchefs, die meine Arbeit spontan kritisieren durften. Roman erledigte diese Aufgabe unverkrampft und lässig. Zwölf Folgen konnte er drehen, die uns viel Spaß machten. Dann starb er viel zu früh an Krebs. Für eine Fortsetzung dieser Serie konnte ich mir keinen anderen Regisseur vorstellen als ihn, also war mein Wirken als Fernsehkoch von kurzer Dauer. Naturgemäß missriet mir vor laufender Kamera schon mal ein Braten, fiel ein Deckel in den zu großen Topf, und Küchengeräte polterten auf den Boden.

Immerhin konnte ich einige unserer Drei-Sterne-Köche davon überzeugen, dass ich wusste, worüber ich schrieb, wenn ich ihre Restaurants beurteilte. Sehr didaktisch ist die Fernsehkocherei sicher nicht. Im besten Fall unterhaltsam, und sie kann bewirken, dass die Zuschauer sich mehr für die Küchenarbeit interessieren und vor allem die ihnen immer wieder eingebläute Forderung nach frischen Zutaten bester Qualität ernst nehmen. Die wir Genießer längst verinnerlicht haben.

Uns frustrierten Essern bleibt nur die dringliche Forderung nach höchster Produktqualität. Niemand kann uns in der Gewissheit übertreffen, dass nur die richtigen Produkte das Glück des Kochens ausmachen. Die Suche nach dem Bio-Suppenhuhn kann mühsam sein, aber war sie erfolgreich, ist der Gewinn unendlich größer, als der Besitz einer marokkanischen Tajine. Um einen winterlichen Bohneneintopf gar zu kriegen, stehe ich zwei Stunden in der Küche. Aber es sind Stunden voller Vorfreude auf eine Mahlzeit, deren jede Einzelheit meine Handschrift trägt und deren Aroma kein Chemiker und kein Verpackungskünstler beeinflusst hat. Darüber hinaus habe ich die einzige Bohnensorte gefunden, die mein Cassoulet perfekt macht (frische Haricots cocos).

In der vorigen Saison (vor einem Jahr, vor zwei Jahren) waren es die Küchenmöbel, die uns in Atem hielten. Der richtige Herd, die eisernen Töpfe, der schnellste Salamander, die Infrarotlampen und der ganze professionelle Kram, mit dem die Küchen der Stars ausgestattet sind, wir besorgten ihn uns, und wenn er noch so teuer war.

In der Saison davor, also vor vier oder sechs Jahren, waren wir hinter den richtigen Messern her, handgeschmiedete japanische Meisterstücke, rasiermesserscharf, jedes einzelne wert, unterm Tannenbaum als herausragendes Weihnachtsgeschenk zu glänzen.

Noch ein Jahrzehnt davor, haben wir die Scheu des Mitteleuropäers vor rohem Fisch überwunden und uns an Sashimi gewöhnt, den wir wie die Japaner mit Essstäbchen essen.

Bei unserem Versuch, die Qualität unseres Essens nicht den Konfektionären des Genusses zu überlassen, entwickeln wir eine Perfektion, die ans Wahnhafte grenzt.

Diese Zwänge sind heute stärker denn je, sie werden nur subtiler gehandhabt. Denn die angebliche Vielfalt und unsere Möglichkeiten zur Auswahl sind nur Illusion. Die Qualität unserer Lebensmittel wird von nur einer Handvoll Anbieter bestimmt. Ihre Produkte unterscheiden sich höchstens durch die Verpackung, in der sie angeboten werden. Wie bei den Produkten der Kosmetikindustrie gibt es unzählig verschiedene Düfte und unterschiedliche Aromen. Aber die stammen alle aus denselben Labors: Aus einer Naturjoghurt-Sorte entwickeln die Hexenmeister der Chemie hundert Varianten – so stellen Genforscher sich die Zukunft vor.

Wenn wir uns nicht vorsehen, werden sie die Oberhand gewinnen, die Massenproduzenten und Geschmacksingenieure. Unter der glitzernden Oberfläche ihrer Versprechungen halten sie alle Maßnahmen bereit, mit denen sie uns bei unserer Bequemlichkeit packen. Sie überrumpeln uns in unserer Ahnungslosigkeit und verführen uns zur Sünde wider die Vernunft. Unsere Angst vor der Geflügelgrippe kommt ihnen ebenso gelegen wie die kriminellen Machenschaften der Fleischverarbeiter, deren Namen der seinerzeit zuständige Minister Seehofer nicht veröffentlichen wollte, was fatal an das Ehrenwort des Helmut Kohl erinnerte. Jede Schandtat italienischer Käsekocher benutzen die Großproduzenten, um Rohmilchkäse zu verteufeln, den sie selber nicht herstellen können. Ihre Attacken gegen familiäre Kleinproduzenten wiederholen sie alle paar Jahre, was automatisch die Front der Rohmilchfreunde aus dem Verdauungsschlaf aufschreckt. Vom englischen Thronfolger über Lokalpolitiker bis zu den Öko-Anhängern in allen Parteien wird gegen Brüssel demonstriert, dieses Nest der genussfeindlichen Lobbyisten. Danach herrscht wieder Ruhe bis zum nächsten Versuch.

Um die zunehmende Verfettung unserer Kinder zu stoppen, werden Medienkampagnen gestartet und Unterausschüsse gebildet, die das Thema in Ostseebädern diskutieren; Talkshows beschäftigen sich auf allen Kanälen damit; besorgte Ärzte, Soziologen, Pädagogen reden auf Kongressen an oberbayerischen Seen darüber, und sogar die Eltern werden dazu befragt.

Aber niemand steht auf und sagt deutlich und abschließend, dass es allein der Kunstfraß der Nahrungsmittelindustrie ist, der Menschen dick macht. Die Konsequenz dieser Erkenntnis wären wieder einmal Umsatzeinbußen, was ja automatisch zum Verlust von Arbeitsplätzen führen würde. Und irgendwie auch den Hunger in Entwicklungsländern sowie den Treibhauseffekt fördert. Kein Regierungssprecher, kein Verbandsfunktionär, der diese Argumentation nicht benutzen würde.

Von einem amerikanischen Präsidenten des 19. Jahrhunderts stammt die Feststellung: »Es ist möglich, eine Anzahl Menschen für eine gewisse Zeit hinters Licht zu führen. Aber nicht alle Menschen lassen sich für immer verdummen.« Bis sich diese Erkenntnis in der täglichen Politik durchsetzt, ist jeder Versuch, die Qualität unserer Nahrungsmittel und damit die unseres Lebens zu verbessern, zum Scheitern verurteilt.

In die Zeit meiner journalistischen Anfänge fallen einige Reportagen, die ich auf Anregung von Haug von Kuenheim schrieb, der in der *Zeit* das »Moderne Leben« leitete. Er berichtete mir von einem witzigen Testbericht im *New York Magazine*, in dem die beliebtesten Hühnersuppen in Manhatten unter die Lupe genommen wurden. Ob ich so etwas nicht über München schreiben könnte? Es kann sein, dass ich damals die Hühnersuppe unterschätzte. Sie ist zweifellos die genialste, nützlichste und gesundeste Erfindung der kochenden Menschheit. Obwohl ich vor den Toren Münchens am Ammersee lebte, lehnte ich seinen Vorschlag ab. Es gab in München keine speziellen Restaurants für Hühnersuppen, und allein die Vermutung, die feine und delikate Suppe könnte zwischen Schweinshaxen und Leberkäse in dieser Stadt eine Rolle spielen, hielt ich für absurd. Aber Haug konnte sehr hartnäckig sein, wenn er von einer Idee überzeugt war. So kam er immer wieder auf die Suppe zurück und überrumpelte mich schließlich mit meinem eigenen Argument: »Warum dann nicht Schweinshaxe?«

So entstand »In München auf Haxntrip«, meine erste große Recherche über die gastronomischen Zustände in einer bestimmten Region. Damit war mir gelungen, meine Leser auf

Anhieb in Fans und Siebeck-Hasser zu teilen. Sie sollten mir bis heute treu bleiben. Einer war da, der bald das Lager wechselte: Günter Herburger, der Dichter, Maranthonläufer und Erfinder der Urschlamm-Pfanne. In seinem Gedicht »Zur Verbesserung des Feuilletons« verlangte er in einer von sieben

Strophen: »Einfach Wolfram Siebeck verbieten / über Essen zu schreiben und ihn / drei Tage mit Heftpflaster über dem Mund / in die Bahnhofsgaststätte von Würzburg setzen / wo wir mitunter auch schlemmen.«

Ich zitierte diese schönen Zeilen in der *Zeit* und hängte daran eine ungewöhnliche Reportage: Ich fuhr mit der Bahn nach Würzburg und testete die Bahnhofsgaststätte, als wäre sie ein Schlemmer-Lokal.

Es war einer der wenigen Texte, den meine Leser vorbehaltlos akzeptierten. Sogar Günter Herburger schrieb mir eine versöhnliche Postkarte (er ist als Meister der maschinengeschriebenen Postkarten bekannt), und daraus erwuchs im Verlauf der Jahre eine rührend freundschaftliche Korrespondenz.

Nicht alle Reportagen endeten in Harmonie und Freundschaft. Bei Loriot war es eher so, dass unsere Freundschaft in dem Moment, als ich ein langes *Zeit*-Porträt über ihn veröffentlichte, einen Bruch bekam. Wir waren jahrelang Nachbarn an den Prominentenufern von Münchens südlicher Seenplatte. Er kam gerne zu den Weinproben, die ich zu Hause organisierte; wir trafen uns an der Cote d'Azur zu hedonistischen Ausflügen und verstanden uns gut. Eine antibürgerliche Spottlust und gewisse ästhetische Gemeinsamkeiten bildeten die Basis, auf der unsere Freundschaft reibungslos funktionierte. Ich bewunderte seine genialen Sketche, die Disziplin, mit der er die scheinbare Leichtigkeit seiner Rollen erreichte, und auch seine Frau Romi, die dieses preußische Genie auf so liebenswerte Weise ertrug und selber nichts weniger als liebenswürdig war.

Als Loriot sich auf einen spektakulären Auftritt im Benefizzirkus der Münchner *Abendzeitung* vorzubereiten begann, sahen Kuenheim und ich darin die Möglichkeit zu einem groß angelegten Porträt. Vicco sollte die Nummer eines französischen Artisten übernehmen, der mit seinem dressierten Hund auftrat, welcher verschiedene Kunststücke aufzuführen hatte, die er offenbar alle beherrschte. Doch in dieser Dressurnummer ging alles schief: Der Hund erwies sich als Saboteur jeglicher Dressur. Was immer sein Herr von ihm verlangte, verweigerte er stoisch. Das war sehr komisch. Das Publikum im Pariser Lido, wo der Franzose auftrat, brüllte vor Lachen.

Wir waren mit Loriots nach Paris gefahren, wo ich jeden seiner Schritte und seine Reaktionen beobachtete. Ich begleitete ihn auch danach viele Tage mit einem Tonband, um zu dokumentieren wie Loriots Professionalismus funktionierte. Wir saßen bei ihm zu Hause zusammen und schließlich bei den Proben im Münchner Zirkus. Als Zeuge seiner Arbeit wuchs mein Respekt vor Vicco, dem Artisten, täglich. Selbstverständlich wurde die Gala-Vorstellung im Zirkus ein großer Erfolg für Loriot. Der Hund tat genau das, was er scheinbar nicht sollte. Er verweigerte alles, was ihm beigebracht wurde. Das Publikum brüllte vor Lachen.

Als mein Porträt über Vicco von Bülow dann in der *Zeit* erschien, hörte ich zwei Tage nichts von ihm. Danach rief er an. Es muss ein zweistündiges Gespräch gewesen sein, in dem er sich über meinen Text beklagte. Seine Begründung: Ich hatte ihn wörtlich zitiert, wie er in einer häuslichen Situation »Scheiße« sagte. Das, klagte er, sei er nicht, so hätte ich ihn nicht darstellen dürfen. Ich war etwas verblüfft, glaubte aber bald, die Erklärung für seinen Unmut gefunden zu haben: Ich hatte mich in meinem Text konsequent geweigert, ihn, den großen Humoristen, einen Satiriker zu nennen. Darauf aber legte er Wert: als Satiriker gewürdigt zu werden. Immer wieder hatte er in unseren Gesprächen betont, wie böse doch dieser und jener Sketch gewesen sei. Dieser Meinung, die er von seiner Arbeit hatte, konnte ich mich nie anschließen, zumal ich mich an sein immer wieder abgegebenes Bekenntnis erinnerte, Satire dürfe nicht verletzen. Ich sah in ihm einen liebenswürdigen Humoristen und genialen Artisten, dem nur eines fehlte: eine gehörige Portion Bösartigkeit.

Von da an sahen wir uns nur selten.

Es ist möglich, dass ich bei solchen Gelegenheiten einen auffälligen Anzug trug, der möglicherweise in jener Zeit das teuerste Kleidungsstück war, das je ein Journalist trug.

Der *Stern* rief eines Tages an und fragte, ob ich für eine Magazin-Nullnummer einen größeren Text schreiben würde. Nullnummern (Neugründungen) sind bei den Printmedien ständig in der Planung. Das gibt den Verlegern eine günstige Gelegenheit, das Geld mit beiden Händen unter die schreibende Zunft zu bringen. Ein neuer Chefredakteur wird eingestellt, der im selben Konzern schon einmal als Chefredakteur gescheitert ist. Der wiederum engagiert ein paar Spezis aus Jugendtagen, und gemeinsam planen sie nach den Vorstellungen des Verlegers ein neues Magazin, das eine Mischung aus *New Yorker, Playboy* und *Vogue* werden soll, nur besser, also erfolgreicher.

Diese Zeitungsmacher riefen also an und baten um meine Mitarbeit. Sie hatten auch eine konkrete Vorstellung davon, wie die aussehen sollte. Ich dürfe mir bei Moshammer einen Anzug machen lassen. Das ganze Drum und Dran dieser Maßarbeit sollte ich für ihr neues Projekt ausführlich beschreiben.

Ich traute meinen Ohren nicht. Ein Maßanzug von Moshammer? Dieser »Münchner Prominentenschneider« war bundesweit bekannt für seinen Rolls-Royce, für seinen Schoßhund und seine schräge Klientel, die sich bei ihm irrsinnig teure Anzüge machen ließ. Der Verlag Gruner + Jahr würde den Schneider bezahlen, dafür müsse ich auf ein Honorar verzichten.

Ich sagte sofort zu, obwohl ich noch nicht wusste, dass der Anzug letzlich 4357 D-Mark kosten würde. Damit dieser damals abartige Preis zustande kam, suchte ich einen Stoff aus, von dem Moshammer sagte, es sei der kostbarste, den er im Laden habe. Genau gesagt: Kaschmir und Seide, sandfarben mit feinem Fischgrät, dreiteilig.

Beinahe wäre mein Text nicht erschienen. Zwar bezahlte der Verlag meine Schneiderrechnung, aber die geplante Nullnummer erschien nie. Ich erzählte Haug von Kuenheim die Geschichte, und er erreichte die Freigabe meines Manuskriptes, das dann doppelseitig in der *Zeit* erschien. Dafür bekam ich auch noch Honorar.

Das waren die siebziger Jahre. Heute beschreibt Wallraff das elende Leben der Penner auf Kölns nächtlichen Straßen.

Der teure Anzug erwies sich als viel zu eng. Das entsprach zwar dem Stil Moshammers, der selber sehr enge Anzüge trug, führte aber dazu, dass er mir sehr schnell zu klein wurde. Zwanzig Jahre später wurde Moshammer von einem Strichjungen umgebracht und gab der Münchener Boulevardpresse noch monatelang Gelegenheit, darüber zu berichten.

Über das Alter 1

Dass ich ununterbrochen älter werde, erkenne ich daran, dass die Alten immer jünger werden. All die Respektspersonen mit den grauen Haaren, von denen ich mich mein bisheriges Leben bestimmen ließ, weil sie älter waren und mehr Macht hatten als ich, haben plötzlich nicht mehr graue Haare, sondern tragen modische Kurzfrisuren, wie sie in der Popszene Mode sind. Es fällt mir immer schwerer, sie mir als Respektspersonen vorzustellen. Da sie aber tatsächlich für meine Existenz bestimmend sind – ob sie in den Verlagen über meine Arbeit entscheiden oder in den Regierungen mich betreffende Gesetze erlassen – empfinde ich ihre Existenz als verdächtig. Ich muss mich davor hüten, sie merken zu lassen, wie wenig ich von ihrer Befähigung als Verlagsleiter oder Kulturreferenten halte. Ich darf ihre Entscheidungen – die oft haarsträubend sind – nicht lauthals kritisieren. Meinen Drang, genau dies zu tun, unterdrücke ich vorsichtigerweise. Ich würde nur meinen Ruf als Besserwisser bestätigen. Außerdem wäre es undiplomatisch und würde, wie ich mir vorstelle, meinem Vater ähneln, dessen daraus resultierende Berufswechsel ich mir in meinem Alter nicht mehr zumuten möchte.

Als ich merkte, dass ich älter wurde, das heißt, gewisse Gebrechen nicht mehr übersehen konnte, die unmissverständlich auf die verbrauchten Lebensjahre hinweisen, verhielt ich mich meinem Naturell entsprechend leichtfertig. Ich ließ mir zwei neue Hüftgelenke einsetzen, als wäre es der Wechsel von Sommer- auf Winterreifen. Dass bei dieser Gelegenheit bei mir ein zu hoher Blutdruck festgestellt wurde, überraschte mich wenig. Auch Diabetes mellitus ist in meinem Alter eine Begleiterscheinung des täglichen Lebens. Ich misstraute allen medizinischen Ratschlägen, die darauf abzielten, mir den Spaß am Leben zu nehmen, aß und trank, wie ich es gewohnt war, und stellte schließlich fest, dass ich immer dickter wurde. Da war ich bereits 65 Jahre alt.

Ich erinnerte mich lebhaft an eine Szene, die ich auch in einer meiner Kulinar-Reportagen beschrieben hatte: Es war in Salzburg, wo ich anlässlich einer Talkshow Sir Peter Ustinov längere Zeit gegenübersaß. Ich registrierte, wie dick er war und wie er seinen dicken Bauch mithilfe der feinen Londoner Schneiderkunst (Bespoke, Savile Row) hinter einer imponierend hohen Hosenfront verbarg. Es war eine Hose, wie man sie auch Churchill tragen sah, und sogar Humphrey Bogarts Schneider kannte den Schnitt, bei dem der Bauch nicht über den Hosenbund zu hängen kam, sondern die Hose erst kurz unter den Achseln ihren Drang nach oben beendete.

Solche Hosen trage ich heute selber. Ihre Herstellung ist keineswegs auf einen Edelschneider angewiesen. Es genügt, ihren oberen Rand um fünf Zentimeter zu verlängern (manche Ballonbäuche brauchen vielleicht mehr), wozu man lediglich mit einer Hosenfabrik in Verhandlung treten muss.

Wie mein Übergewicht zustande kam, ist kein Geheimnis für jeden, der meinen Lebensstil beobachtet. Zu viel Wein, zu wenig Bewegung, eine Ernährungsweise, die bei jeder Mahlzeit dem Genussprinzip unterworfen wird – das gute Leben also, wie es von der Bibel und anderen Erbauungsschriften als ungesund verteufelt wird.

Das alles ist kein Wunder. Ich weiß bloß nicht, warum sich die Folgen erst so spät in meinem Leben gezeigt haben. Dass ich nicht dagegen angehe, entspricht meiner Veranlagung zur Arroganz und zur Missachtung jener Vernunft, die sich in den lächerlichen Bemühungen ausdrückt, mit der seriöse Männer und Frauen schwitzend versuchen, ihr Leben zu verlängern.

Wer sich mit achtzig Jahren täglich in einem Fitnessstudio quält oder auf leichtgewichtigem Rennrad den Straßenverkehr gefährdet, soll das tun.

Ich bedauere immerhin, dass ich in gewisse Sportwagen nur mit Mühe einsteigen kann und ohne fremde Hilfe nicht mehr herauskäme. Aber es gibt ja auch große, komfortable Autos, wie Wein in Magnumflaschen, welche ich mit großem Wohlwollen betrachte. Halbe Flaschen sind sogar Barbara ein Graus, obwohl sie in der letzten Zeit nur halb so viel trinkt wie ich:

»Du willst doch nicht, dass ich so dick werde wie du, oder?«

»Mit deiner Konfektionsgröße verärgerst du bloß deine Freundinnen.«

»Welche Freundinnen? Ich habe keine.«

»Siehst du? Die wollen neben dir nicht gesehen werden.«

»Ja. Weil du sie alle vergrault hast!«

»Warum sollte ich? Ich fühle mich in Gesellschaft von Frauen sehr wohl.«

Eine Unterhaltung, die so beginnt, mündet zweifellos in der bitteren Feststellung, dass Männer, mögen sie auch noch so dick und alt sein, immer noch hübsche, junge Frauen haben können, wohingegen umgekehrt … Das Lieblingsthema der Feministinnen kann noch so verbraucht sein, es ist unsterblich wie der Skorpion in der Trockenmauer.

Provence 6

In den alten Steinhäusern der Provence sitzen Skorpione. Sie sind schwarz und werden nicht größer als fünf Zentimeter, zudem sind sie harmlos, im Gegensatz zu den großen gelben in Afrika. Man weiß, dass sie zu den ältesten Tieren unseres Planeten gehören. Sie haben alles überlebt, Troja und die Cheops-Pyramide, den Überfall der Ritter während der Kreuzzüge, von denen die christlichen Marodeure Gewürze und gestiegene Ansprüche mitbrachten, welche im Nachhinein als zivilisatorischer Fortschritt ausgegeben wurden; sie haben die Pest überlebt und den Dreißigjährigen Krieg, die Erfindung des Automobils und des Fast Foods – und wir sollten ihnen dafür Respekt entgegenbringen. Außerdem sind sie Miniaturausgaben des schmackhaften Hummers.

Wenn ich jedoch einen entdecke, ist er dem Tode geweiht. Nun sind sie auf den Fliesen, mit denen alle Böden im und am Haus belegt sind, leicht zu erkennen. Und es existieren nicht viele auf meiner Immobilie. Manchmal sind es nur fünf, die so leichtsinnig sind, sich im Sommer blicken zu lassen.

Barbara würde sie am liebsten einfangen und außerhalb des Grundstücks aussetzen, wie wir es im Rheintal mit den Burgmäusen gemacht haben, als dort einen Sommer lang ein Pferd untergestellt war, dessen Futter auf Mäuse offenbar die gleiche Anziehungskraft hat wie zwei Michelin-Sterne auf meinen inneren Navigator. Auf Barbaras Frage, warum ich sie denn nicht leben ließe, kann ich nur etwas von »atavistischen Reflexen« murmeln. Manchmal erinnere ich sie daran, dass sie in unseren Burgküchen Klebefallen gegen Motten aufstellt.

»Das tue ich doch nur deinetwegen! Wenn du Motten im Müsli findest, beschwerst du dich doch bei mir.«

Dabei esse ich Müsli nur in Hotels, wo das Brot täglich frisch aus China eingeflogen wird. Sage ich es ihr, hält sie mir meine Arbeitsgeräte vor:

»Und dein Laptop? Und das Handy? Die CDs, die du hörst? Woher stammen die denn?«

»Die muss ich ja auch nicht essen.«

»Dafür isst du Garnelen. Die werden auch nicht vor unserer Haustür gefangen.«

»Richtig! So wenig, wie deine Blusen und Hosen deutsche Fabrikate sind. Dir ist doch klar, dass alle Klamotten, die du von deinen *shopping sprees* nach Hause bringst, Produkte asiatischer Kinderarbeit sind, oder etwa nicht?«

»Warum sprichst du plötzlich Englisch? Und kann man *shopping spree* überhaupt in den Plural transformieren?«

»Bei der Häufigkeit, mit der dich der Kaufrausch übermannt, bleibt ja keine andere Wahl.«

So sorgen unsere Haustiere stets für eine fröhliche Unterhaltung.

Bei den Hornissen geht es nicht immer fröhlich zu. Sie wohnen unter dem Dach, wo wir beobachten können, wie sie im Eingang zu ihrem Bau verschwinden. Sie sind doppelt so groß wie Wespen, brummen auch entsprechend laut, können aber längst nicht so gut fliegen, sodass wir sie schon mal mit dem Suppenlöffel aus der Luft geholt haben, wenn sie mittags die Lufthoheit über dem Esstisch beanspruchten.

Eines Abends im Herbst kamen wir spät nach Hause und fanden den Salon voller Hornissen. Mindestens ein Dutzend brummte durchs Zimmer. Und es wurden immer mehr. Wir entdeckten, dass sie sich durch die Decke im Schlafzimmer hindurchgeknabbert hatten, um sich in dem geheizten Raum noch einmal vor dem Winterschlaf aufzuwärmen. Ich ergriff ein herumliegendes Nachrichtenmagazin und drosch auf das brummende Geschwader ein, das in kurzer Zeit zerschlagen am Boden lag. Eine Hornisse hatte mich in den Hals gestochen, aber das schmerzte weniger als ein Bienenstich.

Dann riefen wir die Feuerwehr, welche nach zwanzig Minuten auch erschien. Und zwar mit einem Oldtimer aus den dreißiger Jahren, auf den eine lange Holzleiter geschnallt war. Die beiden wackeren Pompiers versuchten zwanzig Minuten vergeblich, die Leiter durch ein Fenster ins Haus zu schieben, doch sie war viel zu lang. Also verpackten sie sie wieder auf ihrem alten Peugeot und versprachen, mit einer passenderen Leiter wiederzukommen. Das dauerte noch einmal zwanzig Minuten, und diesmal brachten sie noch einen Kollegen mit, der sich für das Hornissennest zu interessieren schien. Tatsächlich war er Hobby-Imker und gegen Bienenstiche immun, wie er behauptete. Sie benutzten dann unsere Haushaltsleiter, um an das Loch in der Decke zu kommen, und Barbara verschloß es mit Gips. Später haben wir die Zimmerdecke erneuert und dabei das Nest entdeckt und entfernt. Es war so groß wie ein Fußball. Danach besetzten Siebenschläfer den schmalen Raum unter den Dachpfannen.

In dem Moment, als ich Hausbesitzer in der Provence wurde, stand für mich fest, dass ich über diese Episode ein Buch schreiben würde: Die Schwierigkeiten beim Hausbau unter Berücksichtigung des azurblauen Himmels und des Thymianduftes, garniert mit den Erlebnissen eines unerfahrenen Bauherrn und leidenschaftlichen Epikureers. Den Kaufvertrag hatte ich kaum unterschrieben, da setzte ich mich auch schon an den Laptop und legte los. Nur sechs Monate später war das Manuskript bereits halb fertig, und ich überlegte, welcher Verlag dafür wohl infrage käme, als ein Buch auf dem Markt erschien, das all das beschrieb, womit ich einen Bestseller landen wollte. Es war Peter Mayles *A Year in Provence*, und nahm mir jegliche Lust, mit meinen Erlebnissen hinterherzuhinken. Ich verfluchte den Engländer, dass er offenbar ein Jahr früher als ich auf die Idee gekommen war und beneidete ihn um die Nähe, die er zu den Bewohnern von Ménerbes gefunden hatte. (Die ihn zwei Jahre später für den Rummel verwünschten, den sein Buch in ihrem Dorf auslöste.) Wahrscheinlich sprach er besser Französisch als ich oder hatte mehr Fantasie.

Nun bin ich keiner, der sich durch derartige Hindernisse leicht entmutigen lässt. Ohnehin hatte ich inzwischen ein anderes Projekt begonnen. Es war ein Restaurantführer durch die Provence und die Côte d'Azur. Der war naheliegend, nicht nur weil ich den infrage kommenden Adressen geografisch nahegekommen war, sondern auch, weil ich die meisten sowieso schon kannte.

Denn selbstverständlich wusste ich, wie man in welchem der besseren Restaurants isst, welche Grand Hotels vorzuziehen und welche zu meiden waren. In Nizza, Cannes und Avignon kannte ich die besten Käsehändler und die Standorte der Zentralmärkte. Aber das waren Nebenwirkungen meines Berufs, so wie der Blähbauch eine Nebenwirkung von zu viel Knoblauchmayonnaise ist.

Doch die bäuerliche Umgebung, in der wir uns niedergelassen hatten, ist *La France profonde*; sie steht sinnbildlich für das einfache Leben im Hinterland und hat nicht die geringste Ähnlichkeit mit dem Glanz der Riviera.

Der Begriff *La France profonde* ist für die Bewohner von Paris Anlass, mit leuchtenden Augen ihren Patriotismus raushängen zu lassen und vom Paradies zu schwärmen. Die einen, weil sie selber in einem abgelegenen Kuhdorf ihre Kindheit verbracht haben, die anderen, weil sie auf dem Lande die wahren Werte der Grande Nation bewahrt sehen – von der Gemüsesuppe bis zum Jagdfieber, das die männliche Bevölkerung befällt, sobald ein dummes Kaninchen auf der Landstraße unter die Räder eines Autos gerät. Nach ihren Beschreibungen besitzt jedes Kaff eine Dorfkneipe, in der Grauköpfe mit ihren Baskenmützen von morgens bis abends den Stammtisch besetzen. Sie schwärmen von Authentizität und verbringen aber ihre Ferien auf Mietmatratzen an den Massenstränden des Mittelmeers.

Was ich mir vorgenommen hatte, war eine Arbeit, wie ich sie am liebsten verrichte: durchs Land fahren und die Gastronomie auf lohnende Häuser testen. Das Buch erschien 1999, und schon damals war das Resultat nicht sehr eindrucksvoll. Beide Regionen sind in erster Linie Touristenziele, das bedeutet, die Saison ist auf den Hochsommer beschränkt. Dann sind die meisten Restaurants überfordert, jedenfalls abends, wenn die Urlauber um freie Tische betteln. Mittags liegen sie in der Sonne am Strand oder am Pool.

Ein genussvolles Essen ohne Musikberieselung gehört nicht zu den Wünschen der Sommerurlauber. Womöglich müssten sie sich mit der Qualität des Essens beschäftigen, womit sie schlicht überfordert wären. Sie freuen sich zwar auf die mediterrane oder provenzalische Küche, weil sie eine exotische Abwechselung verspricht, welche durch Ankündigungen auf den Speisekarten wie Aioli oder Bouillabaisse garantiert scheint. Aber dafür auf das Sonnenbad verzichten, wenn die Sonne am wirkungsvollsten brennt? Lieber versorgen sie sich an einer Strandbude mit einem Salatsandwich oder hocken sich in die nächste Pizzeria, wo sie nicht einmal ein Hemd überziehen müssen. Unter solchen Umständen ein seriöses Restaurant zu führen, gelingt nur solchen Betrieben, die international für ihre anspruchsvolle Küche bekannt sind und deshalb von einem spezifischen Publikum gezielt auch mittags besucht werden. Davon gibt es an der Küste zwischen Marseille und Menton ungefähr ein Dutzend. In der Provence kein einziges. Wenn man bedenkt, dass zusätzlich nur ganz wenige Treffpunkte der touristischen Schickeria mittags viel Geld verdienen, weil es zum guten Ton gehört, hier und nirgendwo sonst im mageren Salat herumzustochern, so ist das für eine der beliebtesten Ferienregionen der Welt eine recht kümmerliche Bilanz.

Zehn Jahre später fand ich die Situation eher verschlechtert. Zwar hat sich in der Luxusklasse an der Küste – bis auf die Küche – vieles sogar verbessert. Das verdankt die Gastronomie den neureichen Russen und Chinesen, deretwegen die Weinkeller aufgestockt, die Parkplätze bewacht und die Flaschenpreise erhöht wurden. Aber wer es sich nicht leisten kann, mit dem Helikopter in die Luxusoasen einzufliegen, hat Schwierigkeiten, in den Yachthäfen einen Ankerplatz zu finden. Eine andere Möglichkeit, die Traumterrassen von Saint-Tropez, Cannes, Antibes oder Monte-Carlo zu erreichen, kann ich mir nur als Albtraum vorstellen. In der Hochsaison meldet *Radio Trafic* schon mal eine Gesamtlänge der Autostaus eines Tages im *Hexagone* von 1000 Kilometer Länge. Wie viele davon auf den Autobahnen am Mittelmeer herumstehen, wird nicht aufgelistet. Es würde den Tourismus-Managern nicht gefallen.

Die Einzigen, die sich daran erfreuen, sind die üblichen Zyniker:

»Telefonier bitte leiser! Jetzt kommt *Radio Trafic* mit den …«

»Was hast du gesagt? Du siehst doch, dass ich mit Stephanie telefoniere.«

»Ja, aber bitte nicht so laut! Ich will *Radio Trafic* hören!«

»Warum denn das? Wir sind doch nicht unterwegs. – Stephanie, entschuldige, dein Vater delektiert sich am Unglück anderer … Nein, niemand ist verunglückt …«

»Um Lyon herum sind es achtzig Kilometer!«

»Ich ruf später zurück, nach den Staumeldungen.«

Schon in den fünfziger Jahren streifte mich die Chance, zur Klasse der Großgrundbesitzer am Mittelmeer zu gehören. In der Feuilletonredaktion der *WAZ*, die mir als tägliche Anlaufstelle diente wie einem Wiener Dichter das Kaffeehaus, arbeitete eine scheue Sekretärin, die sich mit keinem der Redakteure duzte. Sie verhielt sich deutlich distanzierter als andere Redaktionsmitglieder. Deshalb waren wir alle überrascht, als sie ihren Chef, den Ressortleiter, heiratete, sobald er pensioniert wurde.

Aber schon vorher hätte sie unsere Neugier erregen müssen; denn sie erzählte freimütig, dass sie in Spanien eine Finca besäße. Wir wussten damals kaum, was eine Finca war, und fragten nicht, wie eine Verlagsangestellte zu einer Immobilie im Ausland gekommen war. Eines Tages wurde sie gesprächiger und erwähnte, dass sie die Finca verkauft habe und das Geld in Grundbesitz auf Sardinien anlegen würde. Dann erzählte sie abenteuerliche Geschichten von einem deutschen Makler, der auf Sardinien von Banditen entführt worden sei. Den kannte sie offenbar; denn sie beschrieb die Küstenregion Sardiniens als fantastische Geldanlage. Der Quadratmeter Sandstrand koste nur zwei D-Mark. Diese Chance sollten wir uns doch nicht entgehen lassen!

Da die Dauerskat spielenden Feuilletonisten gegenüber derartigen Realitäten völlig immun waren, konzentrierte sie ihre Überredungskünste auf die beiden Zeichner, auf Erika und mich, die sie nicht zu Unrecht anfälliger für leichtsinnige Unternehmen hielt.

Ich erwähnte die Geschichte gelegentlich gegenüber meinem korporierten Schulfreund, der inzwischen geerbt hatte. Passenderweise hatte er eine unternehmungslustige Freundin und eine große Limousine. Zwar war er gleichzeitig ein kapitaler Hypochonder geworden, der stets eine große Flasche Beruhigungsmittel bei sich hatte, aber in kluger Voraussicht, dass ihm seine zunehmenden Panikattacken künftig solche Abenteuer verbieten würden, willigte er ein, die Reise nach Sardinien zu wagen.

Sie war tatsächlich ein Wagnis, weil sein Auto zwar groß, aber ein Jaguar war, von dem seine Besitzer damals sagten, um damit fahren zu können, müsse man zwei Wagen haben: Einer sei immer in der Werkstatt.

Gerechterweise muss ich dazu sagen, dass damals die Autos noch längst nicht so zuverlässig waren, wie sie es heute durchweg sind. Dass die Reise durch mehrere Aufenthalte in Autowerkstätten verlangsamt wurde, war nicht so gravierend wie die Ängste, die unser Freund beim Verladen des Wagens auf die Fähre nach Sardinien durchlitt. Man musste das Auto zielsicher auf eine kleine Plattform fahren, welche von einem Kran hoch durch die Luft aufs Schiff gehievt wurde – mit dem Fahrer am Steuer! Er überstand es wider Erwarten lebend. Danach setzte er sich aber für den Rest der Reise nicht mehr ans Steuer.

Wir erreichten Olbia am Abend während des Karnevals und erlebten ein Volksfest von einzigartiger Fröhlichkeit. Wie es schien, bewohnten den Ort damals nur Muschelfischer. Jedenfalls wurden wir immer wieder herzlich aufgefordert, noch ein Kilo Muscheln zu essen und noch einen Liter Wein zu trinken.

Als wir uns am nächsten Morgen mit dem Immobilienmakler am Strand trafen, waren wir ziemlich krank. Die Flasche mit dem Beruhigungsmittel machte mehrmals die Runde. Wir fuhren ein Stück den Strand entlang, dann standen wir auf dem Boden, der heute Costa Smeralda heißt und Gold wert ist.

Das Meer war blau, der Himmel war blau und weit und breit kein Mensch zu sehen, kein Haus, kein Baum, kein Strommast, nichts. Meine Fantasie reichte nicht aus, hier meine künftige Kapitalanlage zu erkennen. Was ich sah, entlockte mir nur die gemurmelte Bemerkung: »wie auf dem Mond«. Auch meine

Begleiter waren nicht willens für einen Quadratmeter Mond zwei D-Mark auszugeben.

So machten wir uns auf die lange Heimfahrt und trösteten uns damit, dass es trotz alledem ein schöner Ausflug gewesen sei.

Der Nachteil des Wohnens im französischen Süden liegt in der Anziehungskraft, die eine provenzalische Adresse auf Freunde und Verwandte ausübt. Sie kommen unverhofft und nennen es spontan. Gerade noch haben sie aus sicherer Entfernung angerufen, um zu erfahren, ob wir zu Hause sind. Da knirscht auch schon der Kies unter ihren Sommerreifen. Bevor wir die Katzen in Sicherheit bringen und den Weinkeller verrammeln können, hören wir schon ihr fröhliches »Halloooo!«. Manchmal bringen sie einen Hund mit: »Aber Zita ist Katzen gewöhnt. Sie spielt gerne mit ihnen.«

Pech, dass unsere Katzen nicht an Hunde gewöhnt sind und schon gar nicht mit Zita spielen wollen.

Wenn sie wissen, dass unsere Enkel zu Besuch sind, bringen sie auch ihre Enkel mit.

Zugegebenermaßen sind wir inzwischen Großeltern geworden, Oma und Opa, was das Verhängnis der Überbevölkerung besonders grell beleuchtet. Sechs Milliarden, acht Milliarden, bald zehn und zwanzig Milliarden – muss das denn sein? Muss die eigene Brut am Untergang des Planeten mitwirken? Offenbar ja.

Also verfrachten sie unsere geliebten Enkelkinder in ihren Familientransporter samt zusammenklappbaren Kinderwagen, Kinderküchen und Kinderbetten, einem Fuhrpark von Plastikautos, Plastikpistolen und Plastikpuppen und anderem Zubehör aus Plastik sowie mehreren Kubikmetern Windeln (wahrscheinlich ebenfalls aus Plastik). Wenn sie wieder abreisen, durchstreifen wir das Haus und den Garten wie die Kriminalpolizei nach einem Bombenanschlag. Pro Quadratmeter finden wir bis zu hundert Einzelteile der beschriebenen Gegenstände, welche wir in einem schwarzen Müllsack sammeln, den wir luftdicht zubinden und in die Garage, dem Endlager früheren Besuchsmülls, stellen.

Das familiäre Besuchsprogramm läuft immer nach dem gleichen Muster ab: stundenlange Ausflüge in Opas großem Auto, weil darin Platz genug ist für all die zusammenklappbaren Utensilien, die eine Besichtigung der Lavendelfelder angeblich erfordert.

Bei der Rückkehr purzelt Rambo d.J. weinend aus dem Auto. Er muss zuerst in voller Montur unter die Dusche, weil ihm auf den kurvenreichen Landstraßen schlecht geworden war. In weiser Voraussicht solcher Zwischenfälle haben wir eine neue, leistungsstarke Waschmaschine angeschafft.

Auf dem Programm stehen regelmäßig auch Einladungen in teure Restaurants. Ein amerikanischer Kollege schrieb darüber, Kinder in einem Restaurant seien genauso unpassend wie ein Elch in der Oper.

Ich würde es nicht so drastisch ausdrücken; aber bevor sie nicht wissen, worin sich ein Löffel von einem Hammer unterscheidet, sollten Kinder besser nicht in der Öffentlichkeit der Nahrungsaufnahme nachgehen dürfen. Das ist kein persönlicher Vorwurf gegen meine eigenen Nachkommen, sondern soll nur auf die Probleme der Bevölkerungsexplosion hinweisen.

Es dauert jedoch nicht lange, bis auch Rambo d.J. mit Handy, iPod, Notebook, PC, Playstation und anderen Errungenschaften der digitalen Gegenwart ausgerüstet sein wird wie all die kleinen Intelligenzbestien, denen die Mütter noch liebevoll die Windeln wechseln, in der Hoffnung, dass sie es einmal besser haben werden als ihre Eltern.

Mit uns, den Großeltern, werden erst gar keine Vergleiche angestellt. Das ist auch gut so. Denn wenn die Enkel wüssten, wie gut wir es hatten in unserem analogen Zeitalter, sie würden verzweifeln.

Wer in der Provence Station macht, hat üblicherweise dort entweder ein Ferienhaus oder gehört zu den Billigurlaubern, die sich mit einem Campingplatz begnügen. Also gibt es keine neuen empfehlenswerten Hotels (wie beispielsweise in Österreich oder bei uns). Sommerurlauber, die ins Gasthaus gehen, wollen vor allem die Arbeit in der eigenen Küche vermeiden. Davor scheuen Einheimische eigentlich nie zurück, deshalb sind es überwiegend Zweithausbesitzer, die am Abend die lokale Gastronomie ausprobieren. Mithin Zufallsgäste. Das ist nicht einmal für Familienbetriebe eine solide Geschäftsbasis, und so leiden Wirte außerhalb der Saison bittere Armut und müssen mit Billigfliegern in ehemalige französische Kolonien in den Urlaub fahren.

Auch die Pflege der Traditionen orientiert sich nicht mehr an Asterix und seinen Sprüchen. Ich habe den Eindruck, sie warten alle auf jemanden, der ihnen ihre Auberge zum Höchstpreis abkauft. Jedenfalls sind es oft Ausländer, die plötzlich in einer Dorfkneipe in der Küche stehen und sich ihren Traum vom Aussteiger in der warmen, nach Lavendel duftenden Provence erfüllen. Deshalb sollte man von ihnen nicht unbedingt eine authentische Küche erwarten. Man kann nur hoffen, dass die jungen Eigentümer Talent haben. Die provenzalischen Spezialitäten, die sie kochen, haben sie jedenfalls nicht von ihren Müttern gelernt, sondern in Kochbüchern studiert.

In der letzten Zeit ist eine dritte Art von Gastronomie entstanden, die *Chambres d'hôtes*. Also was die Engländer *Bed & Breakfast* nennen: Gästezimmer mit Frühstück und meistens auch Abendessen. Man findet sie in jedem kleinen Dorf, auch in abseits gelegenen Bauernhäusern, und durchs Internet. Man kann damit rechnen, dass diese Zimmer alle renoviert sind und

den notwendigen Komfort besitzen, ein Swimming Pool steht fast immer zur Verfügung. Es sind vor allem Aussteiger und Rentner, die ihre Zweithäuser nutzbringend verwerten wollen, weil die Kinder, die sich hier Jahr für Jahr in den Ferien langweilen mussten, für die nächsten zwanzig Jahre genug haben von der heißen Provence.

Weil wir von Anfang an keine Gästezimmer eingeplant hatten, machte es uns ziemliche Schwierigkeiten, gelegentliche Besucher unterzubringen. Seit aber die private Variante der Hotellerie existiert, ist das Problem auf angenehme Weise gelöst.

Über das Alter 2

Gottlob bleibt mir der Frust des Alterns erspart, dazu habe ich zu viel zu tun. Es ist viel Zeitraubendes dabei. Wer vor meinem achtzigsten Geburtstag kein Interview von mir wollte, holte das in den folgenden Monaten eifrig nach. Es sind fast immer sehr nette Leute (was man schon daran erkennt, dass sie mich so wichtig nehmen), und sie bereiten sich auch auf unser Gespräch vor. Aber dann fragen sie alle dasselbe. Keiner hat mich je gefragt, ob ich an Gott glaube. Stattdessen wollen sie alle nur wissen, wie ich zu meinem Beruf gekommen bin, und wie es ist, wenn ich als prominenter Gastronomiekritiker einen Drei-Sterne-Laden betrete.

Mein Gott, wie soll das schon sein? Normal ist das offensichtlich nicht. Aber kann ich etwas dafür, dass die meisten Zeitgenossen Schwellenangst haben, wenn sie in ein luxuriöses Restaurant gehen? Und dies in ihren Kommentaren auch nicht verheimlichen, sondern nie versäumen, den Begriff Luxus mit jenem Vorbehalt zu erwähnen, mit dem das Wort im deutschen Sprachgebrauch automatisch verunglimpft wird? Möglicherweise liegt es nicht immer an der moralischen Entrüstung, die der Puritaner dem Hedonismus entgegenbringt. Man soll die preußische Tugend der Sparsamkeit nicht unterschätzen, die sich so mühelos in Geiz verwandelt, dass der Puritaner beim Anblick eines Oberkellners sofort daran denkt, um wie viel ärmer er sein wird, wenn er sich drei Stunden später auf den Heimweg macht.

Diese Interviews, die sich im Laufe der Jahre häufen, beweisen nur, dass man nur ausdauernd sein muss (und fleißig), um die Aufmerksamkeit seiner Mitmenschen zu erregen.

Im Jahr 2008 war mein Jahrgang an der Reihe. Es war zu spüren, wie die Ungeduld der Jungen, die sehnlich darauf warten, dass wir ihnen Platz machen, indem wir uns auf den Friedhof begeben, einer freundlichen Geduld wich. Es waren ja auch nicht mehr so viele übrig, die mit achtzig noch wirksam arbeiteten. Eigentlich existierten nur zwei Heroen des langen Lebens. Der neunzigjährige Helmut Schmidt, dessen politische Analysen und Meinungen große Beachtung finden bei Jung und Alt, und Johannes Heesters. Dieser unverwüstliche Operettentenor gehörte in meiner Jugend zu meinen Idolen, weil er in seiner eleganten und extrem unmilitärischen Erscheinung ein wohltuender Gegenpol zu der im Gleichschritt marschierenden Volkgemeinschaft war. Er steht mit einhundertundfünf Jahren noch vor der Kamera und schmettert auf Wunsch ein paar Takte seines früheren Repertoires ins Mikrofon. Natürlich entspricht er der predigenden Frau, die Samuel Johnson mit einem auf zwei Beinen gehenden Hund verglich: »Es funktioniert nicht besonders gut, aber man wundert sich, dass es überhaupt klappt.«

Dass Menschen jedoch ein so hohes Alter erreichen und nicht im Zirkus ausgestellt werden, gehört zweifellos zum wissenschaftlichen Fortschritt, auf den wir so stolz sind, während wir die Erde wissenschaftlich abgesichert zerstören.

Erst sehr spät kam mir der Gedanke, dass auch ich zu den alten Aktivisten gehören könnte. Keine angenehme Vorstellung. Mein Ehrgeiz geht nicht dahin, im Alter von hundert Jahren mit dem alt gewordenen Swann verglichen zu werden, über den Proust schrieb: »Er wird schwach im Kopf, er ist ein Idiot, man nimmt von ihm weiter keine Notiz. Nur auf seine Frau kommt es an, und sie ist wirklich bezaubernd.«

Immerhin stelle ich mit Befriedigung fest, dass es kaum jemanden in meinem Alter gibt, der so regelmäßig publiziert.

Schon meinen fünfundsiebzigsten Geburtstag hatte *Die Zeit*

in einem oberbayrischen Hotel ausgerichtet, und nicht an gutem Essen und schmeichelhaften Ansprachen gespart. Aber im September 2008 übertraf sie alles bisher Dagewesene. Sie lud zu einem festlichen Abendessen ins Berliner Ritz-Carlton ein, wo ein halbes Dutzend Küchenstars für mich je einen Gang des Festmenüs kochten. Unter anderem war Carme Ruscalleda aus Katalonien angereist, weil ich sie in Deutschland bekannt gemacht hatte. Aus dem gleichen Grund bedankte sich Ferran Adrià mit einer überaus herzlichen Botschaft auf DVD. Auch Bocuse meldete sich mit der gleichen Technik. Ihm war aber anzumerken, dass er nicht wusste, welche Rolle »Monsieur Siebeck« in seinem Leben gespielt haben könnte. Doch der Hohepunkt des Abends war Joschka Fischer, der sich bereit erklärt hatte, die Laudatio zu halten. Minu, seine schöne Frau, erzählte mir später, wie aufgeregt er beim Verfassen des Textes gewesen sei.

Schöne Frauen waren übrigens viele da, was mir letzten Endes mehr Spaß bereitete als all die Ehrungen. Und natürlich unsere Kinder, von denen ich den Eindruck hatte, dass sie nicht gewusst hatten, wie prominent ihr Wolfram wirklich war.

Das unterstrich dann der Clou des Tages, das aktuelle *Zeit Magazin*. Es war vom Titelfoto bis zur letzten Seite ausschließlich mir gewidmet und lag stapelweise herum. Das imponierte dann auch Journalisten anderer Verlage, deren Chancen, von ihren Arbeitgebern auf ähnliche Weise gewürdigt zu werden, vergleichsweise gering waren.

Ich will nicht leugnen, dass es mich stolz machte. Gleichzeitig wunderte ich mich jedoch, was an meinem Dauerthema so interessant sein könne, dass man mich derart ins Scheinwerferlicht drängte.

(Ich weiß es auch heute noch nicht genau. Vielleicht wird es jemand anlässlich meines hundertsten Geburtstags erklären.)

Bei der Geburtstagsfeier in dem feudalen Berliner Hotel

kochte Eckart Witzigmann zum zweiten Mal sein Kalbsbries Rumohr für mich. Das erste Mal tat er es vor 35 Jahren für eine Reportage, die im *Feinschmecker* erschien. Der Vergleich war schockierend. Nicht wegen des Produktes. Es war nach übereinstimmender Meinung der Gäste der leckerste Gang des Menüs. Schockiert hat mich lediglich das Foto der ersten Zubereitung, das in diesen Tagen immer wieder veröffentlicht wurde. Da beugten sich zwei schlanke junge Männer mit prächtigem Haarwuchs in modischen Klamotten über eine entstehende Delikatesse, und man sieht ihnen an, dass sie dabei sind, berühmt zu werden.

Nicht viel später saß ich mit einem Redakteur der Chefredaktion der *Zeit* zusammen. Amerika hatte gerade Obama zum neuen Präsidenten gewählt. Ich bedeutete dem Redakteur, dass *Die Zeit* jetzt eigentlich jemanden wie mich in Washington haben müsse. Ein aktueller Bericht über die Gastronomie Washingtons wäre doch sicher interessant. Er sah mich an und fragte nur: »Würden Sie hinfahren?« – »Natürlich!«, sagte ich. Mehr wurde darüber nicht gesprochen. Zehn Tage später wurde mir gesagt, ich solle mich bereithalten für einen Flug in die USA.

Als Bush jr. die Regierung übernahm und den militärischen Patriotismus freisetzte wie den Geist aus der Flasche, schwor ich mir, die USA nicht mehr zu betreten, solange dieser Paranoiker sein Unwesen trieb.

Jetzt war er weg. Ein Mann, der das genaue Gegenteil zu sein schien, war neuer Präsident. Also packten Barbara und ich unsere Koffer und fuhren guten Mutes zum Flughafen. Die Redaktion hatte die benötigten Flugkarten einschließlich Visum besorgt und uns per E-Mail zugeschickt. Müsse ich lediglich beim Check-in vorzeigen, versicherten sie mir, neuerdings sei das alles ganz einfach.

Deshalb war ich etwas irritiert, als ich in Zürich bei der üblichen Kontrolle die Schuhe ausziehen musste, abgetastet wurde und das Handgepäck vorzuführen hatte, als wäre ein Schwerverbrecher meiner Statur und meines Alters aus dem Zuchthaus ausgebrochen. Neun Stunden später, bei der Ankunft in Washington, war alles noch viel unangenehmer. Zunächst verbrachten wir über eine Stunde in einer nur sehr langsam voranktriechenden Schlange. Niemand beschwerte sich, alle schienen es für normal zu halten, dass sie hier behandelt wurden wie potenzielle Terroristen. Der unselige Patriot Act des George W. Bush, mit dem individuelle Freiheiten der zähnefletschenden Bürokratie ausgeliefert wurden, schien für amerikanische Patrioten eine unverzichtbare Maßnahme zu sein. Auch wenn es sich bei dieser stundenlangen Warterei nur um ein logistisches Versagen der Flughafenleitung handelte. Was es aber wohl nicht war, wie sich herausstellte, als wir endlich einen der Sheriffs erreichten, der von der vereinfachten Einreise noch nichts gehört hatte. Es waren viele Ordnungshüter, die sich um die Einreisenden kümmerten, und sie taten es langsam und misstrauisch gegenüber diesen Fremden, deren Papiere in einer unamerikanischen Sprache gedruckt waren. Wir bekamen neue Formulare in die Hand gedrückt, die wir auszufüllen hatten. Aber wie und wo? In der riesigen Flughalle mit ihren Hunderten von Passagieren gab es nicht einen Tisch und keinen einzigen Stuhl. Aber überall Immigrationsbeamte, dicke schwarze Männer und ebensolche Frauen, in Polizeiuniformen mit Blechsternen gekleidet, die mit bösen Blicken aus zusammengekniffenen Augen ungeduldig beobachteten, ob diese *foreigners* auch keine falsche Handbewegung machten, ob sie die amerikanischen Gesetze befolgten und neue Formulare ausfüllten. Dass wir dazu auf dem Boden kniend schreiben mussten, weil ja kein Tisch existierte, verstärkte die Ähnlichkeit unserer Situation mit einer Szene aus Abu Ghraib.

Ich war mit meinen Kräften ziemlich am Ende, mit meiner Geduld sowieso. Aber ich biss die Zähne zusammen, um keinen Kommentar abzugeben, der mich zweifellos in Schwierigkeiten gebracht hätte. Erst vor wenigen Tagen hatte ich in der *Süddeutschen Zeitung* eine Warnung gelesen, dass man bei der Einreise in die USA keine Scherze machen dürfe, die den Krieg gegen den Terror betreffen. Den Beamten fehle es am nötigen Verständnis. Nach Scherzen war mir nicht mehr zumute, ohnehin sah ich die Damen und Herren von der *Law Enforcement*-Truppe bereits mit rotierenden Handschellen vor mir stehen.

Der Regierungswechsel hat sich wohl noch nicht herumgesprochen, dachte ich naiv. Ich konnte ja nicht ahnen, dass es zehn Tage später an derselben Stelle noch viel schlimmer kommen würde. Dass nämlich bei der Ausreise ein sadistischer Sheriff es spaßig fand, wie sein Zauberstab immer neue Metallteile an meiner Kleidung entdeckte, die ihn zum Piepsen brachten. Er ließ mich, der ich halb ausgezogen und natürlich in Strümpfen vor ihm stand, immer neue Verrenkungen machen, um sich am Piepsen seines Metalldetektors zu ergötzen. Es war nur meiner Selbstbeherrschung zu verdanken, dass ich seine spöttische Bemerkung, ich möge doch beim nächsten Mal auf die Metallteile an meinen Hosenträgern verzichten, nicht erbittert mit »Ein nächstes Mal wird es bestimmt nicht geben!« beantwortet habe.

Nach dem zehntägigen Aufenthalt in Washington wusste ich bereits, dass zwar die Regierung gewechselt hatte, aber der Verfolgungswahn der Amerikaner nicht schwächer geworden war. Hinzu kommt der Machtmissbrauch. Und wenn sich der Mitmensch als wehrloser Ausländer herausstellt, der deutlich besser gekleidet ist als der Rest der Passanten, dann kriegt er die Macht zu spüren. Natürlich wurden auch unsere Koffer nicht verschont. Zu Hause fanden wir in jedem einen Zettel, welcher besagte, dass dieser Koffer aus Sicherheitsgründen geöffnet und kontrolliert worden war.

Inzwischen war die Finanzkrise 2009 über die Weltwirtschaft hereingebrochen, und viele Unternehmen waren anscheinend nur durch radikale Sparmaßnahmen zu erhalten. *Die Zeit* folgte diesem Trend und fand meine Washingtoner Reiseunkosten »erschütternd«. Es dauerte Monate, bis sie mir unwillig erstattet wurden und mir der Chefredakteur der *Zeit* während eines Essens beiläufig zu verstehen gab, dass ich von allen *Zeit*-Mitarbeitern die höchsten Spesen geltend machte.

Provence 7

Währenddessen regnete es in der Provence. Es hatte praktisch den ganzen Winter geregnet, erfuhren wir per SMS. Dafür ist diese Erfindung praktisch. Gespräche über das Wetter sollten so kurz wie möglich sein. Dem Garten würde der Regen gutgetan haben. Aber auch den Trockenmauern? Welche Wunden das Haus davongetragen haben mochte, stellten wir uns besser nicht vor. Hatten sich die Risse in den Wänden verbreitert? Wie viele Dachziegel waren undicht? Verschimmelte Wände, Wasserflecken unter der Decke, Wasch- und Spülmaschinenschläuche von schutzsuchenden Mäusen zernagt, siebzig Prozent der Glühbirnen hängen tot in ihren Fassungen, der Kies vor der Terrasse vom Regen auf die Straße geschwemmt – das berühmte Ferienhaus im Süden würde reparaturbedürftig sein wie der ungeschützt vor sich hin rostende Twingo. Die Chancen, unsere Klitsche ausgerechnet in dieser Finanzkrise zu verkaufen, seien gleich null, bedauerte die Maklerin. Außerdem müssten die schadhaften Stellen erst beseitigt werden, bevor sie die Immobilie einem Käufer anbieten könne.

Weitere Unkosten konnte ich mir nicht leisten.

Also fuhren wir los und besichtigten das ›p'tit paradis‹ in der Drôme. Die schadhaften Stellen waren nicht schadhafter als im letzten Jahr. Das war beruhigend. Auch die Trockenmauern hatten sich nicht verändert. Der kleine Balkon war nicht neu gefliest worden, wie das mit dem Maurer abgesprochen war. Aber wenn die Hausbesitzer nicht da sind, arbeiten wahrscheinlich sogar deutsche Handwerker nicht. Die netten und manchmal sogar zuverlässigen Franzosen, die das Haus restauriert hatten, existierten nicht mehr. Sie waren im Ruhestand oder nach Réunion gezogen, oder sie hatten neue Familien in anderen Regionen gegründet. Ihre Kinder arbeiten lieber in den Fabriken, ungern jedoch für ausländische Hausbesitzer. Nicht einmal die Möglichkeit, grotesk überhöhte Preise zu verlangen, wie es ihre Väter getan hatten, kann sie bewegen, sich auf die extravaganten und unverständlichen Vorstellungen einzulassen, mit denen ausländische Hausbesitzer ihren geregelten Tagesablauf stören würden. Außerdem misstrauen sie den Fremden, und sei es nur deswegen, weil sie immer noch keine Fremdsprache gelernt haben.

In dieser Situation konnte uns auch der Gärtner nicht helfen, der als Einziger während des Winters gearbeitet hatte, natürlich zu grotesk überhöhten Preisen.

Unser Problem wurde nicht erleichtert durch den fast sommerlichen Sonnenschein, der die Provence in ihrem schönsten Licht erscheinen ließ. Das wollten wir aufgeben? Diese klare und gesunde Luft? Die bukolischen Dejeuners sur l'herbe unter dem Olivenbaum? Den Mistral in den Akazien, die Fledermaus im Weinkeller, die Buntheit der Bauernmärkte?

Barbara kommt vom Briefkasten zurück, in der Hand die üblichen Rechnungen für Strom, Wasser, Abwässerbeseitigung und Gartenpflege. Ich werfe sie ungeöffnet auf den Küchentisch und sage: »Madame, die Kutsche ist vorgefahren. In sechs Stunden sind wir in unserer Burg im Rheintal.«

Das Manuskript in der Truhe

Ein Nachwort von Barbara Siebeck

Für ein Buch, das im 21. Jahrhundert erscheint, ist es sehr ungewöhnlich, aber es ist wahr: Das Manuskript dieser Lebenserinnerungen von Wolfram Siebeck hat etliche Jahre in einer Burg in einer großen Holztruhe gelegen. Der Siebeck hat es vor seinem Tod, vermutlich im Jahr 2014, dort abgelegt und nicht mehr darüber gesprochen. 2018 ging ein großer Teil seines Nachlasses nach Dresden in das Archiv für Kulinarik an der SLUB (Sächsische Landesbibliothek – Staats- und Universitätsbibliothek). Zu diesem Zeitpunkt hatte ich dieses Vorhaben meines Mannes bereits vergessen, und das Manuskript blieb in der Truhe.

Eines Nachmittags im Sommer 2023 war ich auf der Suche nach ein paar Unterlagen und Fotos meiner Eltern. Ich wohne bis heute in unserer gemeinsamen Wohnung auf Burg Mahlberg – diesem Glücksfall eines angenehmen Wohnsitzes, den dieses Buch auch beschreibt. Der Platz ist großzügig bemessen, und es gibt mehrere Truhen. Neben der für eine Burgwohnung selbstverständlichen dekorativen Funktion bieten diese einen enormen Stauraum für unsortierte Stapel und allerlei Erinnerungen. Manchmal denke ich, es wäre nicht weiter verwunderlich, wenn ich irgendwann in diesen randvollen Kisten einen Goldschatz oder Dornröschens Schuhe finde. Doch an diesem Nachmittag entdeckte ich in einer der Truhen zunächst ein besonders schönes Foto meiner Mutter, das ich gar nicht gesucht hatte. Darunter stieß ich auf eine rote Mappe, mit der ich nichts anzufangen wusste. Zu meiner Überraschung befand sich in dieser Mappe ein vollständiger Ausdruck eines längeren Manuskripts mit wenigen Anmerkungen. Ich blätterte darin – was der Siebeck hier erzählte, kam mir natürlich bekannt vor. Und so dachte ich zuerst, es wären Teile eines älteren und längst veröffentlichten Buches. Nur welches? Ich kam nicht drauf. Außerdem waren die meisten seiner sonstigen Manuskripte – Rezepte und Kolumnen eben – doch eher kurz.

Ich war niemals eine Frau, die ihrem Gatten auf die Pelle rückt und sagt: Zeig mal, was du heute gearbeitet hast, lies mal vor, was du geschrieben hast. Und der Siebeck war nicht immer von sich aus auskunftsfreudig. So musste ich mir nach und nach bei der Lektüre erhellen, wann und wie dieser Text entstanden ist.

Siebeck erwähnt Peter Mayles *A Year in Provence* (hier S. 216) – und tatsächlich fiel mir wieder ein, dass er häufig und noch mit Jahren Abstand darüber den Kopf geschüttelt hatte. Einerseits schielte er nicht ganz ohne Neid auf den Erfolg dieses mehrfach übersetzten Provence-Bestsellers. Er glaubte, dass er dem nur hinterherhinken könne. Andererseits wollte er niemand sein, dessen Texte dazu führen, dass Touristen uns oder anderen Dorfbewohnern irgendwann über die Mauern schielen oder an die Türen klopfen. Auf Peter Mayle waren einige, denen wir begegnet sind, deswegen nicht gut zu sprechen. Besonders amerikanische Touristen reisten auf seinen Spuren und überfielen die Gegend – eine zusätzliche Invasion Sandalen tragender Deutscher wollte mein Mann nicht verantworten.

Den Gedanken, unser Haus und unser Leben dort in seiner unnachahmlichen Art zu erzählen, hatte der Siebeck von Anfang an, und er hat ihn trotz dieser Hinderungsgründe nie ganz aufgegeben. 2009 begab er sich wieder an die Arbeit. Ich erinnere mich, dass ihm zu dieser Zeit die Idee kam, weiter ausufernde Rückblenden in seine Biografie mit den teils schon vorliegenden Provence-Texten zu verbinden. Vermutlich hing es auch mit unserer Entscheidung, das Haus zu verkaufen, zusammen.

Ein letztes Mal hat mein Mann zwischen 2012 und 2014 sporadisch an diesem Manuskript gearbeitet. Er dachte wieder über dessen Veröffentlichung nach, doch zu mehr als einem ersten unverbindlichen Austausch mit einem Verlag kam es nicht.

Als Kolumnist war Siebeck sich selbst ein strenger innerer Redakteur. Das konnte ich auch diesem Manuskript ansehen. Manche Kapitel saßen perfekt. Doch ganz abgerundet und abgeschlossen hat er es für sich offenbar nicht. Ich bin mir sicher, er hätte sich für eine Buchpublikation zumindest die Schlusskapitel noch einmal vorgeknöpft. In diesen spät entstandenen Passagen lässt er die Erinnerungen und Assoziationen freier wehen, sie sind weniger geformt und geordnet als in all den Kapiteln zuvor.

Grundlage der vorliegenden Ausgabe ist der Ausdruck des Manuskripts, wie ich ihn 2023 vorgefunden habe. Offensichtliche Fehlschreibungen hat der Verlag korrigiert, die Rechtschreibung vereinheitlicht. An einigen wenigen Stellen sind kleine redaktionelle Kürzungen vorgenommen, insbesondere dann, wenn der Siebeck Wiederholungen übersehen hat.

Ich freue mich, wenn ich in diesen Seiten lese. Ich freue mich, seiner Stimme, seinem Witz und seinen Geschichten wieder zu begegnen. Wenn es dem ein oder anderen Leser dieses Buches ähnlich geht, hat die Rettung des Manuskripts aus der Truhe ihren Zweck erfüllt.

Wolfram Siebeck, mein Kompass zum guten Kochen

Ein Nachwort von Vincent Klink

Hat er mir damals, 1978, zum Michelin-Stern verholfen oder kam die Initialzündung bereits früher? In jedem Fall war Herr Siebeck umfassend an meiner Entwicklung beteiligt. Es gab vor und nach der Revolution der Nouvelle Cuisine für den ehrgeizigen Koch nur zwei Möglichkeiten: Entweder man kochte, was dem Siebeck schmeckte, oder man schulte besser auf Schreiner oder Schlosser um. Er legte die kulinarische Messlatte, welche für Köche allerdings die Hürde der Lesefähigkeit bedingte. Der Mann schrieb ja nicht in köchebekömmlichem Easy-Deutsch unserer Tage, sondern fast als Einziger, und das bis zu seinem Ende, mit literarischem Anspruch.

Er legte die Spur vom römischen Gastrosophen Apicius über Brillat-Savarin, Grimod de la Reynière, den Freiherrn von Rumohr, Anthonius Anthus und den Baron von Vaerst bis zu sich selbst. Er steht am Ende einer Perlenschnur von Denkern, Exzentrikern und Snobs im besten Sinne.

Auf dieser Kegelbahn, nicht nur des gastronomischen Erkenntnisgewinns, sondern auch der Eitelkeiten, stand er wie eine Stele in den Wechselwinden der Küchendüfte. Er fiel nie um oder glitt auf Ketchup aus, sondern blieb den hohen Ansprüchen der Haute Cuisine immer treu.

Der elegante Faun, extrem lässig gekleidet und trotzdem weltweit von niemandem an Eleganz übertroffen, stand nicht nur auf dem Fundament eines untrüglichen Geschmackssinns, sondern auch auf der unzerstörbaren Komplizenschaft seiner Frau. Bonnie and Clyde, das Duo der gehobenen Zungensensorik, erwarteten selbstverständlich, dass sich ein Koch für sie zu ruinieren hatte. Und beim Schreiben darüber schüttelte Siebeck die wundervollsten Gedanken aus dem Ärmel, und der Koch hatte tunlichst das wirklich Echte, das Beste hineinzufüllen.

Er liebte die Experimente, aber sein langjährig trainierter Genießerverstand zog eine klare Grenze, und als Berufskoch tat man gut daran, ihn nicht als Versuchskaninchen einzuspannen. Vor zwanzig Jahren sagte er mir, dass er bestimmt schon den Wert eines Wohnhauses in sich hineinschnabuliert hätte. Das glaube ich wohl und habe ihm immer eifrig nachgeeifert, was man mir schmerzlich weitaus mehr ansieht als ihm. Es leuchtet ein, dass jeder Beruf erst dann richtig reüssiert, wenn man ihn mit genügend Erfahrung unterfüttert hat. Mir warf er mal beim Zurückweisen eines modisch aufgejazzten Küchenunfalls den unwiderlegbaren Hinweis an den Kopf: »Klink, Jugend ist ein Fehler, der bessert sich von Tag zu Tag.« Damals redeten wir noch förmlich per Sie.

Immer wieder musste ich bei seinen Besuchen an ein Damoklesschwert denken, wenn der Küchen-Zeus *not amused* eine steile Stirnfalte zog. Meine flirrende Schnappatmung fasste Eckart Henscheid kompakt zu dem Satz: »Das walte Siebock!« Und bei all meinem Zorn richtete sich dieser eigentlich auf mich selbst, der Mann hatte fast immer recht. Ganz klar, welcher Koch hat schon die Esserfahrung dieses Zungen-Cicerone.

Oft zeigte er jedoch wilde Genussfreude und ein bacchantisches Jauchzen. Mit Esprit ließ er auch einen ›krummen Spargel‹ gerade sein. Der Mann, keineswegs Kritikaster oder Erbsenzähler, zeigte sich oft auch als humorvoller Genießer mit unvergleichlichem Laisser-faire. Auch verließ er immer wieder die Vorgaben des disziplinierten Essers, pfiff auf wohlüberlegte Nahrungsaufnahme und haute lustvoll rein, um danach zu ächzen und in Rabelais'scher Manier Brunftschreie von sich zu geben. Er wusste aber immer, was er tat, wies den Weg und diente dem Koch und seinen Lesern als Leuchtfeuer der wahren Lehre.

Er bezeichnete sich aus gutem Grund als Berufsesser, und ich möchte hinzufügen, dass ihm der Titel »Esskünstler« am besten ansteht. Er konnte meisterlich essen, und es dann auch adäquat zu Papier bringen. Essen und Trinken, die ganze Lust daran mündeten mit Scharfsinn, Witz und Raffinesse zu oszillierender Literatur, der im zwanzigsten Jahrhundert allenfalls der Österreicher Joseph Wechsberg daneben gestellt werden kann.

Wolfram Siebeck hat sein Leben lang mit angewandtem Humanismus gegen die Leibfeindlichkeit des Puritanismus gekämpft, gegen deutsche Eigenauspeitschung und das schlechte Gewissen, das es untersagt, auch zu sich selbst barmherzig zu sein. Hirnschmalz ölt die Zunge besser als jedes Olivenöl, und so stand er weit über den Erwartungen der plebejischen Esser oder sonstigen Kulturbeauftragten des Gourmetbetriebes. Mit Äußerlichkeiten, dem schönen Augenschein, mit Tellertätowierungen oder wilden Aromenkontrasten konnte kein Koch seinen Gaumen zum Schwingen bringen. Er hatte nie die irrigen Anwandlungen, dass die Kochkunst irgendwann mal den Louvre besiedeln sollte. Es gibt beseeltere Orte für gutes Essen, nämlich die Zunge des Connaisseurs.

Die Kraft seiner Gedanken ist in diesem Buch zu finden. Man schaut auf ein spannendes Leben, begonnen in Notzeiten, die der Mann nie vergessen hat.